Psicologia e literatura

FUNDAÇÃO EDITORA DA UNESP

Presidente do Conselho Curador
Herman Jacobus Cornelis Voorwald

Diretor-Presidente
José Castilho Marques Neto

Editor-Executivo
Jézio Hernani Bomfim Gutierre

Conselho Editorial Acadêmico
Alberto Tsuyoshi Ikeda
Áureo Busetto
Célia Aparecida Ferreira Tolentino
Eda Maria Góes
Elisabete Maniglia
Elisabeth Criscuolo Urbinati
Ildeberto Muniz de Almeida
Maria de Lourdes Ortiz Gandini Baldan
Nilson Ghirardello
Vicente Pleitez

Editores-Assistentes
Anderson Nobara
Henrique Zanardi
Jorge Pereira Filho

Dante Moreira Leite

Psicologia e literatura

5ª edição revista

Série Dante Moreira Leite
Organizador
Rui Moreira Leite

© 2002 Editora UNESP

Direitos de publicação reservados à:
Fundação Editora da UNESP (FEU)
Praça da Sé, 108
01001-900 – São Paulo – SP
Tel.: (0xx11) 3242-7171
Fax: (0xx11) 3242-7172
Home page: www.editora.unesp.br
E-mail: feu@editora.unesp.br

Dados Internacionais de Catalogação na Publicação (CIP)
(Câmara Brasileira do Livro, SP, Brasil)

Leite, Dante Moreira, 1927-1976.
Psicologia e literatura / Dante Moreira Leite. – 5. ed. rev. – São Paulo: Editora UNESP, 2002. – (Série Dante Moreira Leite / organizador Rui Moreira Leite)

ISBN 85-7139-432-6

1. Literatura – Psicologia 2. Psicologia e literatura I. Leite, Rui Moreira. II. Título. III. Série.

02-5729   CDD-801.92

Índices para catálogo sistemático:

1. Literatura: Psicologia 801.92
2. Psicologia e literatura 801.92

Editora afiliada:

Obras de Dante Moreira Leite

Plano da série

Psicologia e literatura
O caráter nacional brasileiro
O amor romântico e outros temas
Psicologia diferencial e outros estudos
O desenvolvimento da criança

Destes cinco volumes, submetidos a uma revisão cuidadosa, *Psicologia e literatura*, *O caráter nacional brasileiro* e *O desenvolvimento da criança* são reeditados sem maiores alterações em relação às últimas edições, que já incorporavam correções do autor.

O amor romântico e outros temas, sob tantos aspectos um trabalho paralelo a *Psicologia e literatura*, tem outros textos dispersos incluídos em apêndice, relacionados ao ensaio *O caráter nacional brasileiro*.

Psicologia diferencial e outros estudos já fora reeditado sem alterações; nesta edição incorpora inéditos do autor, que compunham a primeira parte de sua *História da psicologia contempo-*

rânea – Freud e as teorias dinâmicas, além do relato de dois experimentos já divulgados. Não será reeditada a antologia *Personalidade*, que não pôde ser revista pelo autor.

Esta edição das obras de Dante Moreira Leite procurou respeitar as exigências do autor e só incluiu os textos considerados concluídos, ainda quando inéditos.

DANTE MOREIRA LEITE

Psicologia e Literatura

SEPARATA DO

BOLETIM DE PSICOLOGIA

JANEIRO A JUNHO DE 1958

ANO X　　　　　　　　　　　　　Ns. 35 - 36

PÁGINAS DE 127 a 141

SÃO PAULO

"Psicologia e literatura", artigo publicado no *Boletim de Psicologia*, São Paulo, n.35-6, p.127-41, jan.-jun. 1958.
Reproduzido em *Anhembi*, São Paulo, n.122, p.304-17, jan.1961.

Sumário

Prefácio   13

Introdução   21
A psicologia como perspectiva para o estudo da literatura   21

Parte I
O processo criador   63

As condições externas   71

Os processos psicológicos no pensamento criador   93

O ato criador   141

Conclusões   157

Parte II
Análise psicológica do texto   167

Análise psicanalítica   175

A análise de Carl G. Jung   191

Análise gestaltista   199
Análise concreta de textos   219
Retratos e espelhos   283
Conclusões   293

Parte III
O leitor e o público   307

Percepção   311

Fantasia: revelação e fuga   331

A influência da leitura   341

Leitura e ajustamento   347

O público   353

Conclusões   355

Resumo e conclusões gerais   357

Bibliografia   365

Índice onomástico   375

*In Research, We Have to Look
Forward, and to Take Risks.*

Wolfgang Köhler

Prefácio

Este ensaio deve ser a fundamentação teórica de um estudo muito mais amplo, *A literatura infantil e o desenvolvimento da criança*, em que trabalho há muitos anos e do qual já publiquei alguns resultados parciais.[1] As tentativas de análise da literatura infantil e, sobretudo, os trabalhos experimentais, realizados por algumas alunas da Faculdade de Filosofia, Ciências e Letras de Araraquara, sobre a significação das histórias infantis, me convenceram da necessidade de encontrar algumas hipóteses fundamentais, capazes de permitir a análise da leitura de histórias. De outro lado, a literatura infantil apresenta problemas muito peculiares e dificuldades específicas para a análise – a complexidade do texto, a diferenciação do público infantil pelo sexo e idade, a escolha do livro, não pela criança, mas pelo adulto, a consideração de moral e imoral – e, sob vários aspec-

---

1 Moreira Leite (1950a, p.177-205; 1950b, p.207-31; 1960, p.102-26; 1961, p.3-8).

tos, a literatura para adultos parece um campo mais acessível para a análise do psicólogo. Embora não seja possível, aqui, justificar essa afirmativa, será suficiente lembrar que o autor da literatura adulta escreve para pessoas de seu nível, enquanto na literatura infantil adultos escrevem para um público diferente; ou lembrar que a experiência que se procura representar na literatura infantil é muito menos ampla que a apresentada na literatura adulta. Finalmente, se pretendemos estudar a literatura infantil, precisaremos estabelecer o que é literatura e o que é subliteratura para crianças, exatamente como o fazemos para a literatura adulta.

Feliz ou infelizmente, essa análise, que deveria ser apenas introdução a outro trabalho, acabou por adquirir autonomia e passei a vê-la como um estudo independente, capaz de justificar a si mesmo; por isso, decidi separar os dois estudos e aqui abandonei quase inteiramente as referências à leitura de crianças, e procurei analisar apenas a literatura adulta. É certo que em nenhum momento deixei de considerar a imensa dificuldade da tarefa, assim como os riscos de, com o título de psicologia, fazer apenas má literatura, ou receber as críticas acumuladas de psicólogos e literatos, por realizar um estudo que contém demasiada literatura para ser psicologia, e excessiva psicologia para ser literatura. Depois, numa época de especialização, em que as pessoas procuram "saber cada vez mais sobre cada vez menos", parece anacronismo tentar estabelecer relações entre dois campos tão grandes da vida intelectual. Na verdade, se pudesse escolher, teria preferido fazer um pequeno estudo experimental, com hipóteses e métodos já estabelecidos, e assim fazer uma contribuição ao conhecimento de determinado aspecto do comportamento do homem ou do animal. Mas não escolhemos nossos estudos ou nossas hipóteses; podemos, durante algum tempo, tentar afastar determinadas ideias, como inoportunas ou incômodas, mas não podemos eliminá-las, e continuam a aparecer, disfarçadas, em tudo que escrevemos ou pensamos. Nesse ponto, só existe uma forma de libertação: tentar apresentá-las aos outros, de maneira tão coerente quanto possível.

Nem só por sua amplitude este trabalho se afasta da moda atual nas ciências humanas. Também não procurei escrever no jargão das ciências humanas, que me parece pseudocientífico, e com que se deliciam tantos especialistas, pois a atribuição de um nome novo não aumenta a precisão de nosso pensamento, nem a validade de nossas afirmações. Como disse Lionel Trilling, "um espectro ameaça nossa cultura – é que, finalmente, as pessoas sejam incapazes de dizer 'apaixonaram-se e casaram-se', e ainda menos capazes de compreender a linguagem de *Romeu e Julieta*; com toda naturalidade, dirão que 'como os seus impulsos libidinosos eram recíprocos, ativaram os seus impulsos eróticos individuais, integrando-os no mesmo quadro de referência'" (1961, p.285). Ora, essa não é a linguagem do pensamento abstrato ou de qualquer forma de pensamento. É a linguagem do não pensamento. Escrevi na linguagem que uma personagem de Guimarães Rosa denominou "fala de pobre, linguagem de em dia-de-semana"; sempre que havia necessidade de introduzir palavra menos usual, procurei defini-la ou explicitar o seu sentido, a fim de que o leitor pudesse acompanhar a sequência de ideias, que não são novas, nem brilhantes, mas que talvez permitam uma nova sistematização de alguns problemas.

Apesar dessas ressalvas – isto é, um estudo aparentemente pouco rigoroso, escrito em linguagem da vida diária –, acredito que os problemas aqui analisados são muito significativos para a nossa compreensão de vários aspectos do comportamento humano; pelo menos, como se procurará mostrar na Parte III, a leitura das obras literárias apresenta uma objeção muito nítida ao esquema da motivação aceito por grande parte das teorias psicológicas atuais.

De outro lado, é preciso reconhecer, inicialmente, que estamos ainda muito longe de poder sistematizar as relações entre a psicologia e a literatura, e que as tentativas de sistematização, como as de A. A. Roback (1955, p.867-96) ou F. L. Lucas (1957), não atingiram um nível satisfatório; talvez isso se deva a uma irremediável mediocridade dos dois autores, e não à impossibilidade de realizar essa tarefa, não de conciliação, mas de análise da significação da psicologia para a literatura e vice-versa.

Para perceber o desafio que a literatura apresenta para a psicologia será suficiente lembrar um conhecido texto de Lewin, no qual, depois de mostrar a inadequação das descrições científicas de ambiente psicológico, diz:

> as mais completas e concretas descrições de situações são as apresentadas por alguns escritores, como Dostoiévski. Tais descrições conseguem apresentar aquilo que, de forma bem clara, falta nas descrições estatísticas, isto é, um quadro que mostra, de forma definida, como se relacionam, entre si, e com o indivíduo, os diferentes fatos de seu ambiente. Apresenta-se a situação total, com a sua estrutura específica ... Para que a psicologia possa fazer predições quanto ao comportamento, precisa tentar realizar, por meio de recursos conceituais, essa mesma tarefa. (1936, p.13)

Em outras palavras, o romancista consegue dar, do comportamento do indivíduo, uma descrição que ainda está fora do alcance do psicólogo. Seria possível lembrar, também, estas incisivas palavras de outro psicólogo, Rollo May, de tendência teórica muito diversa da de Lewin:

> Por isso, muitos fizemos a estranha descoberta, quando estudantes universitários, de que aprendíamos muito mais psicologia, isto é, aprendíamos muito mais a respeito do homem e de sua experiência, nos cursos de literatura do que nos de psicologia ... Da mesma forma, quando agora os estudantes me escrevem, dizendo que pretendem ser psicanalistas, e pedem conselho quanto aos cursos que devem fazer, digo-lhes que se formem em literatura e nas humanidades, e não em biologia, psicologia ou cursos pré-médicos. (1960, p.13)

No outro extremo, os escritores de há muito perceberam a presença perturbadora da psicologia. Aldous Huxley imagina um mundo novo governado por técnicas, como a lavagem de cérebro, os tranquilizantes, o hipnotismo, a percepção subliminar, inocentemente criadas por psicólogos e depois empregadas pelos candidatos a ditadores; combate as teorias que, como a de Skinner, negam as diferenças hereditárias entre os homens, pois, segundo Huxley, isso nos levaria a dizer que "as peças de Shakespeare não foram escritas por Shakespeare, nem mesmo por Bacon ou pelo conde de Oxford, mas pela Inglaterra da época de Elizabeth".[2] Um dos personagens de Lawrence Durrell, em Justine, escreve que "para o escritor, as pessoas já não existem como psicologia. Nas investigações dos mistagogos, a psique contemporânea explodiu como bolha de sabão. O que resta para o escritor?" (1957, p.113). O sentido dessa afirmação é muito claro: se o domínio privilegiado da literatura, sobretudo do romance, foi sempre a vida interior e o comportamento das pessoas, que acontece no momento em que o psicólogo (aí denominado mistagogo) encontra uma forma científica para descrever esse domínio? E, no entanto, a ensaísta Brigid Brophy pôde sustentar uma posição quase oposta à desse personagem de Lawrence Durrell, ao escrever, aparentemente com muita acuidade:

> foi sobretudo o romance que introduziu a psicologia em nossa cultura. É ao hábito de ler romances, um hábito que o mundo antigo quase não teve, que todos nós, atualmente, devemos nossa curiosidade a respeito dos motivos uns dos outros, nossas tentativas para adivinhar e definir as suscetibilidades, uns dos outros – toda a tendência psicológica com a qual conduzimos e civilizamos nossas relações sociais. Não apenas os grandes mestres, mas também os seus sucessores, e até as prostitutas profissionais, quando

---

2 Huxley, 1958, *Brave New World Revisited*. Ver sobretudo os capítulos VII-XII. O trecho citado é da p.120.

suficientemente hábeis, nos exercitam no uso da imaginação psicológica, na grande tarefa de imaginar o que significaria ser como outra pessoa. (1962, p.334)

Ao contrário do que essas citações sugerem, os psicólogos atuais parecem ter interesse relativamente pequeno pela literatura, como se esta fosse domínio estranho à psicologia atual, ou, pelo menos, inacessível a seus métodos. Apesar disso, a psicologia parece ter recursos para realizar a análise de alguns problemas da literatura. A fim de conseguir sistematização dos problemas estudados, dividi o ensaio da seguinte forma. Na introdução, procurei indicar as teorias psicológicas que têm uma contribuição definida para a análise da literatura; a rigor, essa introdução seria desnecessária, se não houvesse o risco de que a palavra psicologia continuasse a ser entendida em seu sentido tradicional, – isto é, análise da vida mental, o que parece ocorrer com demasiada frequência. Muitos críticos da psicologia contemporânea na verdade criticam um fantasma, e por isso tive a ousadia de tentar sumariar, em poucas páginas, as peculiaridades de algumas das principais tendências da psicologia.

Nas três partes do ensaio – criação literária (Parte I), análise de texto (Parte II) e análise do leitor (Parte III) – tentei ver de que forma a psicologia atual pode interpretar esses três aspectos da literatura.

Como não tive a intenção de fazer trabalho de erudição, isto é, não pretendi apresentar um levantamento de todas as teorias e opiniões a respeito do assunto, mas encontrar princípios teóricos que permitissem a análise psicológica da literatura, citei apenas os autores que me auxiliaram nessa tentativa. Por isso, reduzi as citações ao mínimo possível, a não ser no caso da análise de texto, pois este constitui, no caso, o objeto de estudo; sempre que muitos textos poderiam justificar uma afirmação, procurei utilizar apenas um, a fim de não dificultar a leitura. Pela mesma razão, as notas e referências bibliográficas destinam-se apenas ao leitor interessado em verificar a validade das afirmações ou estudar um ou outro aspecto; o leitor poderá, sem essas referências, acompanhar a argumentação do ensaio.

Embora não possa lembrar todos os que, de uma forma ou de outra, me auxiliaram neste trabalho, não quero deixar de lembrar meu amigo José Aderaldo Castello, sem cujo estímulo talvez não me animasse a escrever este ensaio sob a forma aqui apresentada.

Araraquara, janeiro de 1964

Introdução
A psicologia como perspectiva para o estudo da literatura

As ciências, como os indivíduos, têm uma fase juvenil de afirmação criadora e de luta pela independência. Tal como ocorre com os jovens, essa busca de liberdade se manifesta, frequentemente, através do domínio dos outros e da conquista. Quando, no século XVII, Descartes descobre o valor do método matemático, pretende subordinar todos os conhecimentos à *mathesis universalis*; não se contenta com um método para todas as ciências, e procura mostrar a possibilidade de provar, geometricamente, a existência de Deus.[1] Na sua fase de maturidade, no entanto, a matemática tornou-se muito mais modesta; aceita as suas verdades como criações independentes do mundo físico embora capazes de oferecer um instrumento para o conhecimento da realidade objetiva.[2]

---

1 Ver, em *Réponses aux deuxièmes objections*, a seção intitulada "Razões que provam a existência de Deus e a distinção entre o espírito e o corpo do homem, dispostas de forma geométrica". Na edição de que disponho, René Descartes (1948, p.193ss.).

2 "Embora a lógica formal e a matemática pura não estabeleçam, sozinhas,

A mesma ambição desmedida aparece nos primeiros sociólogos e psicólogos do século XIX e início do século XX. Enquanto os sociólogos reduzem a psicologia à sociologia, os psicólogos englobam a sociologia em seus domínios. Auguste Comte negava a existência de uma psicologia autônoma,[3] e E. Durkheim não estava muito longe de fazer a mesma coisa. De outro lado, Freud reduzia a vida social a um drama individual e familial; ao fazê-lo, eliminava qualquer possibilidade de uma sociologia autônoma, voltada para fenômenos especificamente sociológicos, pois estes resultariam, apenas, de ampliações dos fenômenos individuais.[4]

Dentro desse quadro de ambição juvenil devemos entender as pretensões dos primeiros sociólogos e psicólogos, ao explicar o fenômeno artístico: reduzir a arte a uma superestrutura, dependente da infraestrutura econômica;[5] entender a arte

---

quaisquer afirmações a respeito de fato empírico, apresentam um instrumento eficiente e inteiramente indispensável para deduzir, a partir de suposições teóricas abstratas – tais como as leis de mecânica de Newton ou os postulados da geometria euclidiana na interpretação física –, consequências concretas e suficientemente específicas, de maneira a permitir teste experimental" (Hempel, 1949; o artigo citado é de 1945).

3 Embora Auguste Comte tenha oscilado quanto à caracterização da psicologia – ora negando a introspecção e aceitando a frenologia de Gall, ora considerando o estudo do indivíduo como preliminar ao estudo social –, parece nunca ter chegado a admitir o estudo especificamente psicológico. Isso pode ser visto, por exemplo, na Primeira Lição do *Cours de philosophie positive* (publicado de 1830 a 1842). Na edição consultada, Comte (1949, p. 65ss.) e aí também as notas do organizador da edição, Le Verrier, que acompanha as oscilações da teoria comtiana.

4 Essa posição quase simetricamente oposta de Durkheim e Freud foi discutida por Asch (1960, I, p.27-32).

5 Cf., por exemplo, Fréville: "As forças produtivas, as relações de produção, o desenvolvimento econômico da sociedade constituem a infraestrutura. Sobre esta se eleva o imenso edifício das superestruturas ideológicas. As instituições políticas e jurídicas, as crenças religiosas e morais, a literatura e as artes refletem a sociedade, em suas disposições, seus imperativos, suas obras, os fenômenos econômicos sobre que repousam" (In: Marx & Engels, 1954). Como se verá mais adiante, a posição de Marx é mais complexa, embora longe de ser clara.

como processo de percepção, cujas leis já seriam conhecidas;[6] reduzir a arte a uma forma de *sublimação* de instintos básicos, sempre os mesmos.[7] Em todos esses casos, observa-se a tendência a pensar na arte não como tal, mas como alguma outra coisa, de que ela seria, apenas, uma forma mais complexa ou disfarçada.

Diante dessas pretensões, mais ou menos felizes, mais ou menos profundas, seria natural uma reação simetricamente oposta, nascida entre os críticos de arte e de literatura: recusar qualquer perspectiva extra-artística para a análise da arte. No caso da literatura, essa reação foi muito bem delineada pelos que defendem o estudo literário como a única forma de compreender a literatura.[8]

---

6 Essa seria a posição de Theodore Lipps (1851-1914), com a teoria da *empatia*, segundo a qual projetamos, nos objetos, os nossos sentimentos: "o prazer estético é um sentimento de prazer ou alegria, em cada caso colorido, de forma específica e sempre diversa em cada novo objeto estético – um prazer causado pela visão do objeto. Nessa experiência o objeto estético é sempre sensível, isto é, sensoriamente percebido ou imaginado, e é apenas isso". E depois: "tudo isso está incluído no conceito de empatia. Constitui o sentido mesmo desse conceito. A empatia é o fato aqui estabelecido de que o objeto *é* o eu e, ao mesmo tempo, meu eu é o objeto. A empatia é o fato de que desaparece a antítese entre mim e o objeto, ou, antes, que essa antítese não chega a existir" (Lipps, 1935, p.291-4).

7 Cf. Freud: "O hábito de cobrir o corpo, que acompanha a civilização, continuamente desperta a curiosidade sexual, e serve para complementar o objeto sexual quando se descobrem as partes escondidas. Isso pode transformar-se no artístico ("Sublimação") se o interesse passa dos órgãos genitais para o corpo. A tendência para permanecer nesse objetivo sexual intermediário ... encontra-se, até certo ponto, em quase todas as pessoas normais; na realidade, dá-lhes a possibilidade de dirigir, para um objetivo mais elevado, parte de sua libido". Em nota, nesse mesmo texto, Freud observa: "não tenho dúvida de que o conceito de 'beleza' está enraizado no solo da estimulação sexual, e significava, originariamente, o que é sexualmente atraente" (Freud, 1938, p.568).

8 Cf. Wellek & Warren (1942, p.139 e 177): "o ponto de partida sensato e natural para o trabalho na erudição literária é a interpretação e análise das obras literárias. Afinal, apenas as obras justificam todo nosso interesse na vida de um autor, em seu ambiente social e em todo o processo da literatura".

Aparentemente, portanto, estamos diante de posições opostas: uma, para a qual a literatura poderia ser entendida como um processo sociológico ou psicológico; outra, para a qual a literatura só pode ser explicada por meio de critérios estritamente literários. Na realidade, ambas as posições são inaceitáveis, pelo menos se entendidas nesses termos deliberadamente simplificados. De um lado, nem todas as criações de superestrutura são literárias ou artísticas, assim como nem todas as sublimações apresentam caracteres literários. Portanto, a obra artística, ainda que fosse criação resultante de determinada infraestrutura ou de sublimação, seria, também, *mais* alguma coisa, caracteristicamente artística. Essa verificação seria suficiente para justificar a necessidade de critérios literários, pois somente estes seriam capazes de distinguir, entre as diferentes criações de superestrutura e de sublimação, as que apresentam valor literário ou artístico. Além disso, os sociólogos e psicólogos *reducionistas*, ao fazerem sua análise, aceitam obras já consagradas pelo bom gosto, mas são incapazes de apresentar o processo inverso, isto é, delimitar os caracteres da obra de êxito futuro. Alguns exemplos, retirados das análises de Freud, permitirão entender a significação dessa diferença fundamental. Em seu primeiro estudo importante (*A interpretação dos sonhos*, 1900),[9] Freud tenta interpretar o *Rei Édipo*, de Sófocles, e o *Hamlet*, de Shakespeare. Em ambos os casos, Freud está diante de peças já consagradas, e seu problema se reduz a explicar essa aceitação universal; para o fundador da psicanálise, ambas revelariam o complexo de Édipo, isto é, o amor à própria mãe e o ódio ao pai. Essa análise apre-

---

"A linguagem é, literalmente, o material do artista literário. Poder-se-ia dizer que qualquer obra literária é apenas uma seleção de determinada linguagem, assim como uma obra de escultura foi descrita como um bloco de mármore, do qual foram retirados alguns pedaços". Observe-se que Wellek & Warren admitem a colaboração da psicologia e da sociologia – entre outras disciplinas auxiliares –, mas desejam critérios literários para a explicação da obra.

9 Cito através da edição inglesa de Brill (Ver nota 7).

senta alguns problemas muito significativos, que serão retoma-
dos nos capítulos seguintes. Aqui, é suficiente compará-la à
análise, feita em 1907, a propósito de *Gradiva*, de W. Jensen. A
importância psicanalítica dessa novela era muito nítida: alguns
dos processos, descritos clinicamente por Freud, eram apresentados pelo escritor.

> Tudo isso nos demonstra que o poeta não pode deixar de ser
> um pouco psiquiatra, assim como o psiquiatra, um pouco poeta;
> além disso, é possível tratar poeticamente um tema de psiquiatria,
> e a obra resultante possuir pleno valor estético e literário. Isto é,
> com efeito, o que ocorre na obra que nos ocupa, e que é apenas
> a exposição poética da história de uma doença e de seu acertado
> tratamento.[10]

A análise de Freud consiste em demonstrar o paralelismo das
descrições; todavia, o fato de *Gradiva* apresentar, de maneira tão
nítida, os processos verificados pela psicanálise, não assegura o
seu valor literário, e a novela parece hoje inteiramente esqueci-
da.[11] A lição do exemplo é muito clara: a qualidade literária de
um texto não depende, ou pelo menos não depende exclusiva ou
diretamente, de sua maior ou menor fidelidade na apresentação
de processos psicológicos descritos pela ciência.

Num outro extremo, é possível considerar as limitações da
análise puramente literária. Em primeiro lugar, se é errado pen-

---

10 Freud (1948, v. I, p.608). O artigo foi publicado, originalmente, em 1907.
Freud acreditava que esse artigo "merecia louvor"; mais interessante ainda,
para a nossa compreensão da teoria de Freud, é saber que ele escreveu a
Jensen, autor da novela, e, embora este dissesse que a ideia da história lhe
ocorreu bruscamente, Freud conclui que "uma análise contínua conduziria
à sua (de Jensen) infância e às suas experiências eróticas mais íntimas".
Essas observações são feitas em carta de 1907, dirigida a Jung (ver Freud,
1961, p.261-2).

11 A propósito dessa análise, Stanley Edgar Hyman comenta que a novela de
Jensen é "pobre e tola", e que a interpretação de Freud é um romance muito
melhor (ver Hyman, 1957, p.497).

sar na literatura em razão de alguma outra coisa – política, psicologia, sociologia, filosofia –, não se deve esquecer que, frequentemente, a literatura pretende atingir esses domínios. Embora se possa dizer que o valor de uma obra literária independe de suas suposições extraliterárias, essa afirmativa apenas em parte é verdadeira. A obra de arte maior sempre inclui uma visão do mundo que, embora possa ser discutida ou negada, faz parte integrante de seu sentido. Em segundo lugar, embora a "verdade artística" não possa ser identificada à verdade científica ou à filosófica, também não pode ser ignorada ou considerada aspecto secundário.

A perspectiva proposta neste ensaio não é, propriamente, de conciliação entre as duas tendências, pois não se pretende discutir o núcleo do problema, mas apenas delimitar a possibilidade de análise psicológica da literatura, com os recursos atuais dessa ciência. Dito de outro modo, embora se reconheça a necessidade de, algum dia, propor a análise psicológica dos critérios pelos quais uma obra se torna artística, aqui não se fará a tentativa de discutir sistematicamente essa questão. Para fazê-lo, seria necessário, provavelmente, empreender, para a literatura, o mesmo tipo de análise realizado por Rudolf Arnheim (1954) para o caso da pintura, isto é, analisar inicialmente o processo perceptual da contemplação da obra. Todavia, é evidente que a percepção da obra literária é muito mais complexa, porque muito mais dinâmica, do que a percepção da pintura; a obra literária se exprime pela linguagem, e a análise perceptual dessa última está muito longe de permitir tal empreendimento, apesar de algumas interessantes sugestões de W. Köhler (1947, p.223ss.) sobre as qualidades expressivas das palavras. Por isso, pareceu mais produtivo apresentar, de maneira mais ou menos ordenada, os vários problemas da obra literária, para os quais a psicologia contemporânea tem uma perspectiva própria, geralmente diversa da de outras ciências ou da crítica estritamente literária. O fato de essa perspectiva não apresentar uma solução geral ou total para a análise da obra literária não deve ser muito frustrante para o psicólogo ou para o crítico. Afinal, se a psicologia ainda não atingiu a consagração provecta das ciências mais antigas – como a física, a química, a biologia –, já ultrapassou a crise adolescente de ambição desmedida e já tem, pelo menos, a modéstia da maturidade. Por seu lado, o crítico já aprendeu a não esperar soluções definitivas ou geométricas para os problemas da análise literária, e parece admitir a cooperação de outras ciências e de outras perspectivas.[12]

Finalmente, parece desnecessário discutir a legitimidade da análise psicológica da literatura, pelo menos se apresentada dessa maneira modesta e limitada. Em primeiro lugar, poder-se-ia dizer que é impossível comentar uma obra sem fazer menção a processos psicológicos, e que a escolha do crítico não consiste em utilizar, ou não, a psicologia, mas em utilizar a psicologia do senso comum ou a psicologia científica. Na verdade, é essa última alternativa que precisa ser discutida, pois é praticamente impossível descrever uma obra – para não mencionar o processo, muito mais amplo, de tentar explicá-la – sem fazer referência, direta ou indireta, a ocorrências psicológicas, tais como a imitação, a sugestão, a percepção de formas, a descrição de personagens, a aprendizagem do gosto, e assim por diante. Se isso é indiscutível, a etapa seguinte apresenta um grande número de questões não solucionadas. A primeira delas refere-se à necessidade ou conveniência da utilização da psicologia científica, em lugar da psicologia do senso comum. Poder-se-ia dizer, com alguma razão, que a psicologia científica abrange uma parte muito reduzida do campo do comportamento e da experiência

---

12 "Toda crítica é provisória, parcial, oblíqua." E: "todo crítico literário eficiente vê determinada faceta da arte literária e desenvolve nossa consciência com relação a ela; mas a visão total, ou que se aproxima desta, só é possível para os que aprendem a combinar as contribuições de muitas abordagens críticas" (Daiches, 1956, p.391 e 393).

do homem. Poder-se-ia dizer, também, como Köhler,[13] que a psicologia científica não apresenta nenhuma *descoberta*, no sentido científico dessa expressão, e que, portanto, nada acrescenta àquilo que a experiência direta pode dar ao crítico. Embora, grosseiramente, essas duas afirmações sejam válidas, não esgotam o nosso problema. Na realidade, embora a psicologia do senso comum seja muito rica – ou, pelo menos, muito mais rica de informações do que a psicologia científica –, não está ainda sistematizada, e não tem conceitos ordenados ou coerentes, assim como não tem, por outro lado, critérios de verificação, além dos puramente intuitivos. Por isso, o crítico não lida, e não pode lidar, com toda a riqueza desse universo denso e desorganizado do senso comum, e acaba por reduzir sua sistematização a conceitos mais ou menos desconexos, cuja validade seria impossível comprovar, e cujo valor explicativo é praticamente nulo. Se se quiser um exemplo dessa limitação, será suficiente pensar em grande parte da bibliografia sobre Machado de Assis: os nossos críticos tentaram utilizar, com maior ou menor felicidade, diferentes formas e explicação para o "milagre" dessa obra, desde a influência da epilepsia (Peregrino Júnior, 1938) até os caracteres de mulato (Barreto Filho, 1947) ou os acontecimentos da infância e as relações de família (Miguel Pereira, 1939), além das possíveis influências intelectuais (Coutinho, 1940). Ainda que se afastem tais estudos como extraliterários, não se pode fazer o mesmo com as tentativas de análise de sua obra, na qual os critérios "psicológicos" são mais ou menos inevitáveis, pois foram propostos pelo escritor. Eli-

---

13 Wolfgang Köhler (1960, p.3): "Ao contrário, não houve, nesse sentido, descobertas psicológicas, apenas porque antes da organização da psicologia científica, o homem já conhecia praticamente todos os territórios da vida mental. Em outras palavras, os psicólogos não poderiam fazer descobertas notáveis, como as que constituem o orgulho da física, porque desde o início de seu trabalho não havia fatos mentais inteiramente desconhecidos, e que os psicólogos pudessem ter descoberto".

minar esse aspecto da obra de Machado de Assis seria reduzi-la a quase nada, isto é, a um jogo estilístico mais ou menos inconsequente e gratuito. Nesse caso, parece fácil verificar a necessidade de uma sistematização que, na situação atual de nossos conhecimentos, só pode ser dada pela psicologia científica.

A esse aspecto é possível acrescentar um outro, não menos importante. Cada época se caracteriza por uma tendência dominante, à qual dificilmente conseguimos fugir. Essa tendência é, em nossa época, a psicologia, assim como a de outros períodos foi a religião ou a ciência natural. Podemos dar nomes velhos às nossas soluções, às nossas crenças, aos nossos preconceitos ou às nossas ambições. Sob esses nomes, no entanto, não é difícil descobrir, às vezes com certa surpresa, uma caracterização psicológica de nós mesmos ou dos outros. O fato de muitas dessas explicações – como é o caso do preconceito racial, da falsa divulgação psicanalítica, da moda dos "testes", dos "complexos" ou das "lavagens de cérebro" – serem espúrias ou grotescas nos obriga, apenas, a procurar uma explicação mais adequada, embora não possamos fugir dos domínios da psicologia. A explicação psicológica da arte é apenas um caso, entre muitos outros, em que se procura uma forma de compreensão a partir de características do indivíduo. Fundamentalmente, essa necessidade de explicação é uma consequência de novas condições da vida social: à medida que o homem perde a crença em forças sobrenaturais ou na determinação hereditária de características individuais, precisa encontrar outras explicações para elas. De outro lado, tais diferenças tendem a acentuar-se, pois se ampliam as possibilidades de desenvolvimento em direções divergentes e às vezes opostas. Ainda quando se aceitem explicações sociológicas como origem das diferenças individuais, sempre resta o problema de explicar a passagem dos processos sociais para os psicológicos. Por isso, em vez de uma direção fundamentalmente objetiva, voltada para as coisas do mundo externo, o homem contemporâneo tende a uma perspectiva subjetiva, cujo interesse básico se dirige para os processos interiores ou psicológicos.

No caso da análise da arte, não é difícil perceber, a partir do romantismo, uma acentuação da tendência subjetiva, tanto nos temas artísticos quanto no interesse da crítica. A arte tende a valorizar os aspectos individuais, às vezes idiossincráticos, não só na expressão de novas formas, mas também na de "velhos temas". A crítica se volta para a tentativa de explicação da arte por meio de características do criador, às vezes pelos seus aspectos mais originais e até patológicos. De certo modo, como o salienta Hauser (1959, p.59ss.), a teoria psicanalítica da arte é uma versão mais elaborada de tendências já existentes no início do romantismo.

Seria um erro grosseiro, todavia, imaginar que a explicação psicológica da arte é criação exclusiva de nossa época. Muitos dos temas atualmente vistos como psicológicos já foram ensaiados por Platão e Aristóteles, sendo suficiente pensar na explicação da inspiração,[14] apresentada pelo primeiro, e na teoria da catarse,[15] apresentada pelo último. Mas nunca se tentou uma explicação consistentemente psicológica, capaz de abranger os vários aspectos da criação, da comunicação e da contemplação da obra de arte, e esse empreendimento só seria possível numa época marcada pela inquietação psicológica.

Nessa discussão, conviria considerar, ainda, a oportunidade, ou não, dessa análise para o caso da literatura brasileira. Sob muitos aspectos, a análise sociológica pareceria mais produtiva em nosso caso. Poder-se-ia pensar que os problemas da vida brasileira são ainda fundamentalmente sociais, e que os problemas psicológicos, básicos e urgentes em outras condi-

---

14 Platão (1952), no diálogo "Ion" (533-534), apresenta uma interpretação da criação artística como processo de "inspiração" e "possessão", e aproxima os poetas dos oráculos e profetas; ao mesmo tempo, usa a imagem do magnetismo para explicar a aceitação da poesia.

15 Aristóteles (1944), *Arte poética*, capítulo VI.

ções de vida, aqui seriam questões superficiais, vividas por um pequeno grupo alienado dos problemas coletivos. Em outras palavras, seria possível discutir a necessidade de investigar problemas psicológicos do homem nordestino, quando sua situação nos indica questões muito mais grosseiras de alimentação e habitação. Na verdade, é possível pensar em interpretações psicológicas artificiais, pois partem de situações mal percebidas, ou não vividas autenticamente pelo homem brasileiro. No extremo oposto, encontramos as obras que pretendem exprimir os conflitos sociais básicos, mas que, ao fazê-lo, utilizam uma psicologia grosseira e inadequada.

No caso da literatura brasileira, essa oposição entre "adequação psicológica" e "realidade social" foi vista, frequentemente, como oposição entre aspectos caracteristicamente brasileiros e aspectos ou temas válidos para todas as literaturas. Mas essa caracterização provisória, embora tenha sido útil no processo de afirmação de uma literatura brasileira, não nos permite avançar muito na explicação das obras literárias. Se a literatura regional não atinge universalidade, isso se deve ao fato de seus autores não terem conseguido um aprofundamento suficiente, pelo qual pudessem exprimir, nos aspectos superficialmente pitorescos do brasileiro, os dramas universais de que se alimenta a literatura. Afinal, toda literatura considerada universal é, fundamentalmente, uma literatura histórica e socialmente datada. Sófocles, Dante, Cervantes, Cavafy, Faulkner, Kazantzakis, Shakespeare e Dostoiévski foram homens de seu tempo e de seu grupo; todavia, nesse tempo e nesse grupo descobriram e revelaram dramas permanentes de nosso espírito e de nossa carne. Se alguns de nossos autores não ultrapassam o pitoresco, isso se deve ao fato de terem apresentado, sob forma superficial, um drama que algum dia poderá ser apresentado sob sua forma mais completa e reveladora.

Em outras palavras, se a nossa literatura tem sido vista, principalmente, sob seu aspecto "social", isso se deve ao fato de apresentar quase exclusivamente o aspecto mais superficial ou aparente de nossa vida coletiva. Sempre que o escritor ultrapassa essa camada de aparências, vê-se a necessidade, não apenas de uma análise histórica ou sociológica, mas também da perspectiva psicológica. Essa problemática está apresentada, embora com outras palavras, por Marx, quando nos diz: "o difícil não é compreender que a arte grega e a epopeia se achem ligadas a certas formas de desenvolvimento social, mas que ainda possam proporcionar gozos estéticos e sejam consideradas em certos casos como norma e modelo inacessíveis".[16] Se em Machado de Assis descobrimos a caracterização de uma classe social do Rio de Janeiro do século XIX, ou se em Guimarães Rosa descobrimos o universo do jagunço, sabemos também que tais análises não nos revelam sua humanidade, assim como o mundo social de D. Quixote não seria suficiente para universalizar a obra de Cervantes. Ou, dizendo de outra forma, se a arte se reduzisse aos seus aspectos sociais, teria apenas o sentido de luta, no momento de seu aparecimento, ou de documentário, depois da superação das condições em que nasceu. Se continua viva como obra de arte, isso se deve, entre outras coisas, ao fato de exprimir, além das condições sociais em que apareceu, uma condição humana, válida em situações muito diversas.

Se isso é verdade, resta ainda saber se a psicologia contemporânea tem recursos para explicar a criação e a permanência da obra literária. Como se verá agora, as hipóteses e as teorias

---

16 O texto de Marx (1946, p.231) continua da seguinte forma: "Um homem não pode voltar a ser criança sem retornar à infância. Mas, não se satisfaz com a ingenuidade da criança e não deve aspirar a reproduzir, em nível mais elevado, a sinceridade da criança? Não revive na natureza infantil o caráter próprio de cada época em sua verdade natural? Por que a infância social da humanidade, no mais belo de seu florescirnento, não deveria exercer uma eterna atração, como uma fase desaparecida para sempre?". O texto de Marx é muito obscuro e seria impossível tentar sua análise, sem ampliar essa discussão. Note-se, apenas, que, se explica a permanência da arte grega, não pode explicar a permanência de obras posteriores e anteriores.

Psicologia e literatura

psicológicas são ainda muito esquemáticas ou muito imprecisas; além disso, embora façam referência ao universo social, não têm recursos teóricos para sistematizar ou explicar as interrelações indivíduo-grupo, tanto no caso do criador da obra de arte quanto no caso do espectador.

Essas limitações, que são reais e ainda não foram superadas, não devem, no entanto, permitir que esqueçamos as contribuições significativas da psicologia contemporânea. Em primeiro lugar, esta descreve o comportamento e a experiência interior da pessoa como resultantes de uma interação organismo-ambiente. Esse esquema supera os anteriores, que tendiam a pensar o comportamento como atividade *espontânea* do organismo e, por isso mesmo, como ação inexplicável. Em segundo lugar, a psicologia contemporânea abandonou as divisões clássicas da vida mental – vida afetiva, volitiva e racional – e passou a supor, não apenas a presença de aspectos racionais, afetivos e volitivos em qualquer comportamento, mas a supor, também, uma continuidade entre os diferentes graus de solução de problema e capacidade criadora. Finalmente, a psicologia contemporânea tenta descrever a vida inconsciente não apenas por meio de palavras, mas de forças ou elementos dinâmicos, identificáveis na ação.

Todavia, talvez ainda seja prematuro falar em psicologia como ciência unificada e esquecer divergências, às vezes profundas, entre várias tendências do pensamento psicológico contemporâneo. Por isso, será conveniente esquematizar as principais correntes, cujos conceitos serão utilizados neste ensaio, a fim de encontrar pontos de referência para as análises seguintes.

A escolha das teorias depende de sua contribuição à análise do pensamento produtivo, do texto ou do leitor; por isso, não teria sentido estudar o comportamentismo, pois é evidente que essa teoria não tentou abranger os processos aqui discutidos. Assim como não teria sentido investigar a contribuição da psicanálise para o estudo da psicologia comparada, não tem sentido utilizar, para a análise psicológica da literatura, conceitos que foram desenvolvidos para descrever ou explicar um outro nível do comportamento sobretudo animal.

Pode-se perguntar, evidentemente, se as teorias psicológicas não tendem para a unificação, e se uma das teorias atuais não poderá tornar-se a psicologia dos próximos anos. Na verdade, se não temos elementos para responder à pergunta, é possível indicar algumas linhas fundamentais de argumentos plausíveis. Em primeiro lugar, talvez seja correto supor que as várias teorias sejam válidas para os problemas por elas estudados, embora não possam ser transpostas para outros domínios. Se isso for correto, a teoria da *gestalt* poderia ser válida para a análise da percepção, da inteligência e do pensamento produtivo, mas não teria recursos para estudar, por meio de seus conceitos, certos níveis de aprendizagem, a formação da personalidade ou a psicopatologia. A psicanálise poderia ser válida como teoria da neurose e de formação da personalidade, mas não teria elementos para estudar a inteligência ou a aprendizagem; o comportamentismo seria visto como teoria satisfatória para explicar certos níveis de aprendizagem e motivação, mas não poderia estudar a personalidade ou o pensamento produtivo. Pelo menos em parte, essa parece ter sido a suposição implícita em muitas pesquisas dos últimos anos, em que o cientista trabalha apenas com teorias limitadas a certos conjuntos de variáveis, e não procura discutir as implicações teóricas mais amplas. Essa posição parece resultar de um certo desencanto, posterior ao período das grandes teorias – de Freud, de Watson, de McDougall ou dos gestaltistas – e das tentativas subsequentes de matematização ou formalização, empreendidas por Clark Hull, Kurt Lewin e até certo ponto Tolman. Essa posição, que de certo modo evita os problemas de uma teoria ampla, apresenta muitas dificuldades, pois é difícil, pelo menos no comportamento humano, isolar as variáveis significativas de determinado fenômeno, e eliminar a interferência de outras, não incluídas inicialmente na teoria. Além disso, essa posição provoca certo *artifi-*

cialismo do resultado experimental, que se distancia cada vez mais do comportamento diretamente observado na vida diária. Ou, segundo Cartwright,

> a teoria psicológica contemporânea corre o risco de perder contato com a realidade empírica. A atribuição de valor excessivo à elegância formal da teoria pode criar uma separação insuperável entre o teórico e o psicólogo interessado no comportamento natural das pessoas. Se o interesse futuro pela "construção de modelos" não for dirigido diretamente por uma referência não viesada aos fatores empíricos, a elegância formal será obtida com o sacrifício da aplicabilidade empírica. (1959, p.80)

Vale dizer, a excessiva restrição das variáveis exige uma limitação do comportamento estudado, de forma que não podemos aplicar o conhecimento, assim obtido, à compreensão ou explicação do comportamento diário.

A outra dificuldade dessa posição consiste em aceitar um ecletismo de ocasião que, segundo Mary Henle (1957), contribui para confundir os problemas e impede que se formulem novas teorias para dar conta das dificuldades enfrentadas por uma delas. Ora, uma das formas de ultrapassar essa imprecisão consiste em tentar um exame da aplicabilidade dos conceitos, a fim de ser possível verificar não apenas sua adequação, mas também suas insuficiências.

Se isso é verdade, devemos dirigir nosso esforço não para a formulação de pesquisas onde os conceitos possam ser utilizados de forma imprecisa e, na realidade, cheguem a perder sua conotação original, mas para a tentativa de aplicar os conceitos a determinado problema, e neste avaliar as suas possibilidades de explicação. Somente assim podemos confirmar uma teoria, rejeitá-la ou verificar a necessidade de novos conceitos; dessa maneira, recusamos tanto a aceitação sistemática de uma teoria, que obriga o pesquisador a deformar os fatos para que se submetam, de qualquer maneira, à teoria, quanto um ecletismo oportunista, que tenta acomodar teorias contraditórias, a fim de dar conta dos fatos encontrados.

Essa a intenção do exame preliminar das teorias: dar ao leitor alguns recursos para julgar a aplicabilidade dos conceitos, assim como as suas limitações; por isso é que não teria sentido apresentar teorias que depois não serão utilizadas na análise. No entanto, o conceito de aprendizagem, posteriormente utilizado na análise, não foi aqui discutido, pois exigiria um exame das várias teorias, sem que fosse possível indicar sua utilização na análise do pensamento produtivo ou na aceitação da obra literária, pois os seus proponentes não fizeram essa tentativa. A exceção a essa afirmativa seria B. F. Skinner, que, como se verá na Parte I, tenta explicar o pensamento produtivo. De qualquer forma, para apresentar essa explicação, não pareceu necessário fazer um sumário de todo o comportamentismo.

Agora, as teorias de Freud, de Jung e dos gestaltistas serão analisadas em razão de três conceitos fundamentais – a relação organismo-ambiente, vida afetiva e vida intelectual, processos inconscientes –, pois esses aspectos constituem três inovações básicas da psicologia atual. Depois, será apresentada uma pequena incursão pela teoria da personalidade, pois esta apresenta uma relação direta com a literatura, sobretudo com a descrição de personagens. Como se observa, aqui não se pretende discutir, em conjunto, as várias teorias contemporâneas, mas examinar os seus conceitos fundamentais, na medida em que sejam úteis para a descrição de processos de pensamento produtivo, ou para a análise do texto ou do leitor.

Sigmund Freud (1856-1939)

A monumental biografia de Freud, escrita por Ernest Jones (1953, 1955, 1957), permite que se tenha uma visão mais ampla e coerente do desenvolvimento da personalidade e do pensamento do fundador da psicanálise. Aqui não se procurará sequer sumariar essas informações, mas apenas lembrar alguns aspectos fundamentais para a compreensão de sua teoria e das vicissitudes da psicanálise.

Freud formou-se em medicina, depois de um curso não muito ortodoxo, pois, aparentemente, tinha maior interesse pela pesquisa do que pela aplicação de conhecimentos. Seus primeiros trabalhos foram realizados no laboratório de fisiologia; aparentemente, só deixou esses estudos porque sentiu necessidade de emprego remunerado. A partir de então passa a trabalhar com doentes mentais e, posteriormente, obtém uma bolsa de estudos e vai a Paris, assistir às aulas de Charcot.

Na versão tradicional, a psicanálise teria sido criada a partir de dificuldades encontradas na utilização do hipnotismo, que era o método de tratamento empregado por Charcot. Na biografia escrita por Jones, compreendemos que, se tais dificuldades eram reais, talvez não fossem suficientes para permitir a revolução freudiana na psicologia. O fato decisivo para essa revolução parece ter sido a neurose de Freud, acentuada ou precipitada pela morte de seu pai. Por meio da autoanálise é que Freud teria sido levado à ideia do Complexo de Édipo, a partir de então colocado como centro de sua teoria da personalidade e da explicação do desenvolvimento social. Além disso, a publicação da correspondência com Wilheim Fliess mostra como Freud (1954), durante muito tempo, recusou-se a aceitar as provas da sexualidade infantil.

Uma vez de posse do esquema fundamental e do método (associação livre) capaz de atingir o conteúdo do inconsciente, Freud aplica a teoria não só à explicação e tratamento das neuroses, mas também à explicação do indivíduo normal, da vida social e das criações artísticas. Nesse sentido, a psicanálise é não apenas uma teoria psicológica, mas uma interpretação do homem.

A seguir, o que se faz é uma tentativa de reduzir essa teoria a um esquema, no qual se salientem algumas características básicas, a fim de compará-las às explicações de outras teorias.

A relação organismo-ambiente

Entendida em sua formulação mais ampla, a teoria psicanalítica supõe um sistema de pressões que se desenvolvem no organismo, e que procuram expressão no comportamento ou na "vida mental". A origem dessa pressão foi denominada inicialmente *libido*, e se caracterizaria pela busca do prazer e pelo afastamento da dor. Em apresentações posteriores Freud distinguiu dois grupos de instintos ou impulsos; os de Eros – isto é, da vida e do amor – e os de Tânatos ou da morte e da destruição. A distinção entre as duas apresentações é muito nítida e tem consequências muito significativas. A suposição de uma *libido* unitária corresponde a um instinto encaminhado apenas para o prazer; a suposição de impulsos de Eros e Tânatos equivale a aceitar instintos contrários em luta no inconsciente individual.

Na teoria de Freud, o indivíduo é, inicialmente, esse conjunto de instintos localizado no *id*, que é a parte mais profunda e primitiva da personalidade. Entregue a si mesma, isto é, se não encontrasse barreiras externas à sua expressão, a personalidade se reduziria a esses instintos antagônicos e cegos. Mas essa liberdade total não existe; desde muito cedo, os instintos precisam adaptar-se à realidade e esse processo adaptativo provoca a formação, na personalidade, de um outro sistema, que Freud denominou o *ego*. Este constitui, portanto, a parte da personalidade que está em contato com a realidade, enquanto o *id* seria uma parte primitiva e não inteligente. A esses dois sistemas acrescenta-se um terceiro, que Freud denominou *superego*, e que resulta da introjeção, pela criança, das figuras de adultos, sobretudo do pai. Embora às vezes se identifique o superego à consciência moral, essa identificação não é muito correta, pois, na teoria freudiana, o superego é mais inconsciente do que consciente, e sua significação deve ser entendida por meio de conflitos também inconscientes. Às vezes, nessa descrição, supõe-se que Freud imaginasse partes definidas "dentro" da personalidade, o que seria evidentemente absurdo. Essa descrição é apenas uma forma figurada para apresentar os processos dinâmicos que se dão no contato entre organismo e ambiente. Talvez a melhor forma para visualisar a concepção freudiana seja pensar numa caldeira, cuja pressão aumenta, quando não encontra uma saída, e diminui, quando pode expandir-se no ambiente externo. Por meio dessa imagem, é possível compreender também que, quando se bloqueia uma via de expressão, o *id* deve procurar outro caminho. Além disso, embora o conflito inicial se dê, sempre e necessariamente, entre os impulsos individuais e os obstáculos externos, esse conflito é interiorizado, sobretudo pelo superego, pois este apresenta controles inicialmente externos, mas que passam a interferir no processo de expressão individual. Essa última observação permite compreender que o indivíduo tenha conflitos interiores, isto é, precise vencer obstáculos não mais exteriores, mas colocados em sua vida mental.

Os aspectos aqui indicados constituem um esquema da relação entre organismos e ambiente, segundo a teoria de Freud. Todavia, para compreender a significação da psicanálise, será necessário lembrar duas outras suposições. A primeira refere-se à ideia de desenvolvimento da criança e à permanência, na vida mental e no comportamento do adulto, de sentimentos ou acontecimentos infantis. Essas duas suposições podem ser sumariadas sob o título de história individual e devem ser explicadas da seguinte forma: de um lado, todos os indivíduos passam pelas mesmas fases de desenvolvimento afetivo, embora acontecimentos específicos possam impedir a passagem para a fase posterior; de outro, o adulto pode continuar fixado em determinado conflito infantil e, mesmo quando isso não ocorre, o comportamento do adulto deve ser compreendido por meio de acontecimentos infantis. Por isso, segundo Freud, as características básicas do indivíduo estão determinadas por volta dos cinco anos de idade.

Na história do indivíduo, o conflito mais importante refere-se ao drama edipiano, isto é, a atração pela mãe e o ciúme do pai.[17] De modo geral, as interpretações psicanalíticas organizam-se em torno do complexo de Édipo – provavelmente porque essa é a primeira relação do indivíduo com outras pessoas, e aquela que irá determinar os futuros processos de ajustamento.

Além de tentar uma explicação para o desenvolvimento do indivíduo, Freud ensaiou uma teoria capaz de explicar a evolução social e sua influência no indivíduo. Embora seja dos aspectos menos conhecidos da teoria freudiana – provavelmente porque não está de acordo com os conhecimentos obtidos por sociólogos e antropólogos –, é um dos mais significativos. Em primeiro lugar, a teoria de Freud supõe que em todas as culturas encontramos os mesmos conflitos emocionais e afetivos; em segundo lugar, supõe uma continuidade histórica na civilização, onde se observaria uma repressão cada vez maior dos instintos, e, consequentemente, incidência cada vez maior de neurose. Apesar de extremamente discutíveis, as duas teses têm grande importância. De fato, a primeira permite explicar de que forma podemos compreender manifestações culturais muito diversas, pois estas são apenas formas diferentes de conflitos iguais. A segunda tese permite compreender o conteúdo trágico da teoria de Freud: se a repressão é o princípio que garante a civilização, é também a origem de neurose inevitável. Além disso, como Freud supõe uma relação direta entre civilização e repressão, assim como entre repressão e neurose, não é errado dizer que, para ele, o preço da civilização é a neurose.

De outro lado, é preciso não esquecer que, na teoria freudiana, não se considera apenas a intensidade da repressão, mas também a existência, ou não, de formas alternativas para a expressão do conflito. Se são barradas as expressões produtivas,

---

17 Isso é verdade para o menino e a menina. Posteriormente, a menina deve mudar a direção do conflito, isto é, sentir atração pelo pai e ciúme da mãe.

as forças em conflito acabam por encontrar caminhos anormais ou improdutivos.

Vida afetiva e vida intelectual

Embora se possa dizer que toda a psicologia contemporânea supõe continuidade entre vida afetiva ou emocional e vida racional, a psicanálise foi, provavelmente, a teoria que mais acentuou essa interdependência. No entanto, Freud parece não ter conseguido desenvolver a teoria a ponto de chegar a uma descrição adequada dos processos de ajustamento consciente à realidade. Por isso, sua teoria é notoriamente falha nas descrições de processos racionais, e é possível dizer, com certo exagero, que Freud pensou em racionalização, mas não em racionalidade. Parece que, para ele, o mundo racional é um refúgio para as decepções afetivas ou emocionais, uma forma de esquecê-las. Não deixa de ser curioso observar que esse racionalista integral, disposto a desmascarar e a destruir todas as ilusões humanas – as religiosas, as sentimentais, as artísticas – tenha tido interesse tão pequeno na descrição dos processos racionais. Talvez lhe tenha parecido muito evidente, de forma que não merecia maior atenção; talvez, ao contrário, Freud apenas não tenha tomado conhecimento da psicologia acadêmica que se desenvolvia na mesma época e que procurava enfrentar o problema de ajustamento racional à realidade.

De qualquer modo, a teoria de Freud é viesada, pois procura mostrar a origem emocional dos processos mais elevados do pensamento humano, como se este fosse, sempre e necessariamente, decorrência de impulsos afetivos, e não uma forma de enfrentar, realisticamente, os problemas apresentados pelo ambiente. Como é fácil concluir, essa posição representa uma inversão na teoria tradicional, que, em primeiro lugar, separava vida afetiva e emocional, e, em segundo, indicava a possibilidade de a razão dominar o sentimento; para Freud, ao contrário, podemos ser vítimas da racionalidade aparente, pois, abaixo desta, trabalham continuamente os conflitos afetivos.

No exame do pensamento criador, como se verá depois, é muito fácil perceber essa limitação da psicanálise, pois embora tenha analisado a literatura e a pintura, Freud nunca tentou explicar o processo criador na ciência; isto é, nunca tentou explicar o pensamento adequado à realidade externa.

Os processos inconscientes

Freud sempre reconheceu a importância, para o desenvolvimento de suas teorias, da intuição dos escritores. E talvez a sua maior dívida, nesse caso, resida no conceito de inconsciente, tão significativo, sobretudo para os românticos alemães – preocupados com os aspectos noturnos e doentios da personalidade humana.[18] O mérito de Freud não consistiu, portanto, em descobrir o inconsciente – embora se possa lembrar, a propósito, que os psicólogos acadêmicos de sua época desconheceram esse aspecto da vida interior do homem –, mas em tentar traduzi-lo para termos inteligíveis e procurar estabelecer sua ligação com os aspectos conscientes ou diurnos. Em outras palavras, Freud procura estabelecer uma relação dinâmica e contínua entre o inconsciente e o consciente.

Para compreender o alcance dessa teoria, será necessário pensar no problema da causação do comportamento. A psicologia do tempo de Freud tentava estabelecer a causação apenas por meio de elementos conscientes, e disso resultava, de um lado, o estabelecimento de um processo associativo, de complexidade crescente, entre aspectos anteriormente recebidos pela

---

18 Freud reconheceu explicitamente essa dívida. Hoje, é possível avaliar essa influência por meio de um estudo clássico de Béguin (1954).

consciência; de outro, essa psicologia era obrigada a abandonar, como inexplicáveis, alguns dos aspectos mais curiosos do comportamento – entre os quais os sonhos, os sintomas neuróticos ou psicóticos, os atos falhos, os esquecimentos momentâneos. Mais importante ainda, essa psicologia não tinha recursos para explicar a motivação, isto é, para explicar por que o indivíduo age de uma forma e não de outra.[19] Ora, a psicanálise se volta precisamente para esses aspectos anteriormente ignorados.

Quando Freud estabelece uma relação de causa-efeito entre o inconsciente e o consciente – isto é, quando supõe que os atos conscientes resultam de causas inconscientes –, descobre um novo domínio da vida interior e uma outra forma de explicação para o comportamento. Dessa maneira, consegue mostrar que os atos aparentemente absurdos têm coerência e sentido, quando explicados por meio de relações dinâmicas entre a vida inconsciente e a consciente. Um exemplo será suficiente para indicar o alcance dessa forma de explicação. Considere-se o gesto compulsivo de lavar as mãos. Se interrogada, a pessoa dirá que as mãos estão sujas, mas nenhuma demonstração objetiva fará que se convença do contrário. A explicação de Freud seria dizer que, inconscientemente, a pessoa se considera culpada, e que a ideia de sujeira nas mãos é apenas um sintoma, isto é, um comportamento menos perigoso, para o ego, do que o reconhecimento da culpa. Ao atribuir a *sujeira* ao ambiente externo, a pessoa se liberta da autoacusação. Esse caso, relativamente simples, permite entender vários processos. Em primeiro lugar, a pessoa nem sempre identifica, conscientemente, a origem de seus conflitos; no gesto compulsivo de lavar as mãos, o superego *acusa* o id de um erro, mas, como esse conflito é inconsciente, a pessoa não chega a

---

19 O comportamentismo, que herdou e desenvolveu esse esquema teórico, resolveu a dificuldade através da suposição de impulsos orgânicos elementares – fome, sede, sexo etc. – aos quais se ligariam, mediante sucessivos reflexos condicionados, cadeias contínuas de impulsos para a ação.

reconhecê-lo. Em segundo lugar, o gesto consciente – lavar as mãos – é uma forma indireta e mascarada de representar o conflito, de maneira a encontrar uma ação capaz de exprimi-lo, sem, ao mesmo tempo, revelar a sua origem. Em terceiro lugar – e do ponto de vista que aqui nos interessa esse é o aspecto mais significativo –, o gesto de lavar as mãos é simbólico, pois em situações muito diversas tem sempre o mesmo sentido: afastar o sentimento de culpa, isto é, procurar demonstrar a própria inocência. Pilatos, diante da responsabilidade de condenar Cristo, também lava as mãos; Macbeth, depois do crime, exclama:

> Will all great Neptune's ocean wash this blood
> Clean from my hand? No, this my hand will rather
> The multitudinous seas incarnadine,
> Making the green one red.

Essa aproximação entre processos normais e anormais, assim como a ligação entre processos conscientes e inconscientes, permite a Freud passar livremente do neurótico para o normal e, de outro lado, explicar a atividade consciente por meio de conflitos inconscientes. No exemplo apresentado, é fácil perceber que Macbeth está realmente com as mãos sujas de sangue, enquanto Pilatos faz um gesto simbólico; o neurótico faz o mesmo gesto, numa representação consciente do conflito inconsciente.[20]

Carl Jung (1875-1962)

Embora Jung tenha sido dos primeiros e mais queridos discípulos de Freud, a mútua admiração foi pouco duradoura, e, apesar das minuciosas descrições de Ernest Jones, não é fácil

---

20 Num resumo tão rápido, seria incômodo acompanhar o texto com citações de Freud. O melhor resumo da teoria é o apresentado por Ernest Jones na

explicar o rompimento, nem esse problema interessa diretamente aos temas deste ensaio. Ainda assim, as diferenças entre ambos são tão notáveis, e têm influência tão grande em suas teorias, que vale a pena lembrá-las, antes de resumir as principais contribuições de Jung. Guardadas as proporções, o conflito entre Freud e Jung apresenta muitas semelhanças com o conflito entre Platão e Aristóteles, pois este, embora discípulo de Platão, acabou por construir um sistema sob muitos aspectos antagônico ao do mestre.

Os primeiros trabalhos de Jung apresentam a tentativa de uma comprovação experimental da teoria de Freud e a ele se deve o conhecido teste de associação de palavras, que seria uma forma de controlar a associação livre da técnica psicanalítica. Aos poucos, no entanto, Jung caminha para um sistema cada vez mais complexo e menos passível de verificação experimental – ou sequer de observação direta ou controlada –, o que o afastaria quase inteiramente dos psicólogos profissionais. Para estes, a teoria de Jung – depois dos seus trabalhos experimentais e da classificação de tipos introvertidos e extrovertidos – deixa de apresentar qualquer interesse científico. Mesmo no trabalho clínico, a teoria de Jung teve repercussão muito menor que a de Freud ou dos neofreudianos, e são relativamente pouco numerosos os centros de ensino e aplicação da teoria jungiana.

De outro ponto de vista, as teorias de Jung e Freud apresentam mais um contraste muito sugestivo. Se, inicialmente, a teoria freudiana encontrou muita resistência entre os cientistas, e aceitação entre os homens de letras, a sua evolução consistiu em, gradativamente, conquistar os cientistas e, aos poucos, ter influência cada vez menor na literatura. Jung, ao contrário, à medida que se afastou dos critérios científicos de verificação,

---

obra citada. De Freud, os trabalhos mais significativos, do ponto de vista aqui analisado, são: "Interpretação dos sonhos", e "Novas lições de psicanálise". Os textos referentes à literatura serão citados nos capítulos seguintes.

tornou-se cada vez mais aceito entre escritores e críticos. É sintomático, a propósito, o fato de a tradução inglesa de suas obras ser dirigida, não por um psicólogo, mas por Herbert Read, poeta e crítico de arte.

Como se verá agora, existem razões tanto para a progressiva aceitação de Freud pelos cientistas quanto para a valorização cada vez maior de Jung, feita pelos críticos de arte. Se Freud apresentou esquemas gerais para a comprovação de sua teoria psicológica, a sua explicação da literatura era nitidamente *reducionista*, isto é, tendia a ver os mesmos conflitos em todas as obras de arte. Jung, ao contrário, apresenta um grande número de conceitos, nem sempre coerentes ou sistematizados, e isso dificulta a verificação científica; de outro lado, essa riqueza parece mais adequada para dar conta da variedade e da diversidade das obras de arte.

A relação organismo-ambiente

Como Freud, Jung admite um impulso vital, denominado *libido*. Embora inicialmente pense na libido como energia, e procure utilizar analogias com os conceitos da física – em que Freud também pensava –, Jung tende, em seus últimos trabalhos, a pensar em obscuras forças vitais que surgem no interior do indivíduo.

Ao contrário de Freud, no entanto, Jung não pensa num conflito único entre organismo e ambiente. De um lado, a libido pode tomar duas direções fundamentais, e assim determinar a introversão e a extroversão; de outro, a vida social não é, sempre e necessariamente, antagônica ao indivíduo, e pode ser mais ou menos favorável ao seu desenvolvimento, ou ao desenvolvimento de algumas de suas tendências. A introversão e a extroversão são duas atitudes básicas, provavelmente inatas, e correspondem às conhecidas dicotomias subjetivo-objetivo, mundo interno-mundo externo. O introvertido direciona a libido para o seu mundo interior, enquanto o extrovertido a dirige para o mundo externo. E, embora complementares, as duas atitudes estão geralmente separadas, e tendemos a revelar uma ou outra.

Quanto à descrição e à avaliação da vida social, não é difícil verificar que Jung manifesta preferência pelas épocas que valorizam o misticismo e a religiosidade, e, por isso, tende a criticar a época atual, que valoriza a técnica e o conhecimento do mundo externo. Embora procure manter-se neutro na descrição de introversão-extroversão, é nítida a preferência de Jung pelo introvertido, pois tende a considerá-lo mais profundo e revelador.

Essa maior complexidade na descrição da interação organismo-ambiente exige também maior complexidade e maior imprecisão nos conceitos empregados para descrever o indivíduo. Enquanto Freud utiliza os conceitos de *id* (parte inconsciente instintiva), *ego* (parte em contato com a realidade) e *superego* (parte quase totalmente inconsciente e resultante da introjeção das figuras repressivas), Jung apresenta os seguintes conceitos opostos: Mundo externo-Mundo interior; consciência-inconsciente (pessoal e coletivo); *persona-animus* e *anima*; ego-sombra. Admite ainda o *eu*, conceito unitário e em permanente desenvolvimento, como se verá a seguir.

O indivíduo está limitado por duas regiões antagônicas – mundo externo e mundo interior – e talvez não estivesse longe da concepção de Jung dizer que a pessoa se equilibra ou se ajusta a esses dois universos opostos e pode, na realidade, voltar-se para um ou outro. Nesse processo de ajustamento atuam as diferentes partes da personalidade, que estão em interação dinâmica, isto é, em contato contínuo e constante. A *persona* é a parte mais superficial e se desenvolve como resposta às exigências ambientais. Como se sabe, *persona* é a palavra latina para designar a máscara usada nos espetáculos teatrais, e Jung restabelece esse conteúdo do termo, indicando a possibilidade de a mesma pessoa apresentar várias máscaras, de acordo com diferenças ambientais. No extremo oposto à persona está o *animus*, no caso da mulher, e a *anima*, no caso do homem. *Animus* é a alma masculina que toda mulher tem no íntimo, enquanto a *anima* é a alma feminina que existe em todo homem. Esse princípio é que permite, à mulher, entender o homem e, no outro caso, permite que o homem entenda a mulher. Tanto o *animus* quanto a *anima* são inconscientes, e o indivíduo precisa conquistar a aceitação dessas partes geralmente reprimidas.

Abaixo da *persona* está o *ego*, que corresponde a uma parte também consciente da personalidade; isto é, corresponde ao que, na linguagem diária, descrevemos como *nós* ou *eu*. O ego é, até certo ponto, aquilo que o indivíduo aceita em si mesmo, e, por isso, constrói-se com o sacrifício das qualidades ou tendências opostas que são atiradas para o inconsciente individual e passam a constituir a *sombra*. Essa é a imagem oposta ao ego e, segundo Jung, pode aparecer bruscamente na maturidade, pois reúne características tão reais quanto as apresentadas pelo ego. Por isso, se o introvertido recusa as suas tendências de extroversão, estas podem surgir contra a vigilância do ego, e provocar mudanças de personalidade, por meio das quais o indivíduo revela exatamente o que até então se recusara a aceitar.

Embora esses conceitos tenham conteúdo quase simbólico – o que dificulta sua aceitação pelos cientistas –, não são tão discutíveis quanto a noção de inconsciente coletivo, que, segundo Jung, é "o depósito controlador da experiência ancestral de inúmeros milhões de anos, o eco de acontecimentos do mundo pré-histórico, ao qual cada século acrescenta uma quantidade infinitesimal de variação e diferenciação".[21] Nesse

---

21 Citado pot intermédio de Munroe (1955, p.552). Tal como no caso da exposição sobre Freud, não pareceu necessário justificar todas as afirmações por meio dos textos. Além do livro de Munroe, que apresenta excelente resumo das teorias de Jung, utilizei os seguintes livros: *Two Essays on Analytical Psychology*, *Tipos psicológicos*, *Modern Man in Search of a Soul*, *Psyche and Symbol: A Selection from the Writings of C. G. Jung*.

inconsciente coletivo estão os *arquétipos*, isto é, símbolos ou imagens que dificilmente aparecem no pensamento normal ou mesmo nos sonhos, pois contrariam a consciência. Todavia, aparecem no pensamento religioso, assim como na literatura e na arte. Entre os arquétipos, Jung menciona os de Deus, do demônio, do mágico, da feiticeira etc. É fácil compreender por que é tão difícil aceitar a ideia de inconsciente coletivo, sobretudo se entendido como resultante do acúmulo e da transmissão de experiências de sucessivas gerações, pois a genética atual não admite a transmissão de caracteres adquiridos; ao mesmo tempo, é fácil compreender a função explicativa do arquétipo, para a análise da criação e da permanência da obra de arte.

Finalmente, a ideia de *eu*. Para Jung, o *eu* é uma conquista, pois resulta da capacidade de harmonizar os impulsos que vêm do mundo interior e os que são transmitidos pelo mundo externo. De outro lado, Jung acredita que o homem moderno é desequilibrado, pois tende a desprezar o mundo interior e inconsciente.

Vida afetiva e vida intelectual

Como já se observou, depois de um período inicial de entusiasmo por trabalhos experimentais, Jung caminha para uma valorização do misticismo, da religiosidade e do reconhecimento das forças inconscientes. Neste ponto, sua posição é curiosamente oposta à de Freud; enquanto este se interessa pelos aspectos misteriosos e irracionais para submetê-los a uma análise fria e impiedosamente objetiva, Jung teme a racionalidade e a objetividade. Esse temor é justificado pelo fato de o progresso técnico e científico ter sido acompanhado por um total abandono do conhecimento das forças inconscientes. Segundo Jung, isso teria provocado a projeção, no mundo exterior, dessas po-

derosa forças inconscientes, e disso resultam sombrias ameaças à sobrevivência da humanidade.

Além dessa tendência geral, Jung distingue quatro funções
intelectuais – pensamento, sentimento, percepção e intuição –, e
procura analisar as suas características de acordo com seu aparecimento em introvertidos e extrovertidos. Trata-se, aparentemente, de simples classificação, e não foi utilizada na psicologia.

Os processos inconscientes

Como Freud, Jung dá uma importância decisiva ao inconsciente; pode-se dizer, mesmo, que na teoria de Jung o inconsciente apresenta riqueza ainda maior que na de Freud. Enquanto,
para este, as forças inconscientes devem ser, se não sufocadas,
pelo menos redirigidas, e a civilização depende do controle das
forças instintivas, a concepção de Jung é exatamente oposta.
Se para Freud o inconsciente, sede dos instintos, é fonte de
energia cega e frequentemente destrutiva, para Jung o inconsciente – sobretudo o inconsciente coletivo – é o depósito não
apenas de impulsos, mas das ideias mais ricas e significativas
da humanidade. Nesse sentido, se Freud e Jung pensam em
conquistar o inconsciente, a sua intenção é oposta: para Freud,
essa conquista supõe a possibilidade de estender o domínio
racional às forças irracionais que têm dominado o homem; para
Jung, a conquista do inconsciente não tem como objetivo o seu
controle, mas a sua aceitação. Embora, como se indicou antes,
Freud reconheça que a civilização é fonte de neurose, pois exige a repressão de tendências instintivas, não vê outra solução
para o desenvolvimento do homem. Para Jung, a racionalidade
é destrutiva, pois exige o abandono do inconsciente. Por isso,
em diversas passagens de seus livros lembra que o período de
racionalismo da Ilustração teve como consequência o período
do Terror da Revolução Francesa.

Em outras palavras, enquanto Freud é um racionalista, Jung é um místico, e essa diferença fundamental explica que o primeiro veja o inconsciente como região, se não desagradável, pelo menos obscura e incoerente, enquanto o segundo aí encontre os aspectos mais valiosos e significativos do pensamento e do sentimento do homem.

Teoria da *gestalt*

A teoria da *gestalt* – às vezes também denominada psicologia da forma – pode ter seu início marcado no ano de 1912, quando Max Wertheimer (1880-1943) publicou um estudo experimental sobre percepção do movimento.[22] Todavia, ao contrário do que ocorre no caso de Freud, geralmente não se considera Max Wertheimer como único fundador da teoria, e o seu nome é quase sempre associado ao de Wolfgang Köhler (1887-1967) e Kurt Koffka (1886-1941). Também ao contrário do que ocorreu no grupo de Freud, não houve separações violentas entre mestres e discípulos, e mesmo os dissidentes, como Kurt Lewin, continuaram bem aceitos pelos *ortodoxos*. Aparentemente, embora não tenham sido e não sejam clínicos, os gestaltistas tiveram maior habilidade para dirigir a agressão contra os teóricos rivais – psicanalistas e comportamentistas, em vez de voltá-la contra os companheiros.

Esse trabalho de equipe, realizado por psicólogos acadêmicos, não obteve, fora das fronteiras universitárias, uma repercussão tão vasta quanto a de Freud ou Jung, mas essa relativa obscuridade parece característica das teorias acadêmicas. Além disso, como se verá agora, existe outra razão para esse relativo silêncio em torno dos gestaltistas; a sua teoria se voltou para

---

22 O artigo foi recentemente traduzido para o inglês: Wertheimer, "Experimental Studies on the Seeing of Motion" (1961).

alguns problemas tradicionais da psicologia e da filosofia, como a percepção, e deixou quase inteiramente de lado o domínio da sexualidade e da emoção. Nesse sentido, a teoria é muito menos atual e popular do que a psicanálise.

A aplicação da teoria da *gestalt* à literatura não tem a amplitude das aplicações psicanalíticas e, como se verá agora, existem razões históricas e teóricas para que isso tenha acontecido.

A relação organismo-ambiente

Tal como ocorreu com Freud e Jung, os gestaltistas retiram da física os seus modelos de pensamento. No entanto, é possível dizer, com muita imprecisão, que Freud e Jung utilizaram modelos da mecânica, enquanto os gestaltistas utilizaram modelos da eletricidade. Por isso, enquanto Freud e Jung falam em energia, os gestaltistas, sobretudo Köhler, falam em campos de força. Para perceber essa relação, será suficiente pensar que a *libido* – freudiana ou jungiana – corresponde, grosseiramente, ao conceito de energia potencial; corresponde, também, à ideia de uma energia que pode ser transformada ou redirigida, mas não eliminada. Nos gestaltistas, de outro lado, não se pensa em energia unidirecional, mas em forças que atuam em várias direções.

Por isso, outra diferença muito nítida entre as duas tendências pode ser observada quanto à descrição da relação entre o organismo e o ambiente. Como Freud pensa em energia inconsciente, pensa em impulsos que levam à ação, independentemente das condições ambientais; estas parecem significativas apenas porque apresentam barreiras à expansão dos impulsos individuais; isto é, organismo e ambiente parecem entidades heterogêneas, apenas acidentalmente em contato. Os gestaltistas, ao contrário, como pensam no comportamento como resultante do processo de interação entre organismo e ambiente, podem dizer, como Koffka (1935): "se agora olhamos a figura que delineamos da dinâmica mental e do comportamento em geral, verificamos que essa figura apresenta uma sequência contínua de organizações e reorganizações. Novos acontecimentos – novos em virtude de sua organização – ocorrem praticamente a cada momento. Essas novas organizações são provocadas por forças que surgem através da relação entre o organismo e o ambiente, e através de forças de campo que têm origem no sistema de traços" (isto é, na linguagem de Koffka, no sistema da memória). Por meio dessa conceituação, vemos que o comportamento não se explica por um impulso isolado do organismo, nem por uma força exclusivamente ambiental. Para os gestaltistas, essas explicações exclusivas seriam não só pré-científicas, mas também incapazes de dar conta dos mais simples acontecimentos da vida diária. Podemos admitir que um organismo tenha impulso para buscar alimento, mas precisamos reconhecer que não o faz em todos os momentos; uma vez saciada a fome, o organismo entra em estado de repouso, pelo menos quanto a esse impulso, pois então aparecem movimentos voltados para outros objetivos. Esse tipo de análise leva os gestaltistas e, depois, Lewin a estudarem o organismo em *determinado momento*, abandonando a explicação por meio da sua história, a não ser quando esta possa ser identificada como uma força atuante no momento considerado. Além disso, como se vê pelo texto aqui citado, os gestaltistas consideram sucessivos campos de força, e, assim, sucessivos estados de equilíbrio e desequilíbrio.

Como é fácil demonstrar, esse esquema tem algumas vantagens nítidas. Em primeiro lugar, permite compreender que o organismo não se dirija a qualquer objeto, em determinado momento; o organismo sedento procura objetos capazes de eliminar essa tensão e, se tiver possibilidade de escolha, poderá preferir um objeto a outro. No polo oposto, a ideia de um campo de forças permite compreender que nem todos os objetos exerçam a mesma atração sobre todos os organismos, para o organismo faminto, o alimento será atraente; para o indivíduo saciado, o alimento progressivamente perde essa característica. Essas afirmações não devem conduzir à suposição de que, para os gestaltistas, os valores dos objetos sejam variáveis, de acordo com o indivíduo; ocorre exatamente o oposto, pois os gestaltistas supõem, a partir da análise da percepção, que esta é geralmente adequada como forma de reconstrução do objeto. No entanto, quando isso não ocorre, é possível encontrar certas características no objeto, ou no percebedor, que expliquem o desacordo.

Apesar dessa linha fundamental de investigação, parece correto dizer que os gestaltistas – ao contrário do que ocorre com os psicanalistas – sempre acentuaram mais as características dos objetos que as do indivíduo e, de modo geral, estudaram os casos em que o comportamento é dirigido, principalmente, pelo ambiente, e não por impulsos do organismo. Lembre-se, no entanto, de que a teoria supõe, em tais casos, adequação entre organismo e ambiente, pois não é possível isolar os dois polos responsáveis pelo comportamento ou pela experiência.

Vida afetiva e vida intelectual

Como já se disse antes, Jung e Freud tendem a ver, na vida intelectual ou racional, a interferência de fatores afetivos ou de motivação. Embora o seu objetivo final seja quase antagônico – pois Freud pretende conquistar e vencer a irracionalidade, enquanto Jung combate precisamente o empobrecimento resultante da destruição do místico e do irracional –, a sua concepção do homem não é muito diversa: Freud e Jung supõem o homem como um ser impulsionado por forças inconscientes, de caráter afetivo. Para os gestaltistas, essa proposição não chega a ter sentido, pois o comportamento parece determinado, fundamentalmente, pelo contato "inteligente" com o ambiente. Sob

Psicologia e literatura

esse aspecto, os gestaltistas e psicanalistas estão em posições simetricamente opostas: se os psicanalistas partem dos casos em que existe uma deformação irracional do ambiente, os gestaltistas têm, como modelo fundamental, os casos de ajustamento realista entre organismo e ambiente. Embora as duas tendências aceitem a continuidade entre processos afetivos e processos intelectuais, a sua explicação é oposta: os psicanalistas procuram descobrir ou revelar os aspectos irracionais subjacentes ao comportamento aparentemente racional, enquanto os gestaltistas procuram descobrir, mesmo no comportamento emocional, características de racionalidade ou percepção adequada.

Essa diferença ficará ainda mais explícita na análise do pensamento produtivo, pois os psicanalistas tentaram explicar o pensamento produtivo na arte, mas, aparentemente, não têm recursos teóricos para explicar os casos de pensamento criador na ciência ou na técnica; os gestaltistas, ao contrário, acentuam o pensamento criador na ciência e, ao analisar a arte, acentuam os aspectos ligados à percepção.

Isso explica que, em seu sistema, os gestaltistas não reservem um lugar para o inconsciente, pelo menos se entendido como o reservatório de energia, tão nítido na concepção psicanalítica.[23]

Teoria da personalidade

Tanto a teoria da *gestalt* quanto a psicanálise e o comportamentismo procuram descrever processos gerais, válidos para todos os indivíduos. Esse é o sentido dos estudos sobre percepção, aprendizagem, memória, motivação, e assim por diante –

---

23 Além do livro de Koffka, anteriormente citado, este resumo utiliza Köhler, *Gestalt Psychology* (1947).

isto é, processos que se dão em todos os indivíduos e em todos apresentam as mesmas características. Lembre-se, por outro lado, de que tanto Freud – por meio dos estudos de casos – quanto Lewin (1936) – por meio da decrição da pessoa – até certo ponto integram a personalidade no quadro da psicologia sistemática. No entanto, essas duas contribuições, embora por motivos opostos, não parecem dar conta da personalidade diretamente percebida. Freud chega a um esquema geral de desenvolvimento histórico da personalidade, e as características de cada indivíduo são analisadas por meio desse esquema geral, supostamente válido para todos. É nesse sentido que o psicanalista pode falar em imaturidade – isto é, no fato de uma pessoa não ter atingido o nível de desenvolvimento normal para sua idade. No polo oposto, Lewin tenta descrever situações concretas, em que seja possível verificar a interação de forças individuais e forças ambientais; a noção de história desaparece, pois o passado só tem sentido, como força determinadora do comportamento, quando se possa determinar a sua atuação, entre outras forças que, em determinado momento, provocam ou inibem a ação.

Outros psicólogos – como William Stern (1947) e Gordon W. Allport[24] –, às vezes denominados *personologistas*, acentuam a singularidade do indivíduo, o fato de que duas personalidades nunca são exatamente iguais, e que nunca entenderemos um indivíduo se quisermos estudá-lo por meio de categorias utilizadas para a descrição de outras pessoas. Allport, por exemplo, sugere que a mesma característica – digamos, a agressividade – não significa a mesma coisa em duas personalidades distintas, pois no indivíduo *A* está ligada a determinados traços, mas no indivíduo *B* a traços diferentes. *A* pode ser agressi-

---

24 Allport (1961). Esta é a apresentação mais completa da teoria de Allport, mas seus outros livros defendem a mesma tese, às vezes de um outro ponto de vista.

vo, inteligente e ambicioso; *B* pode ser agressivo, pouco inteligente e retraído. Parece claro que a agressividade de *A* não é igual à agressividade de *B*.

Um outro grupo de psicólogos – entre os quais Eysenck[25] – nega a necessidade de uma teoria especial para a personalidade: para Eysenck, a singularidade da personalidade é igual à de todos os outros objetos, e chegamos a descrever o indivíduo quando verificamos a peculiar combinação de características comuns a todos.

Se aqui não é possível apresentar uma discussão mais extensa dos problemas existentes nessas concepções opostas, vale a pena lembrar que as duas correntes reconhecem várias questões ainda não solucionadas pela psicologia contemporânea. A primeira refere-se à existência, *no* indivíduo, do que denominamos personalidade: enquanto alguns, como Allport, supõem que a personalidade esteja no indivíduo, outros, como McClelland (1951), admitem que a personalidade seja, apenas, aquilo que, em determinado momento, o cientista consegue descrever. Para os primeiros, a *unidade* do indivíduo é algo que devemos buscar, enquanto, para os outros, podemos construir quantos sistemas quisermos, desde que permitam uma descrição cientificamente útil. A segunda questão refere-se a outro aspecto nuclear do conceito de personalidade, isto é, à sua estabilidade no tempo e no espaço. É neste ponto que o teórico da personalidade é obrigado a enfrentar o problema da relação entre organismos e ambiente. Entendido num extremo, o conceito de personalidade conduziria à ideia de que as características individuais independem das condições em que a pessoa está colocada. Dessa forma, se definirmos a pessoa como *agressiva*, seríamos levados a pensar que sempre manifestaria agressividade. A insuficiência dessa hipótese pode ser verificada

---

25 Dentre os muitos trabalhos de Eysenck, lembre-se "The Organization of Personality" (1952, p.101-12).

quando pensamos que, entendido dessa forma, o conceito de personalidade eliminaria qualquer referência às condições ambientais. Aparentemente, isso ocorre apenas nos casos patológicos, em que a personalidade está encerrada num mundo próprio, independentemente da realidade objetiva. No extremo oposto, encontramos os indivíduos que, na linguagem diária, denominaríamos despersonalizados, pois tendem a refletir as condições em que se encontram. Ora, é provável que o psicólogo da personalidade pense em casos menos extremos, vale dizer, nos indivíduos capazes de ajustar-se ou reagir realisticamente, sem que por isso se alterem totalmente diante da realidade ambiental.

Seja como for, é nas teorias da personalidade que verificamos, em ponto grande, o problema da interação organismo-ambiente, assim como a continuidade entre os processos intelectuais e afetivos. Quando se pensa em personalidade, pensa-se, necessariamente, em uma unidade que se manifesta em todos os aspectos do comportamento e da experiência de um indivíduo.

Cabe, finalmente, uma observação a propósito das teorias da personalidade. De modo geral, todas procuram chegar à unidade, que aparentemente percebemos na vida diária, e que nos permite identificar e descrever uma pessoa, entre todas as outras. Ao mesmo tempo, o psicólogo da personalidade é obrigado a reconhecer a distância entre esse objetivo e aquilo que, efetivamente, consegue realizar; na verdade, se o psicólogo, por meio de vários recursos técnicos – como a entrevista, o questionário, o teste projetivo –, consegue analisar os vários componentes da personalidade, parece não ter recursos para "reunir o que dividiu", isto é, reconstruir a personalidade total, diretamente percebida na vida diária. É frequente, por isso, que ao tentar descrições mais perfeitas de personalidade, o psicólogo faça referência a personagens literárias ou pessoas cuja biografia foi descrita por não especialistas.

Como se verá depois, parece ter havido uma curiosa interação entre o tratamento da personalidade pelos romancistas e a sua análise pelo psicólogo.

A psicologia e o estudo da literatura

Essa esquematização de algumas tendências da psicologia contemporânea permite generalizações, pelas quais se tornam mais compreensíveis os capítulos seguintes.

A primeira generalização refere-se à interação organismo-ambiente. A psicologia tradicional tendia a ver o comportamento como resultante da vida mental, enquanto esta era considerada como atividade espontânea. Nesse esquema, haveria uma relação causal entre consciência e comportamento, mas não haveria recursos para explicar a origem da consciência. Se recordarmos as longas disputas, na história da filosofia, quanto à existência de ideias inatas, veremos que esse esquema nunca foi integralmente aceito, pois a interferência educacional deve ter sido percebida desde muito cedo; de outro lado, a possibilidade de divergência entre os indivíduos deve ter representado outra fonte de dúvidas e perturbações, como se pode ver pelos diálogos de Platão. Apesar dessas dificuldades, não parece errado dizer que, na psicologia tradicional, o interesse do teórico dirigia-se para a consciência, na suposição de que esta representava a *causa* do comportamento.

De modo também esquemático, pode-se dizer que a psicologia contemporânea, ainda quando – como no caso dos gestaltistas ou de Lewin – se ingresse pela consciência, entende que esta deve ser concebida como elo intermediário (e Tolman diria variável interveniente) entre o ambiente, de um lado, e o comportamento, de outro. Essa concepção geral faz que a psicologia atual dê uma ênfase cada vez maior à experiência passada ou à situação momentânea, e importância cada vez menor à determinação hereditária; como se sabe, essa tendência é levada ao seu extremo por dois comportamentistas, Watson e Skinner, que tendem a explicar todo o comportamento por meio da aprendizagem. Se quisermos uma generalização bem sintética, poderemos dizer que toda psicologia atual é funcionalista, pois entende que o comportamento resulta da interação com o ambiente.

Nesse ponto termina o acordo, e as várias teorias psicológicas empregam esquemas diferentes para explicar o comportamento, e nos parágrafos anteriores foram indicadas algumas dessas divergências. Para resumi-las, seria possível dizer que a psicanálise supõe um indivíduo dotado de impulsos inatos, e que as barreiras objetivas provocam não só a diferenciação interna – pois os instintos são reprimidos e em parte substituídos pelo ego e pelo superego –, mas também a diversificação do comportamento, que deixa de buscar exclusivamente o prazer e pode voltar-se para um grande número de objetos. A teoria gestaltista supõe não um impulso unidirecional, mas um campo de forças internas e externas, e o comportamento como resultante desse campo. A teoria comportamentista, que seria a mais simples, supõe que o comportamento (resposta) resulta do ambiente (estímulo), e tem, como modelo de explicação, o reflexo condicionado, por meio do qual se dá o encadeamento de estímulos e respostas.

Ora, se o comportamento resulta dessa interação organismo-ambiente, a psicologia atual deve ter recursos para explicar duas formas de comportamento que interessam diretamente à literatura: o pensamento criador e a leitura de obra literária. Este ensaio tenta, portanto, examinar a adequação da teoria psicológica para explicar ou descrever essas duas formas de comportamento e experiência. Ainda que essa tentativa apresente muita imprecisão, talvez sugira alguns caminhos à pesquisa, no caso tanto da literatura adulta quanto no da literatura para crianças.

Embora ligada ao processo de interação organismo-ambiente, a teoria da personalidade apresenta problemas específicos, alguns dos quais foram mencionados nos parágrafos anteriores. Na análise da literatura, sobretudo da ficção, a teoria da personalidade ocupa um lugar privilegiado, pois é evidente que o ficcionista e o psicólogo estão diante do mesmo problema: apresentar uma descrição convincente ou adequada de uma pessoa. Na Parte II, em que se faz a análise de texto, será possível mostrar até que ponto as técnicas psicológicas e literárias utilizam ou não os mesmos princípios e técnicas.

Parte I
O processo criador

Pode-se falar em processo criador ou pensamento produtivo sempre que ocorra o aparecimento de nova solução para um problema anterior, ou sempre que se consiga realizar uma expressão aceitável por outros indivíduos. No primeiro caso, devem ser consideradas não apenas as soluções científicas ou técnicas, mas também as atividades menos amplas ou ambiciosas da vida cotidiana. Desse ponto de vista, considera-se pensamento produtivo não apenas a criação de uma nova teoria para explicar fenômenos biológicos ou físicos, mas também a solução técnica para um problema de vedação de parede ou de cola de materiais. No segundo caso, isto é, ao considerar a possibilidade da expressão, não estamos diante de um problema concreto, tal como o enfrentado pela ciência ou pela técnica, mas diante de emoções ou interpretações da vida humana que podem exprimir-se de várias maneiras. Algumas soluções são nitidamente improdutivas, tais como o choro, o suicídio, os saltos de alegria. Outras, parecem produtivas, e entre elas seria possível considerar, de modo global, todas as apresentações artísticas.

Essas distinções preliminares são, talvez, satisfatórias como ponto de partida para uma análise do processo criador. Isso não significa que solucionem outras questões básicas, referentes a uma interpretação mais ampla do pensamento produtivo. Por exemplo, seria possível perguntar até que ponto as expressões artísticas são realmente produtivas. Pelo menos diante de algumas expressões artísticas contemporâneas, seria possível dizer que estamos diante de soluções desesperadas que, afinal de contas, não apresentam aspectos construtivos. Por exemplo, seria possível perguntar se *Trópico de Câncer*, de Henry Miller, apresenta algum aspecto produtivo, ou se, ao contrário, é apenas uma descrição pessimista e desesperada da situação do homem contemporâneo. Evidentemente, poder-se-ia sustentar, como se tem feito várias vezes, que sua intenção final é construtiva, e equivale a uma crítica impiedosa dessa mesma sociedade, admitindo-se que a crítica seja a primeira etapa para uma atividade mais construtiva. Esse exemplo talvez seja suficiente para mostrar os tipos de problemas aqui abordados, mas outros exemplos poderão mostrar demais ângulos da argumentação. É possível perguntar, por exemplo, se a literatura romântica, em vez de ser processo de solução de tendências doentias, existentes na época, não seria, ao contrário, uma forma de acentuar essas mesmas tendências e conduzi-las a um ponto irreversível de desespero. O suicídio e a psicose de alguns desses poetas seriam, aliás, prova de não terem conseguido tornar-se produtivos. De outro lado, seria possível propor questão ainda mais ampla, e perguntar se toda arte, de todos os tempos, não contém um elemento destrutivo ou autodestrutivo; ou dizer, o que do ponto de vista aqui analisado seria a mesma coisa, que a arte apresenta, sempre, não uma forma de solução para os problemas vitais, mas sim uma forma de fuga.

Mais ainda, seria possível dizer que a arte, ao contrário da ciência ou da técnica, não tem nenhuma relação com os problemas imediatos do homem, e que, para entendê-la, devemos penetrar em seu universo próprio e abandonar as tentativas de ligá-la aos desejos ou aos temores dos artistas.

Evidentemente, não é difícil encontrar justificativas para todas essas afirmações, pois algumas formas de arte contêm, na realidade, elementos destrutivos, ou apresentam acentuação de tendências agressivas e patológicas; além disso, pelo menos na sociedade contemporânea, a arte é vista, frequentemente, como atividade isolada, com pouco ou nenhum contato com o grande público. Esses fatos, no entanto, não eliminam aspectos construtivos ou produtivos na arte. Se tais argumentos fossem válidos para a arte, deveriam sê-lo, também, para muitas manifestações da ciência ou da técnica. Em outras palavras, a ciência não deixa de ser produtiva ou construtiva apenas porque alguns de seus resultados podem ser prejudiciais a alguns ou a todos os seres humanos; a técnica não deixa de ser produtiva apenas porque, em certos casos, sua finalidade é contrária ao bem-estar de alguns indivíduos.

Parece, portanto, possível falar em pensamento produtivo ou criador quando fazemos referência ao trabalho artístico, uma vez que se recorde, desde o início, que produtivo refere-se ao processo de expressão, e não às consequências finais da atividade.

Essa aproximação não elimina uma diferença básica que parece existir entre o processo criador na ciência ou na técnica e o processo criador na arte. No primeiro caso, parece que sempre existe um problema a ser solucionado, enquanto, na arte, apenas em casos muito limitados – que se referem, quase sempre, a aspectos realmente técnicos, tais como o processo de apresentação de determinado efeito, ou a invenção de certa combinação de tintas –, se pode falar em "problemas", no sentido em que a palavra é empregada na ciência e na técnica. No entanto, pelo menos no caso da matemática, isso não é sempre verdade. Como se sabe, muitas teorias matemáticas foram criadas sem que existisse uma questão imediata a ser solucionada, e sem que existisse, no momento, qualquer aplicação possível da nova teoria. Portanto, mesmo nas ciências é possível encontrar atividade criadora, de nível muito elevado, sem que exista um problema objetivo a ser solucionado. Aparentemente, o homem, ou, pelo menos, alguns homens são capazes de criar apenas por uma satisfação pessoal, independentemente de qualquer resultado prático imediato. Em outras palavras, a atividade do pensamento pode chegar a construções desligadas de qualquer atividade prática.

Esse desinteresse pelo resultado imediato não é, ao contrário do que poderia parecer à primeira vista, um privilégio das atividades mais complexas do pensamento humano. Quando a criança inventa um brinquedo ou personagens para uma história, não tem nenhum problema prático a resolver, e não está interessada, diretamente, na apreciação do público. Aparentemente, essa criação faz parte de suas necessidades imediatas, mas essas não se referem aos outros, ou a necessidades biológicas, e sim a uma atividade provocada por suas emoções, por sua imaginação, ou por elementos do ambiente. Ora, precisamente o caso da criança permite distinguir, com grande clareza, se estamos diante de atividade construtiva ou destrutiva. Se a criança quebra os seus bonecos ou o seu material de desenho, dizemos que ainda não consegue brincar construtivamente; se coloca os bonecos em uma pequena história, ou se tenta desenhar, dizemos que brinca construtiva ou produtivamente. Como é fácil concluir, no primeiro caso não chega a perceber o desafio apresentado pela presença dos bonecos ou pelas qualidades específicas do material de desenho; no segundo, tais qualidades dos brinquedos passam para o primeiro plano.

Essa distinção, apresentada em forma rudimentar na atividade da criança, pode ser verificada em atividades muito mais complexas de artistas, cientistas ou técnicos. Em todos esses casos, o problema imediato e a experiência direta parecem insuficientes para dar conta da atividade desenvolvida pela pessoa ou dos resultados apresentados. Assim, quando temos uma "invenção" aparentemente casual, podemos supor que a descoberta não foi motivada por um problema imediato, mas proposta por uma nova disposição do material ou dos materiais existentes; em outro caso, podemos ter a "invenção" intencional, quando o inventor procura solucionar um problema, e consegue obter uma disposição satisfatória do material existente. Ora, no caso da literatura a mesma coisa pode ocorrer. O fato de o problema de Cícero, ao pronunciar as *Catilinárias*, ter sido a destruição de Catilina, é de importância secundária para o historiador da literatura; para este, importa o fato de Cícero ter conseguido escrever discursos que têm valor literário. Exemplos semelhantes poderiam ser encontrados em todas as poesias "comemorativas", em que existe um objetivo imediato. Também nesse caso, o objetivo pode tornar-se secundário, enquanto os resultados literários passam para o primeiro plano. De outro lado, muitas poesias não têm um objetivo imediato que possa ser discernido pelo leitor, mas isso não diminui nem aumenta o seu valor.

Essa pequena discussão parece suficiente para indicar o aspecto que, neste ensaio, é fundamental: a existência de características específicas na atividade criadora ou produtiva, qualquer que seja o domínio em que se apresenta. Para facilidade de exposição, parece aconselhável comparar a atividade científica à artística, sobretudo porque, embora apresentem uma semelhança fundamental, manifestam também diferenças bem nítidas, pelas quais será possível esclarecer o processo criador.

As condições externas

Se desejamos pensar nas condições mais amplas em que se desenvolve o processo criador, é possível começar pela realidade social, dentro da qual se dá. Essa realidade apresenta vários aspectos, e talvez seja útil reuni-los em torno dos seguintes títulos: quadro de referência da época; a condição do artista; a reação ao trabalho artístico. Nem seria necessário dizer, esses três aspectos são aqui subdivididos apenas para facilidade de exposição, pois, na realidade, atuam em conjunto, e seria muito difícil isolar os efeitos de cada um deles.

Depois desse exame das condições externas ao processo, será necessário examinar as suas condições internas, isto é, a dinâmica psicológica da atividade produtiva.

Quadro de referência da época

O indivíduo sempre encontra um universo social preestabelecido, por isso mesmo independente de sua atividade ou de seus desejos. Esse universo social inclui uma visão mais ou menos ampla, mais ou menos explícita do homem, da arte, do conhecimento científico, das crenças religiosas, assim como as realizações técnicas de determinada sociedade ou época.

Para o cientista, o quadro de referência da época é muito claro. A sua possibilidade de tornar-se produtivo depende da capacidade para perceber os problemas ainda não solucionados pela teoria, ou conseguir superar as contradições nesta existentes. De modo geral, existe um consenso quanto ao grupo de liderança científica; as distâncias, entre esse grupo e os outros, podem ser explicadas como deficiência de informação, ou como simplificação excessiva das teorias contemporâneas. Por isso, o progresso científico depende de uma informação atualizada, onde se inclui uma compreensão adequada das situações problemáticas. O caso da criação da teoria da relatividade, muitas vezes analisado, permite compreender o processo aí existente. Quando estudante, Einstein tomou contato com contradições inevitáveis, existentes na teoria então aceita. A partir desse momento, a sua tarefa consiste em encontrar uma nova teoria, capaz de permitir a compreensão dos fenômenos contraditórios.[1] Como é fácil concluir, o desafio para o pensamento produtivo tanto pode ser apresentado pela teoria, incapaz de dar conta de fatos verificados, quanto pelos fatos, cuja compreensão ainda não é possível. Além disso, o conhecimento dos fatos e das teorias é indispensável, pois seria improdutivo qualquer trabalho que se pudesse incluir em uma teoria mais ampla. Finalmente, e como consequência dessa situação, existe um *progresso* constante nas ciências naturais, pois mesmo a rejeição de uma teoria inaceitável representa uma sequência diante de problemas determinados.

É suficiente passar para a filosofia, ou mesmo para as ciências humanas, para observar uma situação muito diversa. Em-

---

1 Essa história intelectual de Einstein é resumida por Wertheimer, ver *Productive Thinking* (1959, p.213ss.).

bora não se possa negar a existência de *progresso* na filosofia e nas ciências humanas, não se pode pensar, também, em acúmulo semelhante ao existente nas ciências naturais. Até certo ponto, o desenvolvimento da filosofia decorre de transformações provocadas pelas ciências naturais, pois estas podem propor novas questões à reflexão filosófica, sobretudo à teoria do conhecimento. Todavia, a filosofia não depende apenas desses dados científicos, mas também de uma visão pessoal e histórica do universo e do homem. Ainda aqui, a parte propriamente histórica, dependente de condições peculiares da vida social em determinado momento, pode envelhecer ou ser ultrapassada. Esta é, por exemplo, a parte ultrapassada na filosofia aristotélica; como se sabe, Aristóteles supunha a escravidão como uma instituição humana indiscutível. A invenção de novas formas de execução de trabalho, assim como outra distribuição da riqueza podem eliminar o trabalho escravo, e percebemos que a perspectiva aristotélica era determinada não pelas virtualidades da vida social, mas pela efetivação de algumas delas na sociedade de seu tempo. Mas se passamos para outro aspecto da filosofia de Aristóteles – por exemplo, para a sua teoria da tragédia –, já não será possível dizer, com a mesma segurança, que tenhamos ultrapassado a sua interpretação. Nesse sentido, o nosso diálogo com Aristóteles ainda não está encerrado, e podemos aceitá-lo ou rejeitá-lo, tal como o faríamos com um filósofo de nossa época. Para alguns filósofos, como se sabe, é impossível falar em progresso da filosofia, e tanto podemos estudar filosofia por meio de Platão ou Aristóteles como por meio de Heidegger ou Ryle.[2]

Nas ciências humanas, a situação tende a aproximar-se da existente nas ciências naturais, mas a psicologia e a sociologia supõem, geralmente, uma visão do homem que é, até certo ponto, anterior à investigação, ou ao contrário, tendem a uma visão particularista da natureza do homem. O fato de tal visão

---

2 Essa é a posição, por exemplo, de Jaspers (1951).

ser implícita e poder ser negada pelo cientista não a elimina das concepções aparentemente científicas. Em outras palavras, é possível definir, cientificamente, determinado campo de investigação, mas é impossível ignorar, inteiramente, uma definição da realidade onde já estão supostos nossos valores e nossa concepção do homem. Isso é verdade para o funcionalismo, para a psicanálise, para o gestaltismo ou para o comportamentismo, assim como, no caso da sociologia, para o culturalismo, o funcionalismo sociológico ou o marxismo. Evidentemente, alguns domínios deixam de constituir suposição filosófica, e se estabelecem como fatos cientificamente definidos; um exemplo imediato seria o dos testes de inteligência. Ainda aqui, no entanto, o dinamismo da vida social faz que os *fatos*, mesmo quando cientificamente conhecidos, não adquiram o mesmo sentido dos fatos conhecidos pelas ciências naturais. Nessas circunstâncias, é possível, certamente, reinterpretar os fatos, à luz de uma teoria nova ou antagônica, ou conseguir um nível de observação em que os fatos adquiram um outro significado. No entanto, cada nova interpretação quase sempre integra os fatos já conhecidos, e são estes a fonte de situação problemática a ser solucionada pela nova teoria. Nas ciências humanas, mesmo um fato que possa ser quantitativamente analisado – como é o caso da incidência da neurose em determinada população – não pode ser interpretado exatamente como um fato biológico, como seria, por exemplo, o da incidência da cegueira. Por isso, mesmo que o nosso conhecimento seja, hoje, muito mais amplo que o de Freud, no início do século, não podemos dizer que tenhamos ultrapassado a sua interpretação da formação de neurose no mundo civilizado.[3] Pode-se dizer a mesma coisa, aproximadamente, a propósito da interpretação marxista da histó-

---

3 Por isso, é possível encontrar interpretações antagônicas da teoria de Freud quanto à relação entre civilização e neurose. Como exemplos desse antagonismo, basta citar: Marcuse (1956) e Fromm (1958).

ria humana; embora nosso conhecimento seja muito superior ao de Marx, é discutível que tenhamos ultrapassado inteiramente a sua visão do homem.[4]

Essa situação faz que o quadro de referência da época não tenha o mesmo sentido no caso de diferentes processos de criação intelectual. Podemos saber, com razoável precisão, qual a teoria científica mais produtiva em determinado momento da história das ciências naturais. Mesmo quando a teoria precise ser aceita como hipótese, e não possa ser comprovada empiricamente, é possível dizer que ultrapassa a anterior por abranger maior número de fatos, ou por permitir uma explicação mais coerente. Portanto, temos um critério de eficácia da teoria nas ciências naturais, e o mesmo pode ser dito a respeito das diferentes técnicas. Nesse último caso, podemos dizer que uma invenção é melhor quando permite uma produção mais rápida e melhor, ou quando impede o aparecimento de efeitos desagradáveis. É evidente que não temos tais critérios para avaliar uma interpretação filosófica, a não ser quando, como já se indicou antes, ela seja uma reflexão sobre conhecimentos científicos contemporâneos ou procure aplicá-los. De fato, qual o critério para dizer que a filosofia aristotélica tenha sido uma superação da filosofia platônica? O fato de Aristóteles ter escrito depois de Platão não lhe confere maior precisão, nem lhe permite superar, totalmente, as dificuldades enfrentadas pela teoria platônica. Isso explica que, séculos depois, Platão e Aristóteles possam continuar a ser vistos como filósofos modelares, cujos sistemas podem ser continuados, independentemente um do outro.[5] Nesse caso, o que perturba a nossa avaliação é o fato de

---

4 Enquanto Weber e Mannheim, por exemplo, supõem ultrapassar a teoria de Marx, Sartre e Lukács sustentam exatamente o oposto. A teoria de Lukács está nitidamente formulada em Lukács (1960), a posição de Sartre está representada em J.-P. Sartre(1960). Uma posição diferente é apresentada por Mills (1960), que pensa numa tradição clássica da sociologia.

5 Essa é a posição, por exemplo, de Gilson (1947).

Platão e Aristóteles apresentarem duas concepções radicalmente diversas do universo e do homem: enquanto o primeiro via o mundo físico como decadência de um universo perfeito, o segundo interpretava o universo como sistema de evolução histórica, dentro do qual se entenderia um processo de aperfeiçoamento e progresso.[6]

Em resumo, se o pensamento produtivo nas ciências naturais pode, de modo geral, ser ligado à atualidade e ao progresso, o processo criador na filosofia independe, pelo menos em parte, dessa adequação aos esquemas recentes. Embora seja ilusório pensar que toda grande filosofia começa, realmente, de um ponto de ignorância total, é preciso não esquecer que tal ficção é necessária para fundamentar um sistema integralmente inovador. Para comprovar essa afirmação é suficiente pensar que a *dúvida metódica* de Descartes, assim como a *redução eidética*, de Husserl, são, basicamente, novas versões da *ironia* socrática. Nesses três casos, é necessário eliminar o conhecimento anterior, pelo menos durante certo tempo, para que o filósofo consiga reinterpretar e renovar o conhecimento.

As ciências humanas estão, pelo menos atualmente, numa posição intermediária entre a filosofia e as ciências naturais. De certo modo, como o salienta Köhler (1960), as ciências humanas não podem descobrir *fatos novos*, pois todos os fatos referentes ao homem são sempre conhecidos pelos leigos. A novidade, quando existe, depende do estabelecimento de novas relações funcionais, até então insuspeitas. Além disso, como já se disse antes, as ciências humanas, em qualquer de seus níveis, sempre apresentam suposições anteriores à pesquisa, por meio das quais os seus dados podem ser interpretados e integrados numa visão geral do homem e de seu destino. De outro lado, embora não se possa dizer que as ciências humanas apresentem o mesmo processo de acúmulo e progresso, existente

---

6 É a interpretação de Mondolfo (1945).

Psicologia e literatura

nas ciências naturais, é certo que suas formas de investigação podem sobrepor-se, e assim é possível, depois de certo tempo, avaliar o saldo de tendências divergentes ou superado na arte. Aqui, o pensamento humano encontra nas ciências humanas esquemas cada vez mais amplos e compreensivos, por intermédio dos quais seja possível interpretar os fatos descritos.

Se passamos para o caso da arte, encontramos situação muito distante da que ocorre nas ciências naturais, e muito mais próxima da situação na filosofia. A rigor, nada pode ser ultrapassado ou superado na arte.[7] Aqui, o pensamento humano encontra uma contradição básica e aparentemente insuperável: a visão mais pessoal e mais dominada pelo tempo é, também, a mais duradoura; se realmente valiosa, é, dentro dos limites humanos, marcada pela intemporalidade. Na literatura, como se sabe, é impensável a ideia de acúmulo e progresso. Não é possível dizer que o teatro contemporâneo seja superior ao teatro grego, ou que a poesia atual seja superior à do Renascimento. Quando muito, podemos reconhecer que são diferentes, ou tentar, com maior ou menor êxito, explicar as origens das diferenças. De outro lado, a ciência natural, assim como as ciências humanas, embora não sejam independentes de condições existenciais, devem considerá-las como fatores de perturbação, e a validade das ciências está em relação inversa com a intensidade de tal interferência, pelo menos enquanto possa influir na formulação de soluções e não ser apenas motivação para a pesquisa. Na literatura, ao contrário, as condições existenciais constituem o cerne da expressão, isto é, constituem os elementos que devem encontrar um caminho para a forma artística. Assim, a ciência procura um nível de objetividade, onde se elimine a perspectiva

---

7 Cf. Weber, "Science as a Vocation" (in 1930, p.6): "O trabalho científico está ligado ao curso do progresso, enquanto na arte não existe progresso nesse sentido ... Uma obra de arte que seja verdadeira realização nunca é ultrapassada, nunca será antiquada".

pessoal do investigador, enquanto a literatura é expressão da perspectiva do artista criador. Mas essa perspectiva, embora fundamental, encontra limites na possibilidade de comunicação com os outros; se assim não fosse, a arte mais perfeita seria a do psicótico, encerrada num mundo impenetrável e inexplicável.

De outro lado, a literatura desapareceria no momento em que eliminássemos a visão pessoal, e isso é verdade tanto para a poesia quanto para a prosa, embora esta seja um domínio de maior objetividade. É possível não concordar com determinada perspectiva pessoal, sem que por isso, ou apenas por isso, se deixe de reconhecer a validade de determinada obra literária. Assim, é possível perceber que a visão apresentada por Dostoiévski, pelo menos em alguns de seus contos, é deformada, aproximando-se, em grande parte, do nível de visão neurótica ou psicótica, sem que isso elimine a sua validade literária.

A lembrança de tais aspectos indica a impossibilidade de identificar o processo criador na ciência e na literatura, mas ainda não traduz toda a complexidade que se deve enfrentar para descrever a relação entre o quadro de referência da época e o pensamento literário produtivo. Nos sistemas sociais menos complexos, o universo social tende a traduzir-se numa visão mais ou menos uniforme, pois não existem padrões muito diferentes de gosto, ou níveis muito diferentes da informação; além disso, nas sociedades primitivas parece não existir o antagonismo ideológico, resultante de um conflito de interesse entre grupos diferentes.

No caso da sociedade contemporânea, a situação é muito diversa, pois o processo de transmissão de tradições culturais pode estar muito distante dos padrões vigentes no grupo de bom gosto, ou simplesmente ignorá-lo. Em outras palavras, o processo de educação formal pode desconhecer os padrões aceitos pelos grupos de liderança artística, e representar, dessa maneira, uma forma de *retardamento cultural*. Para ter ideia desse processo, é suficiente comparar o padrão predominante nas revistas de bom gosto ou de vanguarda ao padrão aceito nos livros de leitura da escola primária ou secundária. Ultrapassado o nível escolar, é possível manter contato apenas com a *comunicação de massa* (rádio, jornal, televisão, revistas populares), e aqui dificilmente ocorre o aparecimento de obra de bom gosto. Apesar disso, é preciso não esquecer que a comunicação de massa não está, necessariamente, desligada dos grupos de bom gosto, e é uma das formas de ampliação da influência dos grupos de vanguarda.

Como se verá agora, ao contrário do que ocorre no caso da ciência, é impossível delimitar, na literatura, um grupo de liderança indiscutível, e o mais que podemos fazer é tentar discriminar os vários níveis de gosto ou de aceitação de obras literárias. Na situação atual, é possível distinguir três níveis básicos: o grupo de vanguarda, o grupo de *bom gosto* e o grupo de literatura popular ou comercial, que também poderia ser denominado, com algumas restrições, subliteratura. Essa classificação nada tem de rígida, e parece refletir não uma opinião unânime, mas diferentes estratos de gosto, e, às vezes, cliques literárias. Em outras palavras, essa classificação resulta frequentemente de moda e não tanto de critérios rigorosamente estéticos, embora sejamos levados a pensar o contrário, pois estamos envolvidos no processo. Além disso, determinadas obras de arte podem atravessar as fronteiras entre os vários estratos de gosto, e ser aceitas em diferentes níveis. Finalmente, seria necessário lembrar que essa situação é sempre dinâmica, isto é, nenhum autor pode ser colocado, definitivamente, em determinado estrato de gosto. O autor de vanguarda, à medida que consegue penetração em camadas mais amplas, deixa de ser moda para o grupo de vanguarda, ou para os novos grupos de vanguarda que se formaram, e que são constituídos por artistas, críticos e pessoas próximas. Aparentemente, a divulgação tende a desgastar o valor estético de sua obra, pelo menos para o grupo de vanguarda.

Como é fácil verificar, o grupo de vanguarda é sempre reduzido. Tanto do ponto de vista da criação quanto do ponto de vista da aceitação da obra literária, o grupo de vanguarda é inovador, seja quanto aos temas seja quanto às formas literárias. A história literária mostra, também, que tais grupos podem ser muito duradouros ou relativamente efêmeros, mas sempre parece possível distinguir, em determinada literatura, um ou mais grupos de vanguarda. Os criadores da Semana da Arte Moderna, em 1922, constituíam, naquele momento, um grupo de vanguarda, por sinal de grande duração e de aceitação relativamente lenta pelo grupo de *bom gosto*. Hoje, evidentemente, aquilo que era literatura de vanguarda passou a constituir literatura de bom gosto, aceita pelas camadas de maior ou melhor formação literária.

O grupo de bom gosto, que aceita os autores que já atingiram um público mais amplo, tende, de um lado, a conservar os padrões artísticos já comprovados, e, de outro, a incorporar os valores propostos pelo grupo inovador. Para voltar ao exemplo aqui apresentado, o grupo de bom gosto, em 1922, aceitava, fundamentalmente, os acadêmicos, isto é, Coelho Neto, Olavo Bilac, Rui Barbosa, Vicente de Carvalho. O de hoje aceita Manuel Bandeira, Drummond de Andrade, Vinícius de Morais.

O terceiro grupo, pelo menos na literatura brasileira, é muito mal definido, e assim tende a confundir-se, talvez mais do que em outros países, com a subliteratura. Por isso, talvez fosse possível dividi-lo em dois subgrupos: o da literatura popular e o da subliteratura.

Agora, seria possível tentar apresentar, a título de exemplo, uma classificação de autores atualmente aceitos nesses três ou quatro grupos. Na situação atual, um grupo bem definido de vanguarda parece ser o dos concretistas: Haroldo de Campos, Augusto de Campos, Décio Pignatari. Outro poeta que poderia ser colocado no grupo de vanguarda, embora já tenha atingido público maior, é João Cabral de Melo Neto. No caso da prosa, Guimarães Rosa seria um autor nitidamente de vanguarda. Como

Psicologia e literatura

se procurará explicar depois, o autor de vanguarda, no momento de seu aparecimento, é *difícil*. Essa dificuldade, que o público de bom gosto experimenta diante do autor de vanguarda, parece muito semelhante à percepção de estranheza e, às vezes, de feio, durante o aparecimento de uma nova moda revolucionária, tanto de roupas quanto de objetos. Aparentemente, tanto no caso da arte quanto no caso mais limitado da moda, há um processo de aprendizagem ou de adaptação percentual às novas formas. Depois de algum tempo, as novas formas passam a ser aceitas, desde que apresentem algumas características fundamentais de harmonia.

O segundo grupo, isto é, o de bom gosto, é o que atualmente aceita Manuel Bandeira, Carlos Drummond de Andrade, Vinícius de Moraes, Cassiano Ricardo. No caso da prosa, aqui provavelmente poderia ser colocado Jorge Amado.

O terceiro grupo que, como foi indicado antes, pode ser subdividido em literatura popular e subliteratura, aceita autores de grande público, mas de pequena ou nenhuma aceitação, tanto nos grupos de bom gosto quanto nos de vanguarda. Em relação à poesia, esse seria o caso de J. G. de Araújo Jorge ou de Judas Isgorogota; em relação à prosa, seria o caso, por exemplo, de Carolina Maria de Jesus. Tais casos parecem bem nítidos, mas é possível encontrar autores cuja classificação seria feita com dificuldade bem maior, pois embora aceitos no grupo de bom gosto, podem ter, também, uma repercussão muito grande, isto é, tornar-se autores populares. Esse seria, por exemplo, o caso de Guilherme de Almeida e Paulo Bonfim, na poesia, ou de Jorge Amado e Érico Veríssimo, na prosa. Além disso, convém lembrar alguns aspectos significativos na evolução de determinados autores, aparentemente capazes de se integrarem em sucessivos movimentos de vanguarda. Esse parece ser o caso, atualmente, de Carlos Drummond de Andrade, cuja produção literária revela sucessivas transformações, mais ou menos paralelas às inovações de diferentes movimentos literários. Observe-se que, nesse caso, não se pode marcar, a *priori*, o ponto inicial das transformações, pois, como participante da vida literária, é possível que Drummond de Andrade apresente mudanças, não *por causa* do grupo de vanguarda, mas porque, como este, é sensível a transformações mais amplas, na vida social e literária, que exigiriam mudanças no gosto artístico. Não se pode afastar, também, a possibilidade de que os grupos de vanguarda tenham recebido uma influência inicial de Drummond de Andrade e que, como este, tenham desenvolvido uma direção implícita ou virtual em sua poesia.

Essas diferenças, entre níveis de produção literária, quase sempre encontram correspondência nos níveis de crítica. Assim, é possível distinguir, em determinado momento, os críticos de vanguarda e os de bom gosto. Os críticos de vanguarda são, frequentemente, os criadores nesse grupo. Como se procurará mostrar mais adiante, esse aspecto tem importância muito grande, pois a crítica de vanguarda parece ser um dos elementos básicos no processo de criação literária, por permitir a formação de um público, embora rudimentar, para o poeta que altera a direção de seu trabalho criador, ou que neste se inicia. Como se sabe, isso foi verdade para o Movimento Modernista, assim como para o chamado Grupo de 1945, e é verdade, atualmente, para o grupo dos concretistas. Os críticos do segundo nível, isto é, da camada aqui denominada de bom gosto, são os críticos aceitos por um público maior: em nosso caso, Antonio Candido, Afrânio Coutinho, Álvaro Lins e outros. Para o terceiro nível não se pode dizer que exista, a rigor, um grupo crítico estritamente correspondente. Na realidade, grande parte da subliteratura é uma literatura fracassada, isto é, que não atingiu o seu alvo; por isso, a *teoria* da subliteratura é a mesma que informa a literatura de bom gosto. Quando isso não ocorre, e, portanto, existe oposição, os críticos não aceitam as inovações do grupo de vanguarda e nem os padrões do grupo de bom gosto, mas suas razões para isso são erradas. Nesse caso, mesmo nos escritores do passado, geralmente aceitos pelo grupo de bom gosto, os críticos da subliteratura descobrem falsas justificativas para apreciação. Assim, no caso atual da literatura brasileira, os críticos de subliteratura tenderiam a valorizar alguns aspectos do estilo de Machado de Assis ou a admirar a linguagem de Rui Barbosa. Essa diferença indica um outro nível de gosto literário, aparentemente incompatível com o dos dois grupos já indicados. Todavia, a maior parte da crítica de subliteratura se faz de leitor para leitor, e não chega a ser consistentemente formulada. As exceções podem ser encontradas em alguns livros didáticos de literatura, cujos autores procuram estabelecer cânones de apreciação; esse nível de crítica, embora implícita, também pode ser apreciado na seleção de antologias, tanto para o ensino primário quanto para o secundário.

Depois dessa descrição parece possível compreender, pelo menos parcialmente, a interação entre o artista criador e o quadro de referência de sua época. Enquanto o cientista deve enfrentar os problemas ainda não solucionados pela ciência de seu tempo e, ao mesmo tempo, eliminar a interferência de fatores subjetivos, o artista enfrenta uma situação muito mais complexa. De um lado, existem basicamente três tendências de gosto que pode aceitar ou rejeitar: a da vanguarda, a do grupo de bom gosto e a da literatura popular. Em grande parte, a sua adesão a uma dessas correntes depende de seu nível de informação e de contato com elas; durante o seu período produtivo, pode entrar em contato com novas correntes e, por isso, modificar algumas das características de seu trabalho. Seria possível considerar, também, o caso em que o artista inicia um movimento, ou representa uma fonte de modificação do gosto; todavia, isso não é muito diferente do fato de criar, dentro de uma corrente já estabelecida, e o processo será analisado mais adiante, quando se tratar do ato criador. O artista não enfrenta apenas essa multiplicidade de padrões de gosto; mais importante ainda, é o fato de precisar, ao contrário do que ocorre com o cientista, integrar, de maneira objetivamente aceitável, os fatores subjetivos.

O quadro de referência da época tem, portanto, para o artista, dois aspectos básicos: de um lado, os padrões objetivos de gosto e, de outro, as condições existenciais que devem ser transpostas para um nível artístico, aceito por outros. Entretanto, como já se procurou indicar antes, a arte do passado, ao contrário do que ocorre com a ciência do passado, nunca está totalmente superada. Por isso, os seus temas e, às vezes, as suas formas podem ressurgir no trabalho artístico. Aparentemente, esse processo de retomada de temas e formas do passado não é ilimitado. Parece possível, sobretudo, em dois casos: num, em que o artista utiliza um tema, aparentemente *datado*, para mostrar a sua permanência em período mais recente; noutro, o artista utiliza um tema que, embora histórica e socialmente datado, permanece vivo na sensibilidade e na compreensão do público contemporâneo. Um exemplo do primeiro caso seria *Antigone*, de Anouilh, em que a tragédia grega é revivida, mas colocada na vida contemporânea; um exemplo do segundo caso seria *A última tentação de Cristo*, de Kazantzakis, em que a tragédia é revivida e reinterpretada pela utilização dos mesmos personagens e, fundamentalmente, da mesma história original. Talvez esses dois exemplos tenham validade mais ampla, e nos levassem a dizer que o segundo caso só é possível porque a nossa tradição conserva a história original, e a grandeza de Kazantzakis reside, precisamente, no fato de criar uma outra dimensão para essa história. Se isso é verdade, o romance de Kazantzakis traz a marca de obra contemporânea, pois essa nova dimensão, introduzida na história original, foi criada por nossa época, ou só é possível para a sensibilidade atual. Seria possível ver mais ou menos o mesmo processo nas várias versões da tragédia de Fausto, pois todas elas, embora referindo-se, frequentemente, a uma história medieval, a esta acrescentam uma visão diferente.

Como é fácil concluir, esse aspecto se liga, diretamente, ao da aceitação dos elementos existenciais na criação da obra de arte. Estes são, aparentemente, os dados básicos para o artista; o fato de utilizar, para sua expressão, formas contemporâneas ou antigas, é aspecto realmente secundário, pois a obra é julgada pela adequação entre elementos subjetivos e formas objetivamente válidas.

Agora, não será inoportuna uma nova comparação entre a situação do cientista criador e a do artista. O primeiro encontra uma realidade empírica já elaborada por esquemas teóricos. A sua atividade criadora ocorre quando consegue introduzir novos fatos nesses esquemas, ou quando tenta encontrar um novo esquema para fatos ainda não compreendidos. O artista criador enfrenta, até certo ponto, uma situação semelhante, mas muito menos clara. Os dados reais, que procura exprimir, já foram colocados em certos moldes formais; o artista, como qualquer outro espectador de arte, sente através de tais moldes. De maneira bem ampla, é isso que ocorre com os imitadores, isto é, os artistas que repetem, geralmente com exagero dos aspectos formais e superficiais, os melhores de sua época. Os artistas maiores, isto é, os que apresentam uma visão realmente nova e original, também dependem do quadro de referência de sua época, tanto nos seus aspectos de gosto estabelecido quanto nos seus elementos subjetivos e sociais, mas introduzem uma característica nova, seja porque superam os moldes existentes seja porque conseguem elevar tais moldes a uma altitude ainda não atingida pelos outros.

Se isso é verdade, deve ser possível saber por que alguns autores, embora submetidos, aparentemente, ao mesmo ambiente intelectual, conseguem ultrapassar as criações de sua época. Como esse é um dos problemas nucleares na análise do processo criador, convém discuti-lo mais de perto. É fácil compreender que, se a criação intelectual resultasse apenas de aprendizagem, seria possível explicá-la por meio de influências dos grupos de gosto que o artista encontra. Isso ocorre em grande número de casos, mas precisamente a sua ocorrência parece revelar não um processo criador, mas aprendizagem mais ou menos indiscriminada de padrões anteriores. O processo criador – em qualquer dos níveis de gosto – resulta de uma inovação, que pode ser maior ou menor, mas cuja ocorrência é indispensável para identificação do processo. Dessa observação resulta uma conclusão aparentemente indiscutível: o pensamento produtivo é uma realização individual, e só poderemos compreendê-lo se pudermos analisar o que se passa no indivíduo criador ou quais são as suas características diferenciadoras.

Antes de chegar a esse problema, é necessário indicar alguns outros aspectos da situação social que também interferem no processo criador.

A situação do artista

Até aqui, o quadro de referência da época foi discutido como dado relativamente homogêneo, repartido por camadas diferentes de gosto. No entanto, a situação é bem mais complexa, pois não existe identidade entre a "realidade" e sua representação "intelectual", e uma parte desta última é sempre decorrente da posição do artista na sociedade. Em outras palavras, a apreensão de realidade existencial não significa sua expressão total num acordo fundamental com a realidade; a literatura exprime os aspectos que, na visão de determinada obra de arte, são os mais significativos de determinada realidade. Uma obra literária ou, se se quiser, a obra de determinada tendência literária apreende uma parte de certa realidade social e, ao mesmo tempo, constitui uma expressão dessa realidade. Nada impede que esta, se suficientemente complexa, possa apresentar diferentes aspectos, todos igualmente reais, por meio de obras diversas ou antagônicas, todas igualmente artísticas e igualmente representativas. De outro lado, quanto mais homogênea a cultura, e quanto mais definida a posição do artista dentro dela, maior a probabilidade de uma visão comum em diferentes obras de arte; quanto maior a sua relativa estabilidade, maior a permanência das obras de arte aí criadas. Não só a realidade social permanece a mesma, mas também a visão do mundo não se modifica, e isso, se não impede novas formas de arte, dificulta o seu aparecimento e sua aceitação. A arte, como qualquer atividade intelectual, exige uma certa distância da realidade, exige o aparecimento de uma perspectiva.[8] Portanto, quanto maior a complexidade de uma cultura, maior o número de perspectivas possíveis, desde que existam, também, os recursos intelectuais para criá-las e aceitá-las.

Na sociedade contemporânea, o artista está, frequentemente, em posição marginal dentro da sociedade mais ampla, pois não tem uma situação definida dentro dos grupos dominantes, e nem aceita os valores fundamentais de tais grupos. Aparentemente, uma integração perfeita impediria o aparecimento da perspectiva e, por isso, a apresentação de uma realidade significativa, mais ampla ou mais profunda que a do senso comum.

Isso não significa, certamente, que o artista esteja divorciado de seu tempo ou dos valores aí criados; ao contrário, é muito frequente que o artista consagre sua arte à denúncia dos conflitos entre diferentes valores ou padrões aceitos em determinada época. Como se procurará mostrar na análise de *Senhora*, de José de Alencar, o romantismo não chega a apresentar valores totalmente novos, mas apenas a cotejar valores antagônicos, que entraram em conflito. No caso do romance de Alencar, o conflito se dá entre o casamento por amor e o casamento por conveniência econômica. Embora os dois padrões existissem

---

8 É isso que, pelo menos em parte, explica o fato de muitos escritores viverem em exílio voluntário. Considere-se o processo em países de língua inglesa: Auden e Huxley, ingleses, vivendo nos Estados Unidos; Eliot, americano, vivendo na Inglaterra; Pound, também americano, vivendo na Itália; Durrell, inglês, vivendo na Grécia e na França.

na mesma época, e fossem aceitos pelos mesmos grupos, o romancista é capaz de criar uma situação em que entrem em conflito. Na vida diária, ao contrário, as pessoas se *acomodam* a uma conciliação mais ou menos perfeita, sem que o choque de valores conduza aos extremos denunciados pelo romance.

A marginalidade do escritor, assim entendida, pode explicar por que, embora a literatura não seja necessariamente criadora de valores sociais, pode acentuá-los, ao exprimir conflitos até então latentes no grupo. Quando se diz, por exemplo, que o *Werther*, de Goethe, provocou muitos suicídios, é preciso esclarecer que esses suicidas aí encontraram uma forma de expressão para conflitos anteriores à leitura, vale dizer, os mesmos conflitos que estão na origem do romance, e por este trazidos ao nível de conflito consciente. De outro lado, a marginalidade do escritor pode explicar, também, a existência de múltiplas perspectivas para os mesmos conflitos básicos.

Restaria tentar explicar de que maneira o artista chega à posição marginal que o caracteriza. Em grande parte, essa marginalidade deve ser explicada por sua participação no grupo intelectual. Como o demonstrou Mannheim, o grupo intelectual constitui um estrato indefinido, do ponto de vista das classes, e no qual têm ingresso indivíduos das mais diversas classes sociais.[9] Os valores que mantêm o grupo são, em grande parte,

---

9 Karl Mannheim (s. d. p.142ss.). Os marxistas negam essa possibilidade de um grupo intelectual relativamente independente. Ver, como exemplo, a crítica a Mannheim, dirigida por Lukács: "é assim que Mannheim atribui aos intelectuais sem ligação social, o dom e o papel de retirar – do caos dos preconceitos situacionais, das ideias enraizadas – a verdade que convém à situação presente". Segundo ele, esses intelectuais se colocam à margem das classes, e formam "um ponto intermediário, mas não uma média: um ponto médio de classe ... Que esse grupo tenha a ilusão de pairar acima das classes e dos combates de classes é um fenômeno conhecido, que o marxismo não apenas descreveu muitas vezes, mas também explicou por meio do ser social desse grupo" (Lukács, 1959, v. II, *L'irrationalisme moderne, de Dilthey à Toynbee*, p.212). A argumentação de Lukács supõe uma dicotomia na sociedade, e

aprendidos por meio da tradição intelectual; a procura da verdade e a expressão da beleza são valores mais ou menos permanentes dos grupos de intelectuais de diferentes gerações.[10] Se isso pode explicar a aceitação de valores caracteristicamente intelectuais, não explica de que maneira o indivíduo chega a ser atraído por eles, durante o seu desenvolvimento. Embora os dados sejam, neste caso, muito esporádicos, e não tenham sido colhidos sistematicamente, talvez não seja arriscado dizer que, muitas

---

seria válida, provavelmente, para as situações bem definidas, em que fosse possível discriminar uma tendência revolucionária e outra conservadora ou reacionária. A teoria de Mannheim, ao contrário, parece supor que o grupo intelectual seja capaz não de pairar acima do conflito, mas de encontrar uma perspectiva mais ampla, na qual o próprio conflito possa ser compreendido ou explicado objetivamente. Se quisermos explicitar ainda mais a diferença entre as duas teorias, poderemos dizer que Lukács supõe, *a priori*, uma teoria correta, que precisa ser realizada, enquanto Mannheim supõe que o intelectual seja capaz de chegar a novas verdades, mais amplas ou mais precisas do que a definição *a priori* poderia justificar. Desse ponto de vista, a deficiência fundamental da teoria de Lukács está no fato de que esta acaba por não ter critérios para fazer distinções entre teorias às vezes opostas, como é o caso de Max Weber e Spengler, e comete o pecado que Lukács condena nos outros: cair numa noite em que todos os gatos são pardos. De qualquer forma, ainda que não se pretenda discutir a oposição teórica, a descrição de Mannheim parece mais satisfatória como descrição do grupo intelectual, porque os valores que este aceita são relativamente independentes da sua conotação política. É possível não concordar com os valores políticos aceitos por William Faulkner, sem que por isso se negue o seu valor literário. (Ver nota seguinte.)

10 Cf. Shils (1960, p.55): ..."tradições dadas, por assim dizer, pela natureza do trabalho intelectual. São as tradições imanentes da realização intelectual, o conjunto aceito de regras de proceder, padrões de julgamento, critérios para a seleção de assuntos e problemas, modos de apresentação, cânones para a avaliação do valor, modelos de realização anterior e emulação para o futuro". É curioso observar, de passagem, que Sartre, embora aceite uma posição próxima à de Lukács, do ponto de vista político, é capaz de criticá-lo de acordo com esses padrões, não políticos, mas exclusivamente intelectuais: "Sim, Lukács tem os instrumentos para compreender Heidegger, mas não o compreenderá, porque precisaria ler Heidegger, apreender o sentido das frases, uma a uma. E isso já não existe um só marxista, que eu saiba, que ainda seja capaz de fazer" (Sartre, 1960, p.34-5).

vezes, o artista chega a essa posição por meio da marginalidade social, que o marca desde o início, ou pelas peculiaridades de seu desenvolvimento individual, por meio das quais chega a discutir os valores do grupo mais amplo em que vive.

Essa situação explica, provavelmente, o fato de, no mundo ocidental contemporâneo, surgir tão grande número de judeus na literatura e nas ciências. Diga-se, logo, no entanto, que a extrema valorização da vida intelectual, dentro das tradições judaicas, é outro fator significativo a ser levado em conta nessa explicação. De outro lado, sempre que viveu mais ou menos isolado, seja no *ghetto* medieval seja na *shtetl* da Europa Oriental, a produção intelectual judaica foi relativamente pobre, quase sempre limitada pelas normas tradicionais de sua cultura. Poder-se-ia pensar que o estímulo de uma perspectiva, diversa e reveladora, faltava tanto no *ghetto* quanto na *shtetl*.[11]

Mais ou menos a mesma coisa poderia ser dita a respeito do mulato brasileiro, pelo menos durante o século XIX, quando havia, provavelmente, menor número de obstáculos à sua ascensão social, e quando a sua posição marginal permitiria a criação de uma perspectiva capaz de revelar tensões básicas na sociedade da época. O exemplo evidente seria, aqui, Machado de Assis, cuja percepção do processo de ascensão social, assim como das maneiras de adquirir prestígio, parece ter sido revelada pela sua participação nesse tipo de realização.

É preciso não esquecer, além disso, que a vida intelectual representa uma das formas de ascensão abertas aos indivíduos de classes mais pobres ou sem tradição, pois os intelectuais são, via de regra, menos estritos quanto às origens dos candidatos à participação em seu grupo, e tendem a valorizar qualidades essencialmente individuais.

---

11 A vida intelectual do *ghetto* é resenhada por Wirth (1928, p.82ss.); o desenvolvimento da literatura da *shtetl* é sumariado por Howe & Greenberg (1953, p.1-71).

Em outros casos, a marginalidade do artista decorre de sua experiência individual, sobretudo na infância. Embora, de modo geral, exista uma tendência para exagerar a importância das experiências infantis, parece fora de dúvida que muitas delas são decisivas para o futuro do indivíduo, para suas maneiras características de ajustamento. Muitas vezes, por causa de uma situação familiar muito peculiar, o indivíduo pode perceber determinados aspectos que são abandonados pela maioria das pessoas. Assim, não é difícil ver, nas experiências infantis de Proust, Sartre ou Baudelaire, algumas peculiaridades capazes de determinar uma forma muito estranha de ajustamento. Já houve quem sugerisse, por exemplo, que o fato de Sartre não ter tido uma família regular – pois perdeu o pai aos dois anos de idade, foi criado pelo avô e viu sua mãe casar-se novamente – pode ter influído em sua forma de encarar a propriedade ou a situação do homem diante de seus semelhantes (Jeanson, 1961, p.114ss.).

Em qualquer dos casos, é preciso não esquecer que, se a marginalidade social do artista abre uma possibilidade para ver determinados aspectos da vida social, a experiência aparente não é garantia da percepção de situações novas, nem garantia de sua possibilidade de expressão por meio de formas artisticamente válidas. Afinal, é evidente que muitos outros indivíduos passaram por experiências semelhantes, sem que estas se exprimissem sob formas artísticas. A relação entre a experiência pessoal e a expressão artística é muito mais complexa e, como se procurará mostrar mais adiante, talvez não possa ser explicada apenas por elementos conscientes.

Reação à obra

O terceiro elemento externo ao processo criador é a reação à obra literária. De modo geral, a tendência mais popularizada consiste em imaginar que, inicialmente, o artista é cercado pela indiferença ou pela hostilidade dos seus contemporâneos e que, aos poucos, consegue impor o seu gosto e ser aceito. Supõe-se, também, que muitos artistas sejam reconhecidos apenas depois da morte. Nessa interpretação, o artista seria capaz de produzir sem nenhum estímulo apresentado pela reação à sua obra.

Na realidade, é muito difícil encontrar exemplos de artistas permanentemente hostilizados e que tenham continuado a produzir durante um período relativamente longo. Mesmo quando rejeitados pelo grande público, os artistas têm, sempre, o apoio de um pequeno grupo, constituído por artistas da mesma geração, além de críticos e *snobs*.[12] Nesse sentido, a crítica, exercida pelos artistas criadores, tem um papel decisivo, embora frequentemente desprezado. Sem essa crítica, é mais ou menos inevitável que o artista criador diminua sua produção, até estancá-la completamente. A razão para isso parece muito clara: toda obra de arte se destina a um público, real ou imaginário. Mesmo no segundo caso, é muito difícil a continuidade de produção se, depois de certo tempo, não aparece um público, ainda que rudimentar, e capaz de reagir às manifestações literárias. A comprovação desse fato pode ser encontrada em vários momentos de produção literária muito intensa, pois nesse caso existe um processo de troca mais ou menos permanente entre os artistas e o público. Isso também explica o fato de os movimentos literários serem, quase sempre, resultantes de uma atividade de grupo mais ou menos homogêneo, embora, ocasionalmente, com liderança nítida de um ou dois escritores.

Apesar disso, existem exceções. Alguns escritores parecem realmente capazes de produzir no isolamento e ter, às vezes, atitude de desprezo ou indiferença pela sua obra.

---

12 Esse aspecto é parcialmente analisado por Spender (1955, p.174ss.). Nesse caso, Spender procura analisar as diferenças entre a situação do escritor americano e a do europeu.

Os processos psicológicos no pensamento criador

As condições externas ao processo criador não podem, evidentemente, explicar-nos por que apenas alguns indivíduos são criadores. Afinal, nem todas as pessoas colocadas em situações favoráveis se tornam criadoras; poder-se-ia generalizar, e dizer que tais situações são necessárias, mas não suficientes para a ocorrência da criação. Poder-se-ia dizer, também, que as condições externas determinam as direções básicas do processo criador, mas não a sua efetivação. Na ciência, esse jogo, entre condições externas e as características individuais, é mais facilmente verificável. Determinados desenvolvimentos são possíveis apenas em condições sociais claramente estabelecidas, e estas incluem os três aspectos antes indicados, isto é, o quadro de referência da época, a situação do indivíduo criador e a reação ao trabalho apresentado. Todavia, nem todos os colocados em tais condições favoráveis se tornam criadores, e por isso é necessário perguntar pelas características ou pelos processos individuais que permitem a atividade criadora.

Embora o indivíduo criador sempre tenha sido objeto de curiosidade e admiração, não existe unidade nas tentativas tradicionais de explicação. Algumas dessas concepções a respeito do indivíduo criador permanecem vivas até hoje, e têm influência não apenas na forma de compreender ou explicar o artista, mas também na concepção que o artista tem de si mesmo e de sua obra. A esquematização adiante apresentada deve ser vista com cuidado, pois essas concepções frequentemente se confundem, e será muito difícil separar seus vários elementos.

O artista como predestinado

Em algumas épocas, o artista é entendido como ser *marcado* por um destino à parte, que o isola de outros homens. Frequentemente essa concepção se liga a noções religiosas, e é fácil compreender o seu sentido, quando pensamos na ideia de "criar" como capacidade exclusiva de seres sobrenaturais. Essa concepção básica se diversifica em diferentes aspectos: ora o artista é entendido como *possesso* por forças estranhas ou demoníacas ora como destinado a criar por meio do sofrimento. Frequentemente, também, se pensa no destino trágico do artista, como se a capacidade extraordinária devesse ser acompanhada por padecimentos igualmente extraordinários.

A primeira observação a respeito dessas concepções refere-se à noção de equilíbrio ou justiça para o julgamento do comportamento e da existência humana. Pode-se dizer que as noções mais *primitivas* para o julgamento do ser humano estão ligadas à ideia de que a uma ação corresponde uma reação, a um ato bom corresponde uma recompensa, a um ato mau corresponde um castigo. Essas categorias de explicação podem ser utilizadas num sentido inverso; isto é, diante da realização de um indivíduo, é possível tentar saber *como* chegou a salientar-se entre os outros. Aparentemente é nas figuras religiosas que essas categorias de explicação atingem o seu ponto culminante, embora, nesse caso, atuem também outras noções, entre as quais a de redenção pelo sofrimento. Para compreender o alcance dessas afirmações, convém lembrar as histórias de Édipo, Jó e Cristo. Nos três casos, a redenção se faz pelo sofrimento e, na história de Cristo, o sofrimento do inocente é a forma de redimir os culpados. Deve-se observar, também, que o mesmo princípio é aceito, evidentemente sem grandeza semelhante, no comportamento diário, dentro ou fora das crenças religiosas. Nestas, a ideia de penitência corresponde ao princípio de resgate por meio do sacrifício; mesmo fora da crença religiosa, todos os homens parecem ter a ideia, certamente indefinida, de que o castigo resulta de um erro anterior e de que o sofrimento muito grande é redentor.

Se se quiser uma generalização, pode-se dizer que o indivíduo extraordinário parece desafiar as explicações comuns ou para indivíduos normais, e isso provoca a necessidade de uma categoria à parte, capaz de dar conta de características não encontradas em outros. No caso do artista, essa necessidade de explicação conduz à ideia de que, a uma capacidade extraordinária, corresponde um defeito físico, uma anormalidade mental, ou experiências de grande sofrimento.

No mundo moderno, essas explicações *primitivas* foram aceitas pelos artistas românticos que, talvez mais do que outros, aceitaram a ideia de que o artista estaria predestinado, e fatalmente deveria enfrentar a oposição e a incompreensão da sociedade. Embora, no caso dos românticos, seja possível encontrar explicações históricas – através, por exemplo, da alienação do artista numa sociedade burguesa, pois esta sempre foi ambivalente com relação aos valores estéticos –, não se deve esquecer que essa suposição de artista predestinado é muito anterior ao romantismo do século XIX. O importante a notar, aqui, é que a ideia de artista predestinado corresponde, também, a uma concepção de arte a de crítica. No caso da poesia essa concepção corresponde à ideia de que o poeta deve exprimir a sua vida, sobretudo o seu sofrimento. Dessa concepção decorre, também, uma forma característica da crítica, que procura explicar a obra pela biografia, pois uma seria consequência da outra.

Essa concepção evoluiu, no século XX, para a ideia do artista como neurótico, isto é, como pessoa angustiada e incapaz de ver ou sentir adequadamente a realidade. Também aqui, como se tem indicado muitas vezes, seria possível discutir a origem da deformação característica não só da obra de arte, mas também do artista. Se, de um lado, a arte pode parecer uma deformação da realidade, tem-se sustentado que uma *sociedade neurótica* não pode produzir ou admirar uma arte sadia.

O artista como artesão

A segunda concepção do artista tende a vê-lo como artesão, isto é, como a pessoa capaz de utilizar formas ou palavras para conseguir os efeitos estéticos. A rigor, talvez fosse possível dividir essa concepção em duas subcategorias: o artista entendido como *construtor*, em que se valoriza o trabalho de busca e realização; o artista como *jogador*, capaz de brincar com formas e nesse jogo descobrir relações harmoniosas ou satisfatórias.

De maneira bem ampla, essa segunda concepção corresponde às diferentes expressões do classicismo, e tem, como a primeira, tendências críticas peculiares. Em nossa época, essa crítica tem os seus expositores mais característicos entre as várias tonalidades do "new criticism", isto é, nas tendências que procuram cânones formais para explicar a obra de arte.

Também aqui seria possível encontrar certas correspondências entre o estabelecimento dessa concepção e as condições econômicas do artista e do crítico. Se a concepção romântica corresponde a um artista individualista e que economicamente depende do público, a concepção clássica corresponde ao artista economicamente ligado a uma família rica (seria o caso do Renascimento) ou uma instituição (seria o caso de poetas e críticos atualmente mantidos por universidades).

Essas suposições, embora possam ser parcialmente confirmadas pela verificação de determinadas épocas, não podem ser consideradas explicações para a diferença entre essas concepções da arte e do artista. Aparentemente, essa diferença deve ser procurada em raízes mais profundas e talvez revele diversidades, não apenas na concepção do homem e do universo, mas também nos processos de criação artística.

Até certo ponto, seria possível dizer que a concepção romântica corresponde, na psicologia contemporânea, à psicanálise, enquanto a concepção clássica corresponde à teoria da *gestalt*. Todavia, essas interpretações gerais não são satisfatórias, e parece necessário tentar a análise dos processos responsáveis pela atividade criadora.

Inteligência, aprendizagem e capacidade criadora

Um dos domínios em que a psicologia contemporânea parece ter obtido maior êxito é o das medidas de inteligência. Esse êxito parece às vezes tão indiscutível que, para o grande público, a imagem mais frequente do psicólogo é a do aplicador de testes. Apesar disso, e apesar da indiscutível utilidade educacional dos testes de inteligência, não existe acordo quanto aos conceitos de inteligência, aprendizagem e capacidade criadora. Num extremo, é possível acentuar, como o fazem alguns psicólogos, os aspectos passivos da inteligência, então compreendida como aprendizagem cega, isto é, independente de seu conteúdo específico, e resultante da repetição e do êxito de tentativas casuais. Nessa concepção, a atividade criadora, em qualquer de seus níveis, dependeria de soluções casualmente corretas, posteriormente fixadas. No outro extremo, seria possível pensar na capacidade criadora, sem falar em inteligência, o que, grosseiramente, corresponderia à concepção psicanalítica. Convém examinar essas várias conceituações de inteligência, e tentar ver até que ponto podem ser aplicadas ao estudo do pensamento criador na literatura.

Para fazer a análise psicológica da inteligência, será talvez conveniente começar pela teoria funcionalista de Claparède (1940, p.23-92, 128-59). Até certo ponto, a teoria de Claparède, vista sob seu aspecto mais amplo, pode ser aceita por todos os psicólogos, pois toda a psicologia moderna tem, como um de seus postulados, a ideia de que o comportamento resulta do processo de ajustamento ao ambiente; esse acordo não impede, no entanto, dúvidas quanto à descrição da inteligência.

Para Claparède, o organismo se ajusta ao ambiente por meio de instintos – isto é, comportamentos inatos; e hábitos, isto é, comportamentos anteriormente aprendidos. Embora considere o "tatear", isto é, o ensaio e erro, como forma primitiva da inteligência, Claparède define essa última como "capacidade de resolver problemas novos por meio do pensamento". É fácil demonstrar que a definição apresenta duas dificuldades fundamentais. A primeira refere-se à impossibilidade de, em muitos casos, verificar até que ponto o problema é realmente "novo" para quem o enfrenta, pois dificilmente se está diante de problema uno, isto é, que não seja parcialmente conhecido. Dessa maneira seria preciso considerar as etapas de solução, a fim de conseguir avaliar até que ponto um problema era desconhecido. Diga-se logo, no entanto, que essa dificuldade, como se verá nas outras teorias, não é peculiar ao esquema de Claparède. A segunda dificuldade da teoria está na aceitação da atividade do "pensamento" como definidora do ato inteligente. Quando se aceita essa distinção, é necessário dizer que, nesse sentido, o animal não tem inteligência, pois não podemos supor, e muito menos comprovar a ocorrência de "pensamento" nos animais. Parece evidente, pelo texto, que Claparède consideraria, no animal, apenas atividade pré-inteligente, como seria o caso do ensaio e erro. Dizendo de outro modo, a teoria de Claparède parece exigir duas descontinuidades na descrição do comportamento adaptativo. A primeira, explicitamente reconhecida pelo autor, refere-se a uma diferença qualitativa entre instinto e hábito, de um lado, e comportamento inteligente, de outro. A segunda refere-se à diferença entre o tatear e o ato propriamente inteligente. Parece claro que não é muito fácil aceitar as duas descontinuidades, ou seja, os dois *saltos* de um tipo de processo para outro, pois, nas atividades mais complexas, observamos continuidade, ou seja, o hábito aparece integrado na atividade que Claparède denominaria inteligente. Por exemplo, quando o matemático resolve um problema novo, utiliza vários processos habituais, isto é, anteriormente aprendidos, e sem os quais seria impossível a percepção do problema ou a sua solução. Claparède percebe essa dificuldade, mas não parece ter recursos para solucioná-la, pelo menos do ponto de vista teórico. Do ponto de vista prático, a solução de Claparède consiste em dizer que se deve pensar e adquirir o conhecimento necessário para fazê-lo, em vez de procurar um saber que não se sabe se será útil ou não.[1]

Essas dificuldades, embora reais, não constituem a maior deficiência do esquema funcionalista; esta pode ser encontrada

---

1 No contexto aqui analisado, o problema pedagógico – que, em certos casos, era central no pensamento de Claparède – não pode ser estudado. Mas não será inoportuno lembrar que a utilização do pensamento de Dewey – tão próximo do de Claparède – apresenta questões muito difíceis para a pedagogia. É que os funcionalistas pensam em problemas da pessoa, e acreditam que o pensamento só é legítimo quando se destina a resolvê-los. Isso acaba por eliminar o conhecimento sistemático, tão certo é que o interesse da criança, ainda mais que o do adulto, varia constantemente, e o professor não chegaria a sistematizar o conhecimento, base aparentemente indispensável para uma solução mais rápida de muitos problemas novos. Talvez não fosse muito errado dizer que a crítica dos funcionalistas estava correta, na medida em que combatia uma memorização gratuita, válida apenas para a escola, e inútil pelo

precisamente nas atividades mais complexas do pensamento, onde, à primeira vista, a teoria deveria ser mais adequada. Ainda aqui, Claparède parece compreender o problema, mas é incapaz de indicar uma solução. A dificuldade pode ser apresentada da seguinte forma: como compreender o desenvolvimento de uma teoria científica, quando esta não serve para o ajustamento pessoal do cientista? Claparède responde da seguinte forma: existe uma certa

> margem entre a aparição de uma necessidade e o momento em que a desordem orgânica, que essa necessidade orgânica manifesta, é verdadeiramente perigosa para a vida. Se as necessidades cuja satisfação exige pesquisa surgissem no último momento, o indivíduo estaria irremediavelmente perdido, desde que não pudesse encontrar no mesmo instante os objetos necessários ao restabelecimento de seu equilíbrio orgânico.

A seguir, tenta demonstrar que "é graças a essa margem que a curiosidade e a atividade intelectuais do cientista aparecem como inteiramente desinteressadas, sem relação com as necessidades da conduta". Sem percebê-lo, imediatamente depois Claparède cai em contradição, pois tenta mostrar que a atividade do cientista depende dessa lei de antecipação, isto é, uma preparação para necessidades futuras, mas, ao mesmo tempo, reconhece que o trabalho científico pode ser contrário às necessidades do cientista. Por isso, diz: "é verdade que, quase sempre, não é o próprio cientista que tira proveito de seu labor. Trabalha para a espécie, em detrimento próprio,

---

resto da vida; no entanto, a crítica estava errada, na medida em que afastava a possibilidade de que o conhecimento anterior tivesse uma lógica interna, independentemente das necessidades ou interesses da criança ou do adulto. Essa segunda questão será analisada no texto. Do ponto de vista do processo criador, Manoel Cerqueira Leite tentou aplicar as ideias de Claparède à análise da literatura (ver Leite, 1962, Parte I).

despendendo sua energia nervosa sem lucro para o próprio organismo". Como se vê, embora pretenda realizar uma análise científica do ato inteligente, Claparède é levado a supor que a "história" ou a "natureza" saibam o que é bom para a espécie humana e, para satisfazê-la, sacrifiquem alguns indivíduos. Embora seja desnecessário continuar a análise, tal a contradição da teoria, convém lembrar dois aspectos que bastariam para invalidá-la: Claparède supõe que a ciência seja sempre benéfica para a espécie humana, o que nunca se provou, pois é perfeitamente possível apresentar exemplos de desenvolvimento científicos contrários à vida humana; em segundo lugar, Claparède pensa exclusivamente nas ciências naturais, enquanto uma teoria coerente precisaria dar conta do desenvolvimento da matemática, onde, pelo menos no sentido biológico, não existe *problema* a ser solucionado. Essa contradição é semelhante à que Claparède encontra, embora também não seja capaz de solucioná-la, ao tratar de desenvolvimentos "mentais" que se tornaram independentes "das necessidades vegetativas do organismo". Claparède lembra o caso do heroísmo e do suicídio, em que uma "necessidade de segundo grau" contraria as necessidades biológicas, mas limita-se a dizer que tais casos propõem um "árduo problema" à psicologia biológica.

Claparède, em outro contexto,[2] menciona o pensamento criador na arte, e sua discussão pretende que o objetivo dessa criação seja indiscutível, havendo apenas hesitação quanto aos meios; assim, o artista sabe que o fim a atingir é o belo, mas não sabe quais os processos para atingi-lo. Dessa forma, Claparède separa o ato inteligente (em que a atividade é controlada pelo verdadeiro) e o ato artístico (em que a atividade é controlada pelo belo). Essa distinção estabeleceria uma outra descontinuidade, agora, entre ato inteligente e ato artístico, e

---

2 "A Função da Vontade" (cf. Claparède, 1940, p.160-78).

isso revela os mesmos problemas já apresentados anteriormente, na discussão das outras descontinuidades, isto é, entre ato habitual e ato inteligente, e entre ensaio e erro e inteligência. Todavia, essa descontinuidade é ainda mais séria, pois parece supor a criação artística como um domínio em que o processo adaptativo não seria atuante e, portanto, estaria na categoria das necessidades de segundo grau.

Não é difícil concluir que a teoria de Claparède parece insuficiente para explicar o comportamento de nível mais elevado, pois embora admita que todo comportamento deve ser explicado pela sua função ajustadora, não tem recursos para explicar, dentro desse esquema, a criação científica ou artística. Resta tentar explicar a origem dessa limitação. Quando tentamos fazer essa análise, vemos que a limitação da teoria de Claparède resulta da consideração de organismo e ambiente como entidades heterogêneas; por isso, Claparède considera apenas o organismo como fonte de desequilíbrio, e o ambiente como entidade, ora dócil ora resistente às necessidades orgânicas. Embora o autor mencione o ambiente para a análise do comportamento, os seus exemplos se referem sempre ao caso em que existe um impulso no organismo e uma barreira ambiental à satisfação do impulso. Disso resulta que sua análise pareça satisfatória nos casos em que predomina o impulso orgânico; assim, Claparède pode analisar, muito corretamente, o comportamento de um organismo faminto que encontra um obstáculo à satisfação desse impulso. No entanto, no caso da arte ou da ciência, é obrigado a recorrer a artifícios pouco convincentes e contraditórios, pois pretende ligar a necessidade de expressão artística ou solução científica ao mesmo esquema funcional utilizado para o caso da fome, da sede, e assim por diante. Como já se viu antes, essa ligação é insatisfatória e, de qualquer forma, Claparède não menciona nenhum exemplo em que sua teoria pudesse ser aplicada ao pensamento produtivo, seja na arte seja na ciência. Aparentemente, o esquema de

Claparède é, por isso, insatisfatório para dar conta do pensamento criador mais complexo.[3]

Se Claparède apresenta o que se poderia denominar o funcionalismo "puro", é indiscutível que, em sentido bem amplo, os comportamentistas, de Watson a nossos dias, são também funcionalistas. As diferenças entre as duas tendências teóricas são, em grande parte, metodológicas; estas, no entanto, acabam por determinar uma interpretação diversa dos fenômenos, pois o afastamento de certos processos limita o campo de observação e, consequentemente, o número de variáveis consideradas pela teoria. Por isso, embora não seja necessário apresentar as várias tendências comportamentistas, nem as suas principais hipóteses, convém lembrar a redução efetuada no campo tradicional da psicologia, a fim de compreender sua teoria da aprendizagem e, em certos casos, do pensamento produtivo.

A principal inovação de John B. Watson (1878-1958) consistiu em negar que o objeto de estudo da psicologia fosse a introspecção, isto é, a autoanálise da vida mental. Como já se viu antes, os gestaltistas e psicanalistas também recusam a introspecção, embora por razões diferentes: para os primeiros, a introspecção falseia a experiência direta; para os freudianos, a consciência é apenas um revestimento da causação real, que deve ser procurada nos conflitos inconscientes. As críticas de Watson parecem referir-se, sobretudo, a questões de metodologia; para ele, a psicologia deve empregar a mesma linguagem

---

3 Jean Piaget (1962, p.198ss.) pretende ultrapassar essa dificuldade da teoria de Claparède, pois supõe que o ajustamento orgânico se dê pelo *ritmo*, que seria o precursor da *operação*, característica do ato inteligente. Observe-se que nesse livro Piaget interpreta, de forma um pouco diferente da aqui esboçada, a teoria de Claparède, sobretudo a relação entre o *tatear* e o ato inteligente (ver p.114ss.). Não sei dizer até que ponto isso eliminaria algumas das dificuldades apontadas na teoria de Claparède. A teoria de Piaget não é aqui analisada, pois não se refere à atividade criadora na arte ou na literatura.

para descrever o comportamento do homem e dos outros animais; isto é, se não podemos usar a introspecção para fazer uma psicologia do rato, também não devemos empregá-la para a descrição do comportamento humano. Isso levou Solomon E. Asch a dizer que os comportamentistas se dispõem "a falar, no mesmo fôlego, de ratos e homens, sem reconhecer claramente que o assunto da conversa mudou".

De qualquer modo, as exigências metodológicas formuladas inicialmente por Watson tiveram profunda e duradoura influência na psicologia contemporânea; por isso, a análise adiante apresentada – que se refere a um dos aspectos menos lúcidos de sua teoria – será forçosamente injusta, se entendida como avaliação do comportamentismo.

Para Watson, todo o comportamento pode ser entendido pelo estabelecimento de relações entre estímulos (externos ou internos ao organismo) e respostas. Se o animal e a criança pequena foram os organismos experimentalmente estudados por Watson, este não deixou de transpor suas conclusões para comportamentos mais complexos, supondo que as respostas seriam encadeadas por meio de sucessivos reflexos condicionados. A rigor, portanto, Watson fala de aprendizagem, e não de inteligências e pensamento produtivo, pois esses dois processos são reduzidos ao condicionamento. Isso não impede que Watson proponha o problema do aparecimento do "novo", no pensamento e na linguagem. Convém citar o texto em que Watson apresenta a questão:

> Como chegamos a novas criações verbais como um poema ou um brilhante ensaio? *A resposta é que as obtemos pela manipulação de palavras, movimentando-as até chegar a um novo padrão.* Como, quando começamos a pensar, nunca estamos duas vezes na mesma situação, os padrões de palavras serão sempre diferentes. Todos os elementos são velhos, isto é, as palavras que se apresentam são apenas o nosso vocabulário comum – só a disposição é diferente. Por que é que nós, que não somos literatos, não podemos escrever

um poema ou ensaio? Podemos usar todas as palavras usadas pelo literato. A resposta é que não é nossa profissão, não lidamos com palavras, é má a nossa manipulação de palavras; a do literato é boa. Manipulou palavras sob a influência de situações emotivas ou práticas, de um tipo ou de outro, da mesma forma que nós manipulamos as teclas da máquina de escrever, ou um conjunto de dados estatísticos ou madeira, ou latão e fios elétricos.

A seguir, Watson passa para o comportamento manual e procura mostrar que um costureiro não tem "uma imagem" do vestido que procura criar e é obrigado a jogar com várias posições do tecido, até conseguir um modelo agradável, não só para seu gosto, mas também para o dos outros; isso equivaleria, segundo Watson, ao fato de o rato encontrar alimento. Com o pintor e o poeta ocorreria a mesma coisa. E escreve Watson que talvez o poeta

> tenha acabado de ler Keats, talvez esteja voltando de um passeio no jardim, ao luar, onde a sua encantadora noiva reclamou, um pouco asperamente, que ele não tenha celebrado, em frases bem apaixonadas, os seus encantos. Vai para seu quarto, a situação está estabelecida para ele, a única forma de fuga é fazer alguma coisa, e a única coisa que pode fazer é manipular palavras. O contato com o lápis inicia a atividade verbal, da mesma forma que o apito do juiz de futebol liberta um grupo de homens para a luta e o combate. Naturalmente, logo surgem as palavras que exprimem a sua situação romântica; nessa situação, não poderia compor um canto fúnebre ou um poema humorístico. A situação em que está é um pouco diferente de todas as anteriores e, por isso, o padrão de sua criação verbal será também ligeiramente novo.[4]

Não basta sugerir que a descrição de Watson não chega a constituir descrição ingênua e que, ao contrário, sob uma aparência de tratamento científico, apresenta uma explicação

---

4 Os trechos são citados de Watson (1930, p.247-8).

simplória do trabalho criador. Ou sugerir que, embora pretenda falar de aprendizagem, parece não ter recursos para ligar o processo criador a certas normas evidentemente aprendidas. Para avaliar a possível contribuição de Watson será necessário tentar ver quais os seus aspectos negativos e quais os positivos, quando se coteja sua descrição e aquilo que é apresentado pelos indivíduos criadores.

Como concepção geral, a teoria de Watson parece aceitar a ideia de artista como *jogador*: no caso do poeta, a obra de arte ocorreria como consequência de uma formação casual de palavras. De outro lado, como admite um estímulo, não anterior, mas concomitante à elaboração do poema, aceita, implicitamente, a ideia de que a criação artística seja expressão dos sentimentos vividos pelo poeta. Essa dificuldade não é insuperável, pois seria possível imaginar que as duas versões do artista sejam incompletas e que os dois processos atuem no trabalho criador. Mas Watson não tenta ligar os processos, limitando-se a aceitar as duas versões, aparentemente sem perceber que sua teoria é apenas repetição de ideias muito antigas, embora apresentadas com total penúria de compreensão. Disso decorre uma contradição insuperável: se basta aprender a lidar com palavras para ser poeta, não deveria haver necessidade do estímulo emocional, igualmente indicado por Watson. Se a teoria supõe os dois processos – isto é, a aprendizagem e a reação emocional –, precisaria indicar de que forma os dois interagem no processo criador. A teoria de Watson (1930, p.238) não parece ter recursos para isso, pois admite, de um lado, que podemos ter emoções que sejamos incapazes de descrever verbalmente e, de outro, que todo o pensamento pode ser reduzido à linguagem, isto é, a palavras pronunciadas implícita ou explicitamente.

Esses aspectos referem-se às contradições formais da teoria. Resta ver até que ponto pode ter contribuído para a compreensão do indivíduo criador. Como Watson não admite diferenças individuais hereditárias, explica a maior capacidade verbal por meio de treinamento no uso de palavras. Do ponto de vista educacional, a hipótese é importante, pois evita que a criança seja logo colocada numa categoria de "capaz" ou "incapaz", e dá ao educador a responsabilidade pelo desenvolvimento maior ou menor do educando. Do ponto de vista exclusivamente teórico, no entanto, Watson substitui uma hipótese gratuita e de comprovação aparentemente impossível – a hereditariedade da capacidade, por uma noção também vaga, aprendizagem –, cuja comprovação fica transferida para um futuro indefinido. Restaria perguntar se a hipótese da aprendizagem poderia ser comprovada.

Embora não o diga explicitamente, Watson reconhece que, ao lado da aprendizagem por reflexo condicionado, haveria um *treinamento* para lidar com palavras, e que esse treinamento generalizado permitiria a criação de novos padrões verbais. Se a primeira forma não apresenta problemas teóricos, a segunda não parece ter sido descrita por Watson e não se sabe como poderia fazê-lo, sem distinguir duas formas de aprendizagem e assim negar a teoria, segundo a qual todo o comportamento se desenvolve por meio de reflexos condicionados.

Como se vê, embora Watson fundamente sua teoria na aprendizagem, esta não parece interferir, como tal, na explicação do indivíduo criador. Ao explicar o ato de criação, Watson utiliza noção de tentativa e erro, com acerto casual, mas ainda aqui a teoria é incoerente com suas outras afirmações. Para verificar isso, seria suficiente lembrar que, segundo a teoria, o acerto casual é fixado pelo fato de ser recompensado; no caso da criação original, o indivíduo deveria continuar a repetir a mesma solução, mas é precisamente isso que não ocorre, pois o poeta procura criações diferentes.

Finalmente, é preciso considerar o problema da motivação. Como se nota no texto citado, Watson equipara o resultado do ato criador à obtenção do alimento pelo animal. De outro lado, no mesmo texto, Watson parece obrigado a supor mais de um motivo para a composição de hipotético poema do hipotético poeta – supõe que a noiva peça um poema e deixa implícito que precisaria de aceitação dos outros –, além de supor o aparecimento de um estado emocional que encontraria expressão.

Essas contradições de Watson não são peculiares à sua explicação do pensamento produtivo, mas aparecem em todo o seu sistema, o que levou alguns críticos a considerar o comportamentismo de Watson como "comportamentismo ingênuo" (cf. Boring, 1950, p.645). O desenvolvimento posterior da teoria consistiu em tentar o estabelecimento de um sistema coerente e rigoroso, onde todo o comportamento pudesse ser explicado pelo encadeamento da aprendizagem. Desse imenso esforço, aqui serão mencionados apenas Edward C. Tolman (1886-1959) e B. F. Skinner (1904-1990) que, embora de passagem, procuram mostrar que seus sistemas têm possibilidade de explicar o pensamento criador; no caso de Clark Hull (1884-1952) ou Edwin R. Guthrie, parece impossível, pelo menos no estado atual de suas teorias, indicar de que forma poderiam explicar o pensamento, produtivo, ou mesmo a aprendizagem no nível humano.

Tolman, cuja teoria da aprendizagem tem sido classificada ora como comportamentista ora como cognitiva e próxima do gestaltismo,[5] apresenta, quando visto na perspectiva histórica, tanto um maior rigor na construção da teoria quanto uma tentativa de maior amplitude dos conceitos empregados. Essa ampliação se faz de duas maneiras: de um lado, Tolman passa a falar em comportamento *molar*, admitindo que a descrição de Watson seria *molecular*, isto é, interessada por um nível de comportarnento que cabe ao fisiologista, e não ao psicólogo; em segundo lugar, Tolman não se recusa a aceitar a vida men-

---

5 Essa dificuldade resulta do fato de Tolman aceitar, aparentemente, a denominação de comportamentista, mas introduzir a noção de intenção, embora procure descrevê-la por meio do comportamento; além disso, Tolman introduz a ideia de "mapas cognitivos", estranha e contrária aos princípios comportamentistas. Alguns desses problemas são discutidos por Corquodale, Meehl, Tolman (Estes et al., 1954, p.177-266).

Psicologia e literatura

tal, desde que possamos indicar a sua interferência entre o estímulo (variável independente) e a resposta (variável dependente). Por isso, em vez de falar genericamente em vida mental, Tolman fala em variável interveniente, que abrangeria a capacidade e as experiências anteriores.[6]

Apesar da elegância do sistema e das suas possibilidades teóricas, Tolman (1959, p.151) reconhecia que não foi capaz de enfrentar os processos mais elevados do pensamento, embora acreditasse na possibilidade de realizar essa análise. Na realidade, isso se explica pelo fato de praticamente todos os trabalhos experimentais de Tolman terem sido realizados com ratos brancos e não com seres humanos.

Ao contrário de Tolman, que apenas sugeriu a possibilidade de aplicar a teoria aos processos mais elevados, B. F. Skinner tentou realizar essa aplicação de sua teoria ao pensamento produtivo.[7] Antes de indicar essa aplicação, convém lembrar a situação fundamental de que parte a teoria de Skinner: o rato, com fome, é colocado numa pequena caixa uniforme e fechada; numa das paredes existe uma pequena alavanca que, quando acionada, solta uma bolinha de comida, ou um pouco de água. Depois de algumas experiências, o animal aprende a acionar a alavanca, e esse movimento é automaticamente registrado num gráfico.

Esse esquema de um comportamento controlado por condições ambientais é transposto, por Skinner, para a análise do pensamento produtivo. Embora ele não as apresente explicitamente dessa forma, pode-se dizer que supõe duas formas de originalidade: uma do artista e outra do cientista. Essa separação explica-se pelo fato de Skinner ser obrigado a reconhe-

---

6 Ibidem, p.182ss.
7 Aqui serão consideradas apenas duas dessas aplicações, que se referem mais diretamente ao problema discutido: a análise do pensamento produtivo, apresentada por Skinner (1953, p.245ss.) e no seu artigo "A Case History in Scientific Method" (1959).

cer que o artista não tem um *problema*, no sentido tradicional da expressão. Por isso, diz que o problema geral do artista é apenas apresentar algo novo. No caso do cientista, Skinner procura mostrar que os conhecimentos anteriores limitam o campo da pesquisa ou da invenção.

Agora, convém discutir até que ponto essas sugestões podem ser utilizadas na análise. No caso do cientista, a teoria de Skinner é apenas uma outra forma de dizer que um avanço científico depende dos conhecimentos existentes na época. O problema real, isto é, saber por que apenas alguns conseguem fazer esse avanço, não parece que possa ser estudado pela teoria de Skinner, pois o problema é, precisamente, explicar por que, dentre todos os que têm a mesma informação, apenas alguns conseguem apresentar pensamento produtivo. Se a teoria de Skinner fosse literalmente correta, o cientista mais velho, com maior aquisição de experiência, deveria ser mais produtivo; todavia, como se verá logo adiante, não existe essa relação. No caso do artista, a sugestão de Skinner é ainda menos adequada, pois é evidente que uma criação não é artística apenas por ser nova; além disso, não se pode dizer que o artista independa da aprendizagem, pois é fácil comprovar, por exemplo, que no domínio da técnica, assim como na escolha de técnicas, existe processo de aprendizado.

Neste ponto, convém tentar avaliar o saldo positivo das teorias da aprendizagem, quando empregadas para a análise do pensamento produtivo. Mesmo no caso de Watson e Skinner – que tentaram fazer a aplicação da teoria a esse nível de complexidade –, é fácil perceber a inadequação dos esquemas. Pode-se dizer, sem muito medo de errar, que essas teorias apresentaram apenas um aspecto decididamente positivo: salientar a importância da aceitação do trabalho produtivo. Ainda aqui, não têm recursos para analisar os casos, certamente excepcionais, em que o cientista e o artista continuam a produzir, apesar do silêncio ou da oposição à sua obra. Observe-se, no entanto, que, mesmo no caso da aprendizagem do animal, não existe uniformidade de interpretação quanto ao sentido da recompensa; em outras palavras, em alguns casos parece haver aprendizagem, mesmo na ausência de satisfação dos motivos do indivíduo (Osgood, 1953, p.413ss.).

A outra contribuição positiva, embora indireta, pode ser vista nas exigências metodológicas impostas pelo comportamentismo; ao insistir na análise experimental e na descrição de processos, os comportamentistas afastaram conceitos que estabeleciam categorias, mas não tinham nenhum valor explicativo. Observe-se, por exemplo, que a teoria afastou falsas caracterizações por meio da hereditariedade, da ideia de "gênio", e outros conceitos semelhantes.

Essa função profilática da teoria parece, no entanto, ter sido levada muito longe, fazendo que, com medo da metafísica, se acabasse fechando a porta para a psicologia. Só esse temor pode explicar que as teorias da aprendizagem se refiram ao rato branco e não ao ser humano. Embora Watson sugira que recusamos os dados de aprendizagem animal porque nos consideramos animais superiores, pode haver motivo mais racional para essa recusa: se o que, fundamentalmente, caracteriza o homem é sua possibilidade de criar, adquirir e transmitir cultura, parece estranho pretender que esse processo seja estudado no rato branco, no qual o processo de aprendizagem não parece especialmente notável. Do ponto de vista que aqui precisa ser estudado, importa lembrar que, por isso, os comportamentistas limitaram a teoria a uma forma de aprendizagem que, sob várias denominações, supõe a relação arbitrária – pois estabelecida artificialmente pelo experimentador – entre um estímulo e uma resposta. Como reduzem toda aprendizagem a esse esquema, não precisam enfrentar o problema da heterogeneidade dos processos que, segundo se viu, foi uma das dificuldades da teoria de Claparède. Todavia, a continuidade entre os vários processos de solução de problema e aprendizagem foi conseguida pela negação dos processos mais elevados ou mais complexos, ou, melhor, por meio da suposição de que o complexo pode ser explicado por uma soma de sucessivos processos mais simples. O exemplo de um campo semelhante permitirá entender a dificuldade dessa posição. Se pretendemos estudar o amor no ser humano, a teoria comportamentista preferiria o estudo experimental do comportamento sexual no rato branco, pois esta seria a forma de fazer um estudo experimental, rigoroso e controlado. É evidente, no entanto, que um estudo do comportamento sexual do rato branco, se bem conduzido, pode dar informações sobre isso mesmo, isto é, sobre o comportamento sexual do rato branco, e oferecer algumas sugestões sobre o comportamento sexual de todos os mamíferos, entre os quais o homem. Enquanto não se provar que esse comportamento é idêntico ao sentimento do amor, este continua tão ignorado quanto antes. E é esse tipo de prova que falta às teorias da aprendizagem; se o rato não é capaz de usar a linguagem e se, de outro lado, o homem aprende por meio da linguagem, é difícil ver de que forma o estudo de um campo pode esclarecer o outro.

A outra dificuldade da teoria comportamentista reside no conceito de motivação. Admite que o organismo é fundamentalmente impulsionado por motivos primários – como fome, sede, sexo –, ou por motivos secundários, isto é, que pela aprendizagem se ligaram aos primeiros. Dessa forma, a teoria não tem recursos para explicar o interesse pelo ambiente, a não ser que este apresente possibilidade de satisfação de impulsos primários e secundários. Ora, na análise do pensamento produtivo é difícil fazer essa ligação entre a solução e os motivos; por isso, Skinner, ao tratar de uma teoria matemática, é obrigado a dizer que a motivação para esse trabalho é ainda obscura. Em outras palavras, Skinner quer dizer que não é possível ligar esse trabalho a um motivo primário ou secundário. Como se verá agora, a teoria gestaltista pretende explicar precisamente esses processos.

Geralmente, quando se compara a teoria gestaltista à comportamentista, costuma-se dizer que a primeira admite aprendizagem com compreensão, enquanto a segunda apenas admite uma relação cega entre o estímulo e a resposta. Embora a afirmação seja verdadeira, não traduz precisamente a diferença de concepção, pois, a rigor, gestaltismo e comportamentismo referem-se a aspectos diversos do comportamento, parecendo encontrar-se apenas em certos pontos críticos de divergência e oposição; se a descrição do ato inteligente é um desses pontos críticos, parece necessário lembrar a origem do conflito. Fundamentalmente, os gestaltistas partem da análise da percepção, e, embora analisem a inteligência, não chegaram a desenvolver uma teoria coerente da aprendizagem;[8] de outro lado, não se pode dizer que os comportamentistas tenham construído, a rigor, uma teoria da percepção.[9] É que, em vez de falar em aprendizagem, processo de repetição de um comportamento, diante de um mesmo estímulo, os gestaltistas falam em memória, isto é, aquisição de experiência que pode, ou não, ser utilizada em determinadas circunstâncias; em vez de falar em percepção, os comportamentistas falam em discriminação, isto é, tentam verificar até que ponto o organismo distingue entre dois estímulos diferentes, pois esse é o único critério – se desprezamos os dados fenomenológicos – para saber a que é que o organismo reage.

Dessa diferença fundamental decorrem as diferenças no desenvolvimento dos sistemas, e, no caso aqui estudado, na ex-

---

8 Os gestaltistas, sobretudo Koffka, fazem a crítica da teoria da aprendizagem (ver Koffka, 1935, p.541-90). Por isso, é um pouco artificial uma crítica ao gestaltismo ou a Lewin através de um processo que não chegaram a desenvolver inteiramente; assim não se justificam as críticas de Estes (1954, p.317ss.), que pretende avaliar *a* teoria da aprendizagem de Lewin.

9 Isso não impediu que Floyd H. Allport (1955, p.437ss.) tentasse explicitar a teoria da percepção, implícita no comportamentismo.

plicação do pensamento produtivo. Enquanto, como já se notou antes, os comportamentistas explicam o processo de criação por meio da aprendizagem, os gestaltistas procuram essa explicação a partir dos processos perceptuais. Resta ver como se dá essa passagem.

Embora não seja correto dizer que os gestaltistas aceitam uma posição realista – que equivaleria, na conhecida passagem de Koffka, a dizer que "as coisas parecem o que parecem, porque são o que são" –, é verdade que tendem a acentuar os casos em que apercepção é *ajustada* ao ambiente. Assim, em vez de acentuar, como os psicanalistas, as deformações que a pessoa faz do mundo real, acentuam os casos em que a percepção "dá conta" do mundo objetivo. Basicamente, portanto, a teoria gestaltista procura descrever as características desse mundo objetivo e mostrar como o organismo se ajusta a ele. Isso fez que, às vezes, se dissesse que, para os gestaltistas, a função do organismo seria passiva, limitando-se a aceitar a organização do mundo circundante. Na realidade, como já se indicou antes, o comportamento só se explica através de um campo, que inclui forças do ambiente e do organismo; de outro lado, mesmo na percepção, supõe-se um organismo que procura, ativamente, organizar o ambiente.

Não seria errado dizer que os gestaltistas supõem, mesmo nos comportamentos mais simples, um organismo que estrutura os dados da percepção, levando em conta as suas características reais; portanto, para eles não existe descontinuidade entre percepção e inteligência, pois esta só pode ser compreendida se pudermos levar em conta o processo de ajustamento por meio da percepção. Essa forma de compreender a inteligência parece ter sido formulada inicialmente por Köhler, no clássico estudo sobre a inteligência do chimpanzé.[10] Como se

---

10 Wolfgang Köhler (1927). Este trabalho é citado, geralmente, como descrição do ato inteligente do chimpanzé; na verdade, apresenta muito mais que isso, pois além de descrever a inteligência, Köhler pretendeu fazer,

sabe, nesse trabalho Köhler apresentou, como ato inteligente, o fato de a solução exigir um afastamento do caminho direto para o objetivo; vale dizer, quando a solução é obtida diretamente não existe ato de inteligência, pois os elementos dados pela percepção são suficientes para chegar ao objetivo. Essa conceituação, com que Köhler abre o seu livro, provavelmente não apresenta dificuldades; mesmo nos experimentos de aprendizagem, em que não se fala em inteligência, o animal é colocado em situação nova para ele. A segunda característica, que na realidade envolve a definição do ato inteligente, provocou debates muito longos e aparentemente intermináveis. Escreveu Köhler (1927, p.190) que o critério de inteligência seria "o aparecimento de uma solução completa, ligada à disposição geral do campo". A dificuldade maior parece ter sido conceitual: Köhler empregava, no original alemão, a palavra *Einsicht*, que foi traduzida, em inglês, para *intelligence* e *insight*. Segundo os críticos, esse conceito não poderia servir como explicação: de um lado, supunham que a solução que Köhler denominava "inteligente" apresentaria, apenas, processo implícito de tentativa e erro; de outro, criticavam o trabalho experimental de Köhler, dizendo que este não conhecia a história do animal e, portanto, não podia saber até que ponto o animal estava preparado para conseguir a solução.[11] Jean Piaget (1952, p.9) sugere uma crítica semelhante, ao dizer que o ato inteligente depende, também, dos campos anteriores, e não apenas do campo presente.

---

também, uma contribuição à psicologia comparada (ver, sobretudo, o Apêndice, "Algumas contribuições à psicologia dos chimpanzés"); deve-se notar, também, que Köhler não procurou uma descrição estatística, mas salientou, fundamentalmente, as diferenças individuais entre chimpanzés, além de considerar as características gerais do comportamento individual e coletivo destes.

11 Cf. Osgood (1953, p.611ss.). Osgood tenta provar que as diferenças entre a interpretação gestaltista e a comportamentista são "em grande parte terminológicas", e que seria possível reduzi-las a um esquema comum.

Diga-se, de passagem, que Piaget utiliza a palavra *reestruturação*, que parece melhor descrição do processo (ibidem, p.73). Mais recentemente, Köhler reconheceu que empregara esse conceito de reestruturação ou compreensão de maneira um pouco imprecisa:

> uma vez, usei, de forma um pouco equívoca, determinado conceito. É melhor explicar isso. Que é compreensão? (*insight*). Em seu sentido estrito, o termo refere-se ao fato de que, quando estamos cientes de uma relação, de qualquer relação, esta não é experimentada como um fato isolado, mas, ao contrário, como algo que decorre das características dos objetos considerados. Ora, quando os primatas tentam resolver um problema, seu comportamento mostra, muitas vezes, que estão cientes de alguma relação importante. Mas quando empregam essa "compreensão", e assim resolvem seu problema, essa realização deverá ser denominada *solução por compreensão?* Não, de forma alguma está claro que a compreensão tenha feito *surgir* essa relação específica. Em determinada situação, nós ou os chimpanzés podemos ficar cientes de muitas relações. Se, em determinado momento, nós ou o chimpanzé atentamos para a relação correta, isso pode acontecer por várias razões, algumas das quais não têm nenhuma relação com a compreensão. Consequentemente, é equívoco denominar todo o processo uma "solução por compreensão". (Köhler, 1959)

A seguir, Köhler procura mostrar que é possível aprender a prestar atenção à relação e, depois, percebê-la em objetos diferentes e que, em qualquer caso, a compreensão não é o único fator responsável pela solução.

Para o problema aqui discutido – isto é, saber por que alguns indivíduos são capazes de criar e outros não –, a teoria de Köhler parece insuficiente. É que, embora em seu estudo sobre os chimpanzés Köhler reconheça diferenças individuais entre os animais, não parece ter recursos para "explicar" as diferenças. A situação é um pouco diversa, se considerarmos o estudo de Duncker (1945) sobre o pensamento produtivo. Também

Psicologia e literatura

Duncker, trabalhando com a teoria gestaltista, comprova que na solução de problema existe uma "reestruturação do campo", isto é, o indivíduo deve ser capaz de perceber certa *fluidez* nos dados perceptuais. Como Duncker trabalhou com seres humanos, pôde fazer observações em nível mais complexo, e verificar quais as características do indivíduo incapaz de solucionar problemas de matemática. Discute duas hipóteses para explicar essa dificuldade: "1. O 'mau' matemático não é capaz de reestruturar tão facilmente, porque seu *material de pensamento é relativamente pouco elástico, rígido, e, portanto, não é suficientemente plástico, de forma que possa adquirir novas formas. 2.* Com os 'maus' matemáticos, *o material de pensamento está, desde o começo, mais completamente saturado com as funções perceptuais já descritas"*. Duncker afasta a primeira hipótese, pois supõe que, conforme esta, todos chegariam às mesmas estruturações do material, embora tivessem dificuldade para passar de uma a outra. Por isso, aceita a segunda hipótese, dizendo que o importante é o papel da estruturação, e que as diferenças nesse papel dependem da integração entre a estruturação e o material. O exemplo apresentado por Duncker é o da pessoa que aprende geometria projetiva, e parece entendê-la; no entanto, como aprendeu a projeção de uma pirâmide, apresentada como exemplo, tem dificuldade em entender a projeção de uma linha (ibidem, p.110-1).

O trabalho experimental de A. S. Luchins[12] parece comprovar muito nitidamente um dos elementos responsáveis por essa rigidez perceptual. Fundamentalmente, o experimento demonstra que, se treinadas em determinada tarefa, que exige operações complexas, as pessoas parecem menos capazes de utilizar um processo mais simples, ainda que este seja suficiente para resolver o problema que então enfrentam. Em outras palavras, as pessoas formam uma *predisposição mental* para determinada

---

12 Luchins (1942), sumariado em Krech & Crutchfield (1963, v.2, p.30).

solução, e essa predisposição impede ou dificulta a sua escolha de processos mais simples.

Agora, parece possível avaliar as contribuições positivas da teoria da *gestalt* para responder ao problema proposto. O primeiro aspecto positivo da teoria consiste em mostrar que as forças do ambiente podem representar um desafio para o indivíduo, ainda quando este não esteja organicamente motivado para procurar uma solução. Como se observou antes, na análise das teorias de Claparède e de Skinner, a ideia de motivação dependente do organismo faz que seja inexplicável o interesse pela forma artística ou pelo problema científico. Dessa maneira, as atividades mais complexas do comportamento pareceriam escapar à teoria funcionalista, aparentemente adequada para explicar os casos mais simples de aprendizagem ou inteligência. Como os gestaltistas supõem um campo no qual se encontram forças do ambiente e do indivíduo, tanto os casos simples quanto os complexos podem ser vistos e estudados da mesma forma: ora predominam os impulsos orgânicos ora os impulsos criados pelo ambiente. A teoria permite, assim, compreender que, nos estados de motivação muito intensa, o indivíduo seja menos capaz de solucionar um problema, pois as forças do organismo impedem uma clara percepção do ambiente.

A segunda contribuição da teoria gestaltista consistiu em estudar o comportamento produtivo no ser humano, e não apenas no animal. Não que o estudo do animal não tenha interesse muito grande para a nossa compreensão de certos processos intelectuais; no entanto, é suficiente observar por algumas horas o estado de quase total apatia do animal preso em laboratório para pensar que essa situação talvez não seja a mais propícia para o estudo de suas atividades superiores. No laboratório, o animal só se torna ativo quando sente fome ou sede; restaria verificar se, em condições naturais, ocorre a mesma coisa.[13] De qualquer forma, enquanto não se provar o contrário, é regra de prudência científica admitir que o ser humano é capaz de criações não apenas quantitativa, mas também qualitativamente diferentes das apresentadas pelo animal. O terceiro aspecto positivo da teoria pode ser encontrado na descrição do pensamento produtivo, por meio de sua ligação com a percepção. Isso elimina as descontinuidades entre vários processos, inevitáveis numa teoria como a de Claparède, e oferece possibilidades de trabalho experimental.

Do ponto de vista negativo, pode-se dizer que a teoria gestaltista, apesar das sugestões de Duncker, não chegou a estabelecer, com nitidez, os critérios por meio dos quais se diferenciam indivíduos criadores e não criadores. Embora se possa dizer que essas diferenças são quantitativas e não qualitativas, seria necessário explicar, nos vários casos, a intensificação de um dos vários processos. Outro aspecto negativo da teoria reside no fato de não integrar aprendizagem, inteligência e pensamento produtivo. Nesse caso, o papel da teoria foi, basicamente, de crítica às concepções predominantes; no entanto, deve-se dizer que os gestaltistas não chegaram a oferecer uma concepção alternativa que permitisse mostrar a integração do aprendido e sua utilização nos problemas novos. Ora, é evidente que essa integração pode ser observada em todos os níveis de atividade: a composição de poemas pode ser dependente de hábitos de escrita (raramente se encontra um poeta capaz de escrever poemas a máquina, embora possa ser datilógrafo); em nível de maior complexidade, o poeta pode utilizar um estilo em parte aprendido, em parte renovado. A teoria gestaltista tende a su-

---

13 Essa é, evidentemente, uma verificação difícil; note-se, entretanto, que os etologistas descrevem comportamentos mais complexos que os estudados pelos comportamentistas. Se, até certo ponto, é legítimo criticar a falta de controle experimental dos etologistas, não se deve esquecer de que o controle, em condições de confinamento, pode representar uma limitação das capacidades do animal.

por esses processos como realizados, e a analisar o *momento* da solução dos problemas imediatos. Nesse sentido, os críticos têm razão quando dizem que os gestaltistas deixam de lado a experiência anterior, talvez tornada implícita, mas que nem por isso deixa de atuar. Finalmente, os gestaltistas tendem a ignorar os aspectos emocionais do processo criador, assim como a possibilidade de interferência inconsciente. Por isso, convém analisar a teoria que tentou analisar a interferência de fatores inconscientes e emocionais, pois talvez nos ofereça sugestões para responder à questão proposta, isto é, saber por que alguns indivíduos são mais ou menos capazes de apresentar pensamento produtivo. Se admitimos que alguns indivíduos são mais capazes de reestruturar o campo perceptual, parece evidente que não se deve afastar a possibilidade de interferência emocional nesse processo.

Características emocionais e processos inconscientes

Como ficou indicado na introdução a este ensaio, esse campo foi explorado sobretudo pelos psicanalistas, e aqui será possível apresentar, especificamente, as contribuições de Freud e seus seguidores. Estas podem ser agrupadas sob duas categorias: uma, referente à origem do pensamento produtivo; outra, referente à possibilidade de expressão. Na realidade, os dois aspectos são discutidos separadamente apenas para facilidade de exposição, pois ambos atuam conjuntamente.

Para Freud, a curiosidade intelectual tem origem infantil. Especificamente, por volta dos três anos de idade a criança pede explicações a respeito de todas as coisas. Essas perguntas são apenas voltas em torno da verdadeira questão, que a criança ainda não propõe, e que se refere à vida sexual. Esse é o período que Freud denomina de *investigação sexual infantil*.

A repressão desse impulso resulta em três possibilidades de atividade de investigação. Na primeira, existe uma inibição total da curiosidade, reprimida juntamente com a sexualidade. Na segunda, a curiosidade resiste à repressão, mas aparece apenas como raciocínio compulsivo, e por isso se apresenta deformado. Na terceira, que Freud considera a mais rara e a mais perfeita, não ocorre inibição do pensamento e nem pensamento compulsivo. Nesse caso, em vez de a curiosidade ser reprimida, juntamente com o impulso sexual, é *sublimada* e obtém sua energia da libido.

A fonte, portanto, do impulso criador resulta do conflito entre desejar conhecer e a repressão externa a esse conhecimento: o trabalho criador resulta de pressão emocional e constitui uma forma de exprimi-la.

Embora se possa discutir essa tentativa de explicação da origem da atividade intelectual, a etapa seguinte apresenta, indiscutivelmente, a maior contribuição de Freud para a compreensão do pensamento produtivo. Para entender essa contribuição, é preciso lembrar o método utilizado pela psicanálise, a fim de conseguir atingir a região inconsciente. Esse método consiste em permitir que o "pensamento" atue livremente, isto é, que as ideias ou imagens se encadeiem de forma espontânea, e não de acordo com a organização lógica que a atividade consciente exige. Esse método é denominado "associação livre", e deve ser usado não apenas para descobrir a origem dos sintomas neuróticos, mas também para conseguir interpretar sonhos, atos falhos, lapsos, etc. Em outras palavras, a atividade consciente, como resulta de processos repressivos, tende a eliminar as tendências e os impulsos individuais mais significativos.

Na explicação da atividade criadora, Freud supõe, também, que os aspectos mais significativos decorrem de processos inconsciente se cita uma carta de Schiller em que este lembra que o verdadeiro criador é o que não faz uma crítica muito severa ou precoce das ideias que lhe ocorrem livremente. Portanto, para Freud, o indivíduo criador seria capaz de aceitar essas ideias ou imagens "livres" – isto é, não controladas pela atividade consciente –, enquanto o indivíduo não criador tenderia a reprimi-las.

Essa descrição que, como se pode ver pela utilização do texto de Schiller, não foi propriamente criada por Freud, parece estar de acordo com muitas outras descrições não apenas de poetas ou romancistas, mas também de cientistas. Em muitos depoimentos a respeito de atos criadores, o artista descreve um período de trabalho inconsciente, isto é, a respeito do qual não consegue obter informações. Em outros casos, o poeta pode sonhar o poema completo, ou uma parte dele, sem que tenha nenhuma possibilidade de explicar, conscientemente, a sua origem ou as relações lógicas, entre suas partes componentes. Todavia, se a descrição parece indiscutível e adequada para dar conta do que ocorre, se não em todos, pelo menos em muitos casos de atividade criadora, a explicação dada por Freud está longe de ser satisfatória. Em primeiro lugar, Freud precisa encontrar uma explicação para a intensidade do desejo de conhecer ou de obter expressões artisticamente válidas para a vida emocional. Aqui encontramos a forma característica da explicação freudiana, que procura mostrar, na atividade adulta e de alto nível, as características dos impulsos infantis. Nesse caso, Freud admite que a atividade criadora substitui o brinquedo infantil, que retira sua energia da curiosidade sexual. É evidente que a explicação parece insatisfatória, sobretudo porque explica demais, isto é, seria explicação para toda atividade intelectual, e uma das regras da prudência científica consiste em suspeitar não das explicações limitadas, mas das que são demasiadamente amplas.

Com um pouco de maldade, seria possível dizer que a explicação por meio da curiosidade sexual da criança é satisfatória para explicar por que alguém se torna psicanalista, mas não parece suficiente para explicar o interesse pela matemática, pela física ou pela biologia. Em termos de maior seriedade, não podemos explicar a diversidade por meio de um único fator, e a característica fundamental da atividade criadora é precisamente a sua extraordinária diversidade não apenas de indivíduo para indivíduo, mas também em vários momentos ou várias fases do mesmo indivíduo criador.

Outra dificuldade da teoria reside no fato de admitir que só o inconsciente pode ser criador, ao mesmo tempo que não tem recursos para explicar por que isso deve ocorrer, nem para explicar a relação entre determinada atividade criadora e outros fatores evidentemente conscientes ou aprendidos. Assim, a teoria não tem recursos para explicar o interesse pelo ambiente, a não ser que este se resuma aos aspectos sexuais, vistos pela criança. Todos sabem, no entanto, que o mundo percebido pode ser poderoso estímulo para a criação intelectual na arte ou na ciência. Frequentemente, como o salientam os gestaltistas, são essas relações objetivas que incitam o trabalho criador. De outro lado, se a atividade criadora fosse inconsciente, isto é, resultante da parte não socializada da personalidade, seria impossível explicar a existência de estilos característicos de várias épocas, e aos quais os artistas se submetem.

Para obviar essas dificuldades, Freud tem apenas uma resposta: a forma é apenas um "revestimento" para os impulsos inconscientes, e constitui uma capa de disfarce que permite a sua aceitação pelos outros. Como explicação geral do processo criador, a teoria é evidentemente falsa, pois não pode explicar o sentido do trabalho científico, cujo valor reside na sua adequação à realidade. Resta ver até que ponto pode ser satisfatória para explicar o trabalho criador na literatura, ou na arte de modo geral, pois aqui seria possível admitir, como hipótese, que não existe relação entre a obra e a realidade objetiva, mas apenas entre duas atividades inconscientes – a do artista criador e a do espectador.

Ao resumir o argumento de Freud (1958), convém lembrar que seu trabalho a respeito do processo criador na literatura ("O poeta e o devaneio") apresenta um de seus artigos menos inspirados, e onde menos se revela a sua extraordinária capacidade de compreensão dos processos psicológicos. Se é injusto julgar a contribuição de Freud por meio desse artigo, de outro lado, nele podemos perceber, aumentadas, as deficiências de sua explicação geral para o processo criador.

O artigo sobre o poeta e o devaneio começa com a análise da fantasia e, como sempre, procura suas raízes na infância:

> certamente, devemos procurar na criança os primeiros sinais de atividade de imaginação. Para a criança, a melhor e mais absorvente ocupação é o brinquedo. Talvez possamos dizer que a criança, quando brinca, se comporta como um ficcionista, pois cria um mundo pessoal, ou, mais corretamente, reorganiza as coisas de seu mundo, dando-lhe uma forma mais agradável. Seria incorreto pensar que não leve a sério esse mundo; ao contrário, considera muito seriamente seu brinquedo e se emociona muito com ele. O oposto de brinquedo não é ocupação séria; é a realidade ... Ora, o escritor faz o mesmo que a criança no brinquedo; cria um mundo de fantasia que considera muito sério, isto é, aí coloca muita afetividade, embora o separe nitidamente da realidade ... No entanto, a irrealidade desse mundo imaginário tem consequências muito importantes para a técnica literária, pois muitas coisas que, na vida real, não provocariam prazer, podem dar alegria numa peça: muitas emoções essencialmente dolorosas podem tornar-se uma fonte de prazer para os espectadores e ouvintes do trabalho do poeta.

No caso do adulto, ao contrário do que ocorre no caso da criança, a fantasia deve ser reprimida, pois as suas fontes são condenáveis: as fantasias do adulto se referem à realização de desejos e podem ser classificadas em dois grandes grupos, isto é, a ambição e o erotismo. Se quase todos escondem essas fantasias, o psicólogo pode conhecê-las no caso do neurótico, mas isso não quer dizer que as pessoas normais não apresentem o mesmo tipo de fantasia.

Ao estabelecer a relação entre o devaneio e a criação literária, Freud distingue o trabalho que utiliza o material coletivo – como nas tragédias e epopeias – e o que se vale de criações espontâneas. Abandona os primeiros e, no caso dos segundos, utiliza apenas os autores menos valorizados pela crítica, isto é, escolhe apenas "os autores menos pretensiosos de romances, novelas e histórias que, apesar disso, são lidos pelos mais amplos círculos de homens e mulheres". A seguir, analisa tais histórias, da seguinte maneira: "todas têm um herói que é o centro de interesse e com relação ao qual o autor procura, de todas as formas, despertar nossa simpatia, e que coloca sob a proteção de uma providência especial". Para Freud, esse herói é uma representação do ego do autor e a fantasia literária corresponde ao seu devaneio. O problema seguinte consiste em explicar por que aceitamos essas fantasias, e, segundo Freud

> o sonhador esconde cuidadosamente suas fantasias de outras pessoas, porque tem razão para envergonhar-se delas. Posso agora acrescentar que, mesmo que as comunicasse, com essas revelações não nos daria prazer. Quando ouvimos essas fantasias, parecem desagradáveis ou nos deixam frios. No entanto, quando um homem de talento literário apresenta suas fantasias, ou conta o que supomos sejam seus devaneios pessoais, sentimos grande prazer, provavelmente decorrente de várias fontes. O mais profundo segredo do escritor é conseguir isso; a *ars poetica* essencial reside na técnica por meio da qual é superado nosso sentimento de repulsa, e isto certamente se liga às barreiras existentes entre um indivíduo e todos os outros. Podemos supor dois métodos, utilizados para essa técnica. O autor diminui o caráter egotista do devaneio por meio de mudanças e disfarces, e nos engana por meio de um prazer puramente formal, isto é, estético, na apresentação de suas fantasias.

Embora os textos aqui citados sejam muito claros, convém isolar os seus vários pressupostos, a fim de discuti-los com relação ao processo criador. Em primeiro lugar, a atividade criadora na literatura tem origem idêntica à fantasia diária. Depois, Freud supõe que a fantasia literária só se torna aceitável por ser revestida por um disfarce formal, cuja função seria esconder o verdadeiro conteúdo da história. Finalmente, convém observar que Freud aparentemente não quis identificar todos os níveis de obra literária e preferiu analisar apenas o que se poderia considerar literatura popular. Embora esses pressupostos constituam um todo, vale a pena discutir cada um deles separadamente, e começar pelo último, que delimita o campo abrangido pelo seu ensaio.

Freud não discute as razões pelas quais deixou de lado a literatura que, nas suas palavras, "é mais valorizada pelos críticos"; podemos supor, no entanto, que deve ter percebido a impossibilidade de aplicar os seus princípios às obras mais elevadas ou complexas. Essa impossibilidade decorre de um fato óbvio, talvez não formulado por Freud: enquanto os romances populares, apesar de todas as dificuldades enfrentadas pelo herói, sempre "terminam bem", isso raramente acontece nas obras de bom gosto. O porquê dessa diferença será explicado na Parte II, quando serão discutidas mais minuciosamente as noções de equilíbrio, desequilíbrio e tensão. Aqui, é suficiente lembrar a diferença, pois permite compreender a limitação fundamental do ensaio de Freud: se suas conclusões são válidas, só podem ser aplicadas àquelas obras que, a rigor, não são classificadas como literárias. Em parte, pelo menos, a distinção entre a obra literária e a narrativa de subliteratura decorre da caracterização psicológica das personagens, e seria possível dizer que, quanto mais esquemáticas sejam elas, menor o nível literário da narrativa. Por isso, quando, nesse nível, Freud identifica o herói da história ao autor que cria uma fantasia compensatória, apresenta uma descrição correta. É fácil verificar que, no caso da melhor literatura, não só deixa de existir esquematização, mas estamos cada vez mais longe da possibilidade de identificar o herói e a fantasia compensatória do autor. Na verdade, só se pode falar em fantasia compensatória quando o "herói", tal como ocorre na subliteratura, consegue vencer todos os obstáculos: se o "herói" é negativo, isto é, se é apresentado como vencido, não se pode pensar em fantasia de fuga, cuja função seria permitir, ao autor, viver num mundo melhor.

Essas observações exigem um reexame da análise da fantasia, que para Freud só pode ter uma finalidade: compensar os fracassos e obviar as dificuldades da vida diária. Essa é, também, como se sabe, a função do sonho, que Freud interpretava como realização de um desejo e, portanto, como processo de restabelecimento do equilíbrio na vida mental. Esse nível de fantasia parece ter exatamente a função indicada por Freud, isto é, quanto mais frustrado em sua vida real, maior a probabilidade de que o indivíduo procure um refúgio ou uma compensação em suas fantasias. Como o indica Freud, essa fantasia pode, em casos extremos e anormais, dominar toda a vida da pessoa, desligando-a da realidade objetiva. É claro, também, que essa fantasia, seja ou não a origem de certo tipo de histórias semi- ou subliterárias, é muito semelhante a estas. Se, nesse nível de fantasia, o indivíduo se projeta como herói invencível, muitas histórias apresentam também esse caráter, sendo suficiente lembrar a grande maioria das histórias em quadrinhos, cujos heróis são sempre super-homens, dotados de poderes mágicos.

Convém perguntar, no entanto, se todas as nossas fantasias têm esse caráter. A proposição da pergunta já exige uma tentativa mais ampla de esclarecimento da função da fantasia. Além da função indicada por Freud – compensação para as frustrações –, é fácil ver que muitas fantasias apresentam uma *predição da experiência*, isto é, preparam para a realidade, em vez de serem maneiras de fuga. Esse tipo de fantasia é naturalmente predominante na infância e na adolescência, e sua função é precisamente preparar a pessoa para um universo diferente. E talvez não seja errado dizer que, em grande parte pelo menos, somos criaturas de nossas fantasias, pois nossa imaginação antecipa nossas ações e nos permite estabelecer etapas para diferentes objetivos futuros. Esse segundo nível de fantasia, que Freud menciona apenas de passagem, e só para o caso do brinquedo infantil, não tem importância apenas individual, mas também social, pois liberta o homem de sua escravidão ao universo existente, e permite que suponha uma outra realidade e possa tentar realizá-la. Como Freud deixa de lado esse segundo nível da fantasia, só pode considerar o devaneio compensatório que, em vez de enfrentar a realidade, tende a ignorá-la.

O exame de um terceiro nível de fantasia permitirá compreender o outro pressuposto da explicação de Freud, isto é, a ideia de que a narrativa literária, embora tenha o mesmo conteúdo da fantasia compensatória, apresenta um revestimento formal que permite sua aceitação pelos outros. Como se viu no trecho citado, Freud identifica esse aspecto formal à criação estética. Essa suposição, como se disse antes, levou Hauser a dizer que Freud se movimentava no esquema de uma estética romântica, para a qual a forma seria aspecto secundário, de certo modo acrescentado ao conteúdo.

Acrescente-se que não deixa de ser irônico o fato de Freud, a quem devemos a mais completa tentativa de desvendar o inconsciente, ao tentar examinar a relação entre o escritor e sua obra, ter trabalhado apenas no nível consciente da fantasia e ter considerado "segredo" do artista o fato de apresentar uma fantasia aceitável pelos outros.

Resta compreender o terceiro nível da fantasia, que é, do ponto de vista aqui considerado, o mais importante, pois não representa fuga diante da realidade, como a fantasia compensatória, nem uma antecipação do futuro, mas uma forma de reestruturar ou recriar a realidade; a esse nível devemos reservar o nome de *fantasia criadora*, e aqui mostrar a significação do trabalho inconsciente. Antes de fazê-lo, convém analisar, desse ponto de vista, os três níveis da fantasia. No primeiro nível, fantasia compensatória, existe uma criação que tem uma relação praticamente nula com a realidade, quer se trate do devaneio quer se trate da narrativa semiliterária. Num caso ou noutro, o herói é dotado de poderes mágicos, o que lhe permite dominar o ambiente; todavia, esse domínio se faz por meio da eliminação de obstáculos reais e intransponíveis no mundo da ação. É frequente que, nesse nível de devaneio, a pessoa altere a irreversibilidade do tempo, de forma que, na fantasia, possa realizar aquilo que não realizou no acontecimento real. Na história em quadrinhos ou na fita de mocinho, que seriam as versões atuais dos romances analisados por Freud, o herói consegue vencer as dificuldades também por meio de poderes mágicos. No segundo nível, a realidade não é arbitrariamente modificada, e, de outro lado, o *eu* também não adquire poderes mágicos; os dois elementos da ação são antevistos com características normais, embora possa ocorrer maior ou menor deformação, maior ou menor idealização. No terceiro nível, a realidade se transforma, ora de maneira fantástica ora de acordo com certos princípios lógicos; a posição do *eu* também se altera, mas as suas qualidades não são revestidas de um caráter mágico, podendo ocorrer exatamente o contrário, isto é, podemos chegar ao anti-herói, mais ou menos comum na literatura contemporânea.

Não é difícil compreender que os dois primeiros níveis de fantasia não exigem trabalho inconsciente, enquanto este é indispensável para a fantasia criadora, pois a atividade consciente está demasiadamente presa aos esquemas aprendidos ou aos dados da percepção. Assim se deve entender, provavelmente, a significação do sonho para o trabalho criador. Talvez a resistência da atividade consciente não se refira apenas, como se supõe no esquema freudiano, a proibições sociais, interiorizadas pelo indivíduo. O fato de o trabalho criador na matemática também precisar dessa libertação do sonho indica a atuação da resistência, mesmo em aspectos efetivamente neutros.

A dificuldade, nesse caso, é idêntica à de qualquer verificação de processos inconscientes. Se a introspecção já é um processo discutível e perigoso, pois supõe uma pessoa capaz de descrever o que se passa em sua experiência interior, é fácil compreender como é difícil aceitar a hipótese de uma elaboração inconsciente. Isso equivale a supor um trabalho realizado pelo indivíduo e que, por definição, não pode ser observado nem interna nem externamente. Para facilidade de exposição, convém dividir o problema em duas partes: uma, ligada ao processo de elaboração inconsciente; outra, ligada aos processos emocionais conscientes, mas cuja origem não pode ser explicada pela percepção, ou por condições reais e objetivas.

A primeira forma de descrever o processo inconsciente é fazê-lo de forma negativa, isto é, consiste em considerar inconsciente todo o trabalho intelectual que não possa ser descrito diretamente. Essa forma de descrição é a mais conhecida, e pode ser encontrada em quase todos os depoimentos de artistas e cientistas: embora sejam capazes de descrever várias fases do pensamento produtivo, saltem sempre um período de *incubação*, durante o qual não percebem as relações estabelecidas. Aparentemente, é depois desse período que aparece a solução, sem que sua elaboração possa ser inteiramente descrita.[14] É fácil concluir que tais depoimentos não podem ser interpretados, indiscutivelmente, como prova de trabalho do inconsciente, pois é possível supor a interferência

---

14 Entre os muitos exemplos possíveis, lembre-se apenas um, de Manuel Bandeira. Depois de recordar que numa aula de grego encontrou a palavra Pasárgada, diz o poeta: "mais de vinte anos depois, num momento de profundo *cafard* e desânimo, saltou-me do subconsciente este grito de evasão: 'Vou-me embora pra Pasárgada'. Imediatamente senti que era célula de um poema. Peguei do lápis e do papel, mas o poema não veio. Não pensei mais nisso. Uns cinco anos mais tarde, o mesmo grito de evasão nas mesmas circunstâncias. Desta vez o poema saiu quase ao correr da pena" (Bandeira, 1958, v.2, p.9).

de fatores perceptuais, de que o indivíduo não está consciente, mas que não exigiriam trabalho inconsciente.

A segunda forma de descrever o trabalho inconsciente consiste em verificar a elaboração realizada durante o sonho, pois nesse caso seria muito difícil supor a interferência de fatores perceptuais; nesse sentido, o sonho representa um caso extremo de elaboração intelectual independente das condições ambientais imediatas, embora possa, evidentemente, resultar de percepções anteriores. De outro lado, ainda quando existe um estímulo concomitante, a elaboração onírica sempre apresenta uma criação desproporcional ao estímulo. Quando a pessoa adormecida ouve o despertador e inventa uma história que integra o som e, ao mesmo tempo, elimina a necessidade de despertar, apresenta um caso bem simples dessa elaboração criadora. Além desses casos mais ou menos evidentes, a elaboração onírica apresenta características de imaginação e relação, de que frequentemente somos incapazes, durante o estado de vigília. Essas observações não sistemáticas são, evidentemente, insatisfatórias, pois não apreendem o processo pelo qual se dá a elaboração; por isso, convém mencionar as tentativas de sonhos provocados experimentalmente, onde se mostra o caráter criador do sonho. Esses trabalhos foram realizados por Herbert Silberer, Karl Schroetter, Gaston Roffenstein e M. Nachmansohn.[15] Além de auto-observação, esses autores provocam o estado hipnótico e sugerem o *tema* do sonho; observa-se que, nessas condições, embora incapazes de intencionalmente criar uma história, as pessoas o fazem durante o sonho.

Em conclusão, parece possível afirmar, com grande margem de segurança, que o trabalho inconsciente pode ser produtivo. Agora, será possível tentar saber por que isso ocorre, isto é, perguntar por que uma elaboração, impossível no estado de

---

15 Esses estudos foram traduzidos, organizados e publicados por David Rapaport (1951). Ver, também, Pozl, Allers & Jacob Teler (1960).

vigília, pode ser conseguida durante o sonho. A resposta parece imediata: durante o sonho, a fantasia parece libertar-se dos quadros já fixados e, por isso, estabelece novas relações entre os vários elementos de que dispõe.

Resta analisar os processos emocionais conscientes, mas cuja origem não pode ser explicada por processos conscientes. Aqui, o nosso ponto de partida pode ser a afirmação de que todo indivíduo procura viver num mundo tão estável quanto possível. Isso é verdade tanto para as pessoas normais quanto para os anormais, e não seria demais supor que uma das funções dos "processos mentais" é conseguir essa estabilidade. Do ponto de vista da adaptação do indivíduo, não tem muita importância saber se a estabilidade é obtida por processos pouco adequados, desde que estes permitam o seu ajustamento e evitem os conflitos interiores. Por exemplo, quando a pessoa se julga *perseguida* e *desvalorizada* pelos outros, esse esquema permite que o indivíduo justifique, diante de si mesmo, o fato de não conseguir o que deseja ou julga merecer. Nesse caso, é fácil compreender que os esquemas cognitivos permitem estabelecer um mundo social estável. Além disso, esse exemplo mostra um processo emocional consciente que não pode ser explicado exclusivamente pelos processos conscientes, pois nenhuma demonstração racional modificará as atitudes da pessoa. Seria inútil tentar mostrar que os outros não a *perseguem*, pois, se aceitasse a demonstração, a pessoa seria obrigada a uma reestruturação muito mais difícil, e deveria modificar a sua autoavaliação.

Embora essas verificações sejam muito frequentes, o grupo que estudou a personalidade autoritária (Adorno et al., 1950) conseguiu realizar a sua sistematização por meio de uma escala (denominada Escala F) capaz de verificar, entre outros traços, a tolerância da ambiguidade. Segundo se verifica, algumas pessoas são menos capazes de aceitar ambiguidades, seja na percepção seja na vida afetiva (Frenkel-Brunswik, 1951). Portanto, tais pessoas (denominadas autoritárias) seriam menos capazes de conseguir reestruturação dos dados perceptuais, aparentemente porque seu equilíbrio depende do estabelecimento de categorias indiscutíveis.

Em resumo, a análise dos processos inconscientes e emocionais mostra que estes atuam de duas formas no pensamento produtivo: de um lado, há processos de elaboração que, embora impossíveis para a atividade consciente, podem ser realizados pela atividade inconsciente; de outro, os processos emocionais interferem na percepção, e em certos casos impedem uma avaliação mais precisa da realidade, assim como atividade criadora que exija diferentes combinações de dados da percepção ou da vida afetiva.

Neste ponto, já parece possível verificar que, embora tenham partido de polos opostos, as teorias psicanalítica e gestaltista não estão, nesse caso, em posições irreconciliáveis. Ao contrário, os dados de uma teoria parecem capazes de completar os da outra. Se os gestaltistas mostram que a atividade produtiva depende da possibilidade de reestruturação dos dados perceptuais, a teoria psicanalítica pode sugerir explicações para maior ou menor facilidade nesse empreendimento. Apesar disso, essa completação das duas teorias não foi ainda conseguida e, como se verá na descrição do ato criador, elas apresentam versões quase opostas desse processo.

De outro lado, a maior deficiência das teorias refere-se à integração entre conhecimento, inteligência e pensamento produtivo. Embora se saiba que tal integração ocorre, não sabemos explicá-la, nem mostrar como se ligam o conhecimento anterior e o pensamento produtivo. No caso do trabalho produtivo realizado na ciência, a situação parece um pouco mais clara, pois o conhecimento anterior define o problema com que o indivíduo criador deve trabalhar. Mesmo aqui, não temos recursos para explicar, adequadamente, por que alguns se tornam criadores e outros não, embora a descrição dos processos perceptuais e inconscientes sugira alguns caminhos para a investigação. No caso do pensamento produtivo na literatura, a situação é ainda mais difícil, pois o conhecimento anterior não apresenta *problemas*, no sentido em que essa palavra é empregada nas ciências.

Agora, será possível passar para outra ordem de dados, referentes à idade do indivíduo criador e aos estudos quantitativos de inteligência e capacidade criadora.

Idade e processo criador

Uma outra questão proposta a respeito do processo criador refere-se à idade da pessoa intelectualmente produtiva. Embora existam grandes variações individuais, verifica-se, também, uma tendência para a concentração, entre trinta e quarenta anos, do período de maior produtividade. Segundo Lehman (cf. Krech & Crutchfield, 1963, p. 236), que realizou a mais ampla investigação sobre o assunto, os períodos de maior produtividade são os seguintes:

Ficção, entre 30 e 39 anos
Pintura, entre 30 e 45 anos
Filosofia, entre 35 e 39 anos
Poesia, entre 25 e 29 anos
Ciência, entre 30 e 34 anos.

Se considerarmos casos isolados, a *juventude* do indivíduo criador torna-se ainda mais espantosa. No caso da literatura brasileira, será suficiente pensar nos poetas românticos para avaliar a "precocidade" do indivíduo criador.

Essa verificação tem importância, em primeiro lugar, porque demonstra que o acúmulo de conhecimento ou de experiência não parece ter influência decisiva no processo criador. De fato, se o acúmulo de experiência fosse o fator decisivo no processo criador, este deveria ser mais intenso em pessoas mais velhas. Embora existam casos de criação significativa depois dos quarenta anos, seria o caso de Machado de Assis, na literatura, ou de Freud, na psicologia, há duas observações importantes a lembrar. A primeira é que, nos dois casos, houve manifestações de pensamento produtivo muito antes da maturidade; a segunda é que esses casos são realmente excepcionais, e que há muitos casos de criação de alto nível no início da vida adulta. A propósito, seria suficiente lembrar, na ciência, o caso de Einstein, que publicou a teoria da relatividade quando tinha aproximadamente 25 anos; na literatura, seria possível lembrar não só os românticos brasileiros, mas também um poeta como Pablo Neruda, que publica os *Vinte poemas de amor* e *Uma canção desesperada* antes de completar vinte anos.

Não é fácil interpretar esses dados. Uma explicação, baseada nos testes de inteligência, consiste em dizer que o ponto máximo de inteligência ocorre por volta do fim da adolescência e declina lentamente a partir desse momento. Essa interpretação tem a seu favor o fato de esse ponto máximo coincidir com o fim do desenvolvimento físico, pois, a partir do início da vida adulta, começa também um lento declínio do organismo. Deve-se observar, no entanto, que o ponto máximo de habilidade física, por exemplo, no esporte, não coincide com o ponto máximo de produtividade intelectual. Segundo os dados de Lehman, o ponto máximo de desenvolvimento no esporte ocorre entre 25 e 29 anos. De forma que seria necessário imaginar um período de aprendizagem, posterior à realização do ponto máximo de inteligência, e que permitiria o trabalhos criador.

Outra hipótese, aparentemente mais plausível, seria supor que ao acúmulo de conhecimento e experiência corresponde também o desenvolvimento de relativa rigidez na aceitação de fórmulas ou soluções. Assim como o adulto tende a cristalizar opiniões e atitudes, que até o fim da adolescência se mantêm mais ou menos fluidas, haveria também relativa estabilização dos esquemas intelectuais.

Como é fácil concluir, essa interpretação complementa a observação anterior, a respeito da tolerância da ambiguidade, podendo-se dizer que, respeitadas as diferenças individuais, o indivíduo mais jovem tem maior tolerância de ambiguidade e, por isso, mais facilmente pode apresentar pensamento criador.

Estudos quantitativos de inteligência e capacidade criadora

Já se observou, antes, que uma das contribuições significativas da psicologia contemporânea, sobretudo do comportamentismo, foi afastar algumas explicações tradicionais cuja validade não poderia ser verificada. Aos poucos, os psicólogos se convenceram de que uma explicação baseada em vaga noção de hereditariedade apenas cria um outro nome para nossa ignorância. Em outras palavras, embora não se negue a atuação de fatores hereditários, sempre será preciso especificá-los, se desejamos conhecer o alcance de sua interferência.[16]

Outro movimento que permitiu a substituição de noções mais ou menos gratuitas foi o desenvolvimento dos testes de inteligência. Embora não seja necessário recordar a sua história

---

16 Deve-se notar que os psicólogos soviéticos inverteram os dados do problema: partem da ideia de que "não existe" hereditariedade psicológica, isto é, admitem que nos casos de deficiência mental é necessário criar métodos capazes de permitir o desenvolvimento do sistema nervoso até o ponto normal. Embora esse seja um caso extremo de "negação" da hereditariedade, e embora não possamos comparar rigorosamente os dados obtidos pelos psicólogos soviéticos – pois estes não utilizam as usuais medidas de QI –, a sua posição teórica é perfeitamente justificável. Essa teoria equivale a dizer que, se a pessoa não obteve ainda o desenvolvimento normal para sua idade, devemos partir do ponto em que está, e tentar fazê-la avançar até onde lhe for possível. A teoria é exposta por Leontiev (1963, p.68-82).

(cf. Anastasi, 1960), vale a pena lembrar que os criadores de testes de inteligência, embora às vezes tivessem teorias sobre o desenvolvimento da inteligência, procuraram resolver, sobretudo, os problemas práticos de mensuração e predição. Por isso, precisaram resolver tais problemas diante de dados contraditórios e dificuldades de predição. Isso explica que, em grande número de casos, não exista acordo entre os conceitos teóricos e a sua utilização nos testes; além disso, algumas teorias, sobretudo as ligadas à análise fatorial, dependem fundamentalmente dos instrumentos de medida. Isso explica que alguns teóricos dos testes de inteligência se satisfaçam com uma definição operacional, e digam que "inteligência é aquilo que é medido pelos testes de inteligência". De outro lado, basta avançar um pouco em nossa pesquisa, para verificar que essa definição não é tão satisfatória como parece, pois os critérios de validação acabam por utilizar o relativo êxito na escola ou nos empregos. Nesse caso, é fácil perceber a interferência de outros fatores, como o ambiente doméstico, a motivação, e assim por diante.

Aparentemente, é possível distinguir, de um lado, o que foi aprendido e, de outro, a capacidade de resolver questões novas, embora estas incluam coisas já aprendidas.[17] Por isso, é possível organizar testes de aproveitamento – isto é, destinados a medir a aprendizagem do que foi ensinado –, além dos testes de inteligência, que seriam destinados a predizer o desenvolvimento futuro. Embora seja variável, entre os testes, a proporção da interferência de aprendizagem anterior do ponto de vista prático essa interferência pode ser desprezada, pois hoje se sabe que os bons testes de inteligência, mesmo quando

---

17 Alguns testes, como o teste "culturalmente justo", supõem que os testes atuais prejudicam as crianças de classes mais pobres, pois exigem atitudes e conhecimentos mais ou menos exclusivos das classes média e rica (ver Anastasi, 1960).

aplicados em crianças da escola primária, permitem boa predição de seu êxito futuro.[18]

Finalmente, nos últimos anos se vem tentando medir não mais inteligência, mas capacidade criadora, isto é, capacidade para apresentar soluções ou respostas novas e originais. Embora tais estudos estejam ainda em sua fase inicial, seguem algumas linhas extremamente ricas para observação e análise. Considere-se, como exemplo, o estudo de Jacob W. Getzels & Philip W. Jackson (1962), que é talvez o mais amplo e coerente. Os autores definem a capacidade criadora por meio de: associação de palavras – isto é, emprego de uma palavra em frases diferentes –, emprego de coisas, descobrir figuras escondidas em formas complexas, criação de diferentes tipos de histórias, criação de problemas matemáticos. Embora não seja necessário analisar, aqui, todas as correlações entre os testes de capacidade criadora, definida pelas provas aqui indicadas, e os vários aspectos do desenvolvimento dos adolescentes, é importante lembrar a inexistência de correlação positiva entre capacidade criadora e inteligência.

Os estudos quantitativos são também importantes porque mostram que, ao medir a capacidade, nunca estamos diante de uma questão de tudo ou nada. Em outras palavras, devemos supor diferenças quantitativas quanto à capacidade de aprender, quanto à inteligência e quanto à capacidade criadora. O que denominamos, um pouco impropriamente, indivíduo criador é aquele que apresenta uma grande capacidade criadora; a mesma observação é válida, evidentemente, para as outras capacidades.

Como conclusão, podemos tentar "construir" a imagem das características psicológicas do indivíduo criador: deve ser capaz de combinar, de várias maneiras, os dados perceptuais; deve

---

18 A mais extensa comprovação disso foi realizada por Terman, que acompanhou o desenvolvimento das crianças de elevado QI, e cuja inteligência tinha sido medida na escola primária.

ser capaz de tolerar as situações ambíguas, isto é, deve admitir interpretações diferentes para os mesmos dados; deve ser capaz de aceitar e utilizar o trabalho inconsciente; embora deva ser capaz de aprender, essa capacidade não precisa ser muito notável, quando comparada à de outros indivíduos; ao responder a testes de inteligência, pode não conseguir resultados extraordinariamente elevados.

Como se vê, embora não se chegue à descrição de um tipo, já parece possível indicar, com razoável segurança, algumas características psicológicas, aparentemente significativas para a manifestação de pensamento produtivo. De outro lado, parece melhor deixar de lado, até um número maior de provas, as conhecidas hipóteses a respeito da "loucura do gênio" ou da "neurose do artista", pois não existem provas convincentes a respeito dessas relações.[19]

---

19 Embora às vezes se afirme a neurose do artista, muitos psicólogos negam que uma pessoa realmente neurótica seja capaz de criar obra artisticamente válida. Observe-se que, antes do século XX, não existia o conceito de neurose e, a rigor, não sabemos se havia maior ou menor incidência da moléstia. A suposição da neurose do artista pode decorrer de vários processos: a) o fato de o artista perceber a realidade de maneira diversa da suposta pelo senso comum; b) o fato de o artista estar separado da sociedade, ou aceitar valores diferentes dos aceitos pelos grupos mais amplos. Em alguns casos, pode parecer que a obra literária revele aspectos neuróticos, mas é difícil saber até que ponto essa apresentação é intencional, e até que ponto decorre de neurose do artista. De outro lado, o neurótico parece caracterizar-se pelo pensamento estereotipado, enquanto a expressão artística exige diversidade; por isso, já se sustentou que o neurótico, como tal, é incapaz de criação. Ver, quanto a este ponto de vista, Bychowski (1951). De qualquer modo, grande parte desse conflito resulta, aparentemente, da fluidez do conceito de neurose. As teorias sobre a "loucura do gênio" são muito numerosas, e foram resenhadas por Anastasi & Foley Jr. (1949). Aparentemente, não existe confirmação para a teoria.

O ato criador

Até aqui, foram descritos os processos responsáveis pela atividade criadora. Agora, para completar essa descrição, será necessário mudar a nossa perspectiva e tentar a análise do ato criador.

Clássicos e românticos

A mesma oposição já observada na descrição dos processos pode ser observada na análise do ato criador. De um lado, os psicanalistas acentuam o ato criador como resultante da expressão de impulsos inconscientes, ou de seu choque com a realidade. Se empregarmos a palavra em sentido bem amplo,[1] será possível dizer que essa descrição corresponde a uma concepção *romântica* da literatura – lembrando que romântico,

---

1 Os conceitos de *clássico* e *romântico* foram aplicados de forma ampla, embora diversa da aqui sugerida, por Grierson (1950. p.287ss).

nesse caso, não se refere a determinada escola literária, mas a uma atitude muito ampla diante da vida e da arte. Essa tendência pode ser indicada, por exemplo, na poesia de Vinícius de Moraes:

CANÇÃO

Não leves nunca de mim
A filha que tu me deste.
A doce, úmida, tranquila
Filhinha que tu me deste
Deixa-a, que bem me persiga
Seu balbucio celeste.
Não leves; deixa-a comigo
Que bem me persiga, a fim
De que eu não queira comigo
A primogênita em mim
A fria, seca, encruada
Filha que a morte me deu
Que vive dessedentada
Do leite que não é seu
E que de noite me chama
Com a voz mais triste que há
E pra dizer que me ama
E pra chamar-me de pai.
Não deixes nunca partir
A filha que tu me deste
A fim de que eu não prefira
A outra, que é mais agreste
Mas que não parte de mim.[2]

Não será necessária análise extensa para indicar o sentido do poema de Vinícius, ou para sugerir, como sua fonte imediata, o choque entre o fato de ser pai – isto é, dar a vida – e

---

2 Moraes (1956, p.119).

o de ser mortal, isto é, carregar a morte como destino inevitá-vel, e que se pode também abreviar. De outro lado, não seria difícil mostrar, em numerosos poemas de Vinícius, esse mesmo sentido da morte próxima e quase afetuosa, concebida como companheira constante, num universo frágil e quebrável como vidro. Importa apenas mostrar que em Vinícius, como nos poetas aqui denominados românticos, a poesia parece brotar da vida interior, às vezes a partir de um choque com a realidade objetiva.

No outro polo, encontramos a descrição apresentada pelos gestaltistas, na qual se acentua o fato de o ato criador ser uma forma de apreciar e aceitar a realidade. Se, na literatura brasileira atual, procuramos um exemplo dessa concepção, não será difícil pensar em João Cabral de Melo Neto. Aqui, as imagens não parecem resultar de um choque afetivo com a realidade, mas de uma contemplação quase fria da natureza, dos objetos e até dos sentimentos:

A ÁRVORE

I
O frio olhar salta pela janela
para o jardim onde anunciam
a árvore.

A árvore da vida? A árvore
da lua? A maternidade simples
do fruto?

A árvore que vi numa cidade?
O melhor homem? O homem além
e sem palavras?

Ou a árvore que nos homens
adivinho? Em suas veias, seus cabelos
ao vento?

II
O frio olhar
volta pela janela
ao cimento bruto
do quarto e da alma.
Calma perfeita,
pura inércia,
onde jamais penetraria
o rumor
da oculta fábrica
que cria as coisas
o oculto impulso
que explode em coisas
como a frágil folha
nesse jardim.

("O engenheiro" – Melo Neto, s. d., p.61-2)

Em João Cabral encontramos, portanto, a característica acentuada pelos gestaltistas, isto é, a sua organização formal e o seu caráter de isomorfismo com o ambiente.

Se a caracterização de clássico ou romântico pode dar alguma indicação sobre o processo criador de alguns poetas, não se deve esquecer que estamos diante de uma tipologia. Portanto, essa classificação – como qualquer tipologia – não pode supor uma categoria exclusiva, onde se colocasse cada poeta ou escritor. Ao contrário, devemos pensar em um contínuo, que tem num extremo o romântico e, no outro, o clássico; cada poeta se coloca mais perto de um extremo ou de outro, ou numa posição intermediária, equidistante dos polos opostos.

Na literatura brasileira contemporânea, talvez se pudesse pensar em Drummond de Andrade como exemplo de poeta que oscila entre uma expressão de conflito afetivo com a realidade e a apresentação dessa realidade. Em *Alguma poesia* (1925-1930)[3] parece predominar a primeira tendência:

---

3 Os poemas citados são de Drummond (1955).

POEMA DE SETE FACES

Quando nasci, um anjo torto
desses que vivem na sombra
disse: Vai, Carlos! ser *gauche* na vida

....

Mundo mundo vasto mundo
se eu me chamasse Raimundo
seria uma rima, não seria uma solução.
Mundo mundo vasto mundo
mais vasto é meu coração.

Ou, em "Sentimental":

Eu estava sonhando...
E há em todas as consciências este cartaz amarelo:
"Neste país é proibido sonhar".

Já nesse primeiro livro, no entanto, aparece também a outra tendência, que leva a uma atitude contemplativa:

CIDADEZINHA QUALQUER

Casas entre bananeiras
mulheres entre laranjeiras
pomar amor cantar.
Um homem vai devagar
Um cachorro vai devagar
Um burro vai devagar

Devagar... as janelas olham

Êta vida besta, meu Deus.

Essas duas tendências aparecem na concepção que o poeta tem de sua obra. Numa primeira fase, a poesia é concebida, quase sempre, como expressão quase direta do sentimento individual:

POESIA

Gastei uma hora pensando num verso
que a pena não quer escrever.
No entanto ele está cá dentro
inquieto vivo.
Ele está cá dentro
e não quer sair.
Mas a poesia deste momento
inunda minha vida inteira.

("Alguma poesia")

Em:

EXPLICAÇÃO

Meu verso é minha consolação.
Meu verso é minha cachaça. Todo mundo tem sua cachaça.
Para beber, copo de cristal, canequinha de folha-de-flandres,
folha de taioba, pouco importa; tudo serve.

Para louvar a Deus como aliviar meu peito,
queixar o desprezo da morena, cantar minha vida e trabalhos
é que faço meu verso. E meu verso me agrada

("Alguma poesia")

Já em "Procura da poesia", o poema é concebido de forma quase oposta:

Não faças versos sobre acontecimentos.
Não há criação nem morte perante a poesia.
Diante dela, a vida é um sal extático,
não aquece nem ilumina.

...

Nem me reveles teus sentimentos
que se prevalecem do equívoco e tentam a longa viagem.
O que pensas e o que sentes, isto ainda não é poesia.
Não cantes tua cidade, deixa-a em paz.

O canto não é o movimento das máquinas nem o segredo das casas:

> Penetra surdamente no reino das palavras.
> Lá estão os poemas que esperam ser escritos.
> Estão paralisados, mas não há desespero,
> há calma e frescura na superfície intacta.
>
> ("Rosa do povo")

De outro lado, essa concepção da poesia, como jogo, de que o poeta é apenas veículo, não se torna constante, e Drummond dirá mais tarde, em "Remissão":

> Tua memória, pasto de poesia,
> tua poesia, pasto dos vulgares,
> vão se engastando numa coisa fria
> a que tu chamas: vida, e seus pesares.
>
> Mas, pesares de quê perguntaria
> se esse travo de angústia nos cantares,
> se o que dorme na base da elegia
> vai correndo e secando pelos ares,
>
> e nada resta, mesmo, do que escreves
> e te forçou ao exílio das palavras,
> senão contentamento de escrever
>
> enquanto o tempo, e suas formas breves
> ou longas, que sutil interpretavas,
> se evapora no fundo de teu ser?
>
> ("Claro enigma", 1951)

Naturalmente, é difícil dizer até que ponto essa distinção no processo criador tem significação para o entendimento da literatura; no entanto, parece significativa para a compreensão psicológica do ato criador, pois limita, a um tipo, determinadas descrições. De outro lado, talvez nos permita compreender que a aparente divergência teórica, entre gestaltistas e psicanalistas, depende da escolha, voluntária ou involuntária, de determinados exemplos.

Para comprovar essas afirmações convém analisar as duas versões opostas, isto é, da gestalt e da psicanálise. Em Wertheimer, encontramos uma pequena passagem em que se faz referência ao processo criador na arte. Depois de sumariar vários tipos de pensamento produtivo, diz Wertheimer:

> De outro lado, há processos em que S_1 (situação inicial) desempenha um papel pequeno ou nulo. O processo se inicia, tal como ocorre em alguns processos criadores na arte e na música, pela suposição de alguns aspectos da S_2 (situação final) que deve ser criada. O artista é levado à sua cristalização, concretização ou realização completa. De maneira característica, as qualidades globais e estruturais, mais ou menos claramente concebidas, da coisa a ser criada, são determinantes do processo. Geralmente um compositor não reúne notas a fim de obter certa melodia: supõe o caráter de uma melodia *in statu nascendi* e parte de cima, ao tentar concretizá-la em todas as suas partes. Para alguns compositores esse processo não é fácil; muitas vezes exige um longo tempo. Quando as ideias a respeito do objetivo são um pouco vagas e coloidais, pode haver duas direções que atuam simultaneamente – uma que procura tornar mais clara a ideia central, e outra que procura chegar às partes. De maneira característica, em tais casos o que é ou não adequado se torna imediatamente claro; se nos casos do tipo S_1... S_2 o que ocorre é estruturalmente determinado pela natureza de S_1 (situação inicial) ou de S_1 com relação a S_2 (situação final), aqui é determinado pelas características estruturais da suposta S_2, mesmo que esta esteja ainda incompleta e vaga. (1959, p.242)

Não é difícil, diante dessa descrição, pensar em João Cabral:

> VI
> Não a forma encontrada
> como uma concha, perdida

nos fouxos areais, como
cabelos;

não a forma obtida
em lance santo ou raro,
tiro nas lebres de vidro
do invisível;

mas a forma atingida
como a ponta do novelo
que a atenção, lenta,
desenrola,

aranha; como o mais extremo
desse fio frágil, que se rompe
ao peso, sempre, das mãos
enormes.

("Psicologia da composição")

Tanto na descrição de Wertheimer como no poema de João Cabral de Melo Neto, a forma é entendida como algo externo, que o artista deve conquistar. Deve-se observar que em João Cabral também aparece a versão do poema imposto de dentro para fora, pois: Não há guarda-chuva

contra o poema
subindo de regiões onde tudo é surpresa
como uma flor mesmo num canteiro

("O engenheiro")

Ou então:

Uma flauta: como prever
suas modulações,
cavalo solto e louco?
Como traçar suas ondas

simplesmente, como faz,
no tempo, o mar?

(“Psicologia da composição”)

Se Wertheimer deu apenas uma indicação muito geral do processo criador na arte – embora tenha feito análise minuciosa do mesmo processo na ciência –, coube a Rudolf Arnheim (1948, p.123-62) demonstrar em caso concreto a ocorrência dos processos supostos por Wertheimer. Nesse artigo, Arnheim analisa as sucessivas versões que um poeta apresenta do mesmo poema. Por meio dessa análise, procura demonstrar a insuficiência da explicação freudiana para o ato criador: se Freud estivesse certo, argumenta Arnheim,

> nos primeiros estágios o poema deveria assemelhar-se a crus desejos oníricos, pelos quais o homem se compensa das decepções da vida “real”. Logo, no entanto, o poeta, ciente do fato de que os leitores se perturbariam ao obter esse tipo de satisfação na leitura, pois a sua intenção estaria exposta diretamente, começaria a disfarçar, astutamente, o verdadeiro caráter de sua obra, escondendo as características que permitiriam uma grosseira realização de desejo.

Ao contrário, diz Arnheim, embora exista realização de desejo em muitas obras de arte,

> existem outros motivos. Existe o impulso para esclarecer e interpretar, por meio da representação artística, a imprecisão e a desordem do mundo fenomenal. Existe a obsessão com a dor – que Freud achou tão difícil explicar – existe a paixão pela crueldade e pelo feio, existe a afirmação da vida como uma tragédia.

Além disso, segundo Arnheim

> no processo artístico, a consideração da realidade está longe de ser um recurso secundário para esconder a crueza dos desejos de sonhos. A validade de um ideal depende do fato de sua concepção

fundamental ser adequada, ou não, aos aspectos objetivos de seu tema. Portanto, não esperamos encontrar, no processo poético, um desenvolvimento que se iniciasse no desejo espontâneo, até chegar a uma aproximação secundária da realidade.

Embora o artigo de Arnheim apresente muitas outras sugestões, aqui importa lembrar que, mesmo na descrição do ato criador, a teoria gestaltista apresenta a acentuação de seu caráter *representativo* da realidade, ou, pelo menos, de sua tentativa de considerar o mundo objetivo. Ainda aqui, é a realidade objetiva que parece predominar e sugerir o trabalho criador.

Os psicanalistas, no outro extremo, acentuam as tensões interiores, ligadas aos conflitos entre o id e o superego. Uma explicação de Ernst Kris (s. d., p.343), que pretende ser válida também para a descoberta científica, permite estabelecer, nitidamente, essa oposição entre os psicanalistas e os gestaltistas. Para Kris, por exemplo,

em muitos casos de fantasia e criação é possível experimentar descarga e satisfação. Na fantasia é mais nítido um sentimento de alívio; uma mistura de alívio e satisfação é mais evidente na criação e na solução de problemas. Mas existem casos em que essas mesmas experiências aparecem de forma especial, com o sentimento de que a consciência provém do mundo exterior. Isso é evidente nas alucinações, mas ocorre também na revelação ou na inspiração. Um pensamento pré-consciente é atribuído a um agente exterior, de que foi passivamente recebido. As significações literais e atenuadas do termo formam um contínuo; também falamos de inspiração quando um percepto estimula o pensamento. Newton, que atribuiu o descobrimento da lei da gravidade à observação da queda de uma maçã, é um exemplo. A percepção atuou, nesse caso, como um fator que precipitava ideias pré-conscientes, previamente organizadas, e que aguardavam o estímulo.

Para Kris, como se observa, a percepção, longe de ser – como para os gestaltistas – a origem da possibilidade de solução ou criação, pode ser apenas um fator a mais, que se reúne ao trabalho criador, realizado pelo inconsciente ou pelo pré-consciente.

A contribuição de Jung, nesse caso, é pequena, embora muito significativa. Em primeiro lugar, Jung (1961, p.175-99) afirma que "qualquer reação a estímulo pode ser causalmente explicada; todavia, o ato criador, que é a antítese absoluta da simples reação, sempre desafiará a compreensão humana. Pode apenas ser descrito em suas manifestações: pode ser obscuramente sentido, mas nunca inteiramente compreendido". Depois de rejeitar as explicações freudianas, sobretudo sua ênfase em fatores individuais, dirá Jung que "a grande poesia retira sua força da vida da humanidade, e perdemos inteiramente o seu sentido se tentamos derivá-la de fatores pessoais. Todavia, assim como o ato criador é, em última análise, inexplicável, também o artista criador permanecerá para sempre um desafio ao nosso pensamento". Isso não impede uma tentativa de compreensão: "toda pessoa criadora é uma dualidade ou uma síntese de aptidões contraditórias. De um lado, é um ser humano com uma vida pessoal; de outro, é um processo impessoal e criador". Esse aspecto criador deve ser entendido como um predomínio da mentalidade coletiva, diante da individual:

> a arte é uma espécie de impulso inato que se apossa de um indivíduo, transformando-o em seu instrumento. O artista não é uma pessoa dotada de livre arbítrio, que procura seus objetivos pessoais, mas um indivíduo que permite que a arte se realize por meio dele.

Além disso,

> sempre que a força criadora predomina, a vida humana é dirigida e modelada pelo inconsciente, mesmo contra a vontade ativa, e o ego consciente é carregado numa corrente subterrânea, e não passa de um impotente observador dos acontecimentos. A obra a ser realizada se torna o destino do poeta, e determina seu desenvolvimento

psicológico. Não é Goethe que cria *Fausto*, mas *Fausto* que cria Goethe. E que é *Fausto*, senão um símbolo? Isso não significa, para mim, uma alegoria muito conhecida que indica algo muito conhecido, mas uma expressão que representa alguma coisa não conhecida claramente, e, apesar disso, muito viva.

Dirá depois que

essas imagens primordiais são numerosas, mas não aparecem nos sonhos dos indivíduos ou nas obras de arte até que sejam despertadas pela instabilidade da visão geral. Quando a vida consciente se caracteriza pela parcialidade e por uma atitude falsa (as imagens) são ativadas – "instintivamente", poder-se-ia dizer – e aparecem nos sonhos dos indivíduos e nas visões dos artistas e dos profetas; assim, restauram o equilíbrio psicológico da época.

Essa concepção do ato criador tem todas as virtudes e todos os defeitos de Jung. Se, por um lado, indica as insuficiências da explicação por meio de processos interiores do autor, e chama a atenção para o caráter predominante da obra, capaz de *conduzir* o autor, em vez de ser por este dirigida, a sua descrição se perde em afirmações dificilmente verificáveis. De qualquer forma, convém examinar os pressupostos de Jung e sua descrição do ato criador, pois aqui encontramos uma apresentação sob muitos aspectos original.

Inicialmente, Jung distingue os processos de reação dos de criação, e supõe que apenas os primeiros possam ser cientificamente explicados e previstos, de acordo com um esquema causal. Os atos de criação podem ser descritos, mas neles não caberia tentar a aplicação dos esquemas científicos; além disso, Jung pensa apenas em criações literárias de valor indiscutível. Observe-se que, nesse caso, não se está diante de uma classificação semelhante à da teoria da *gestalt*, que distingue aprendizagem cega e pensamento produtivo, mas de uma separação muito mais decisiva. No caso do pensamento produtivo, os gestaltistas pensam em processos contínuos, embora reconheçam diferenças de nível entre vários atos criadores. Sob esse aspecto a limitação da teoria de Jung é supor um processo específico para a criação literária de projeção universal, pois esquece a existência de processos semelhantes, não só na ciência, mas em vários níveis da criação literária. A fim de explicar essa dicotomia, Jung supõe dois níveis nessa criação: a literatura *psicológica* e a *visionária*. A primeira depende da atividade consciente e da aprendizagem; portanto, corresponde a um processo de reação. A segunda, a que reserva a análise mais demorada, é que depende da apreensão dos arquétipos. Aqui podemos ver o mérito da teoria jungiana, pois pelos arquétipos pode explicar a permanência da obra de arte maior, embora se possa discutir não apenas a existência do arquétipo, entendido ao modo de Jung, mas também o seu processo de transmissão hereditária.

Um segundo aspecto sugestivo de sua teoria está na suposição de que o processo criador seja não uma expressão da época, mas o seu oposto, isto é, supõe que revele exatamente o que determinada sociedade rejeita ou reprime, assim como a *sombra*, na personalidade do indivíduo, reúne as características por ele reprimidas. A ideia parece surpreendente, sobretudo porque estamos habituados a pensar na unidade de diferentes manifestações ou expressões de uma cultura. Todavia, talvez seja uma sugestão digna de estudo, sendo suficiente pensar em alguns exemplos a que, grosseiramente, parece aplicar-se. O romantismo surge na época em que se acentua o processo de industrialização, que tenderia, de modo geral, a sufocar as manifestações religiosas tradicionais, bem como a expressão de sentimentos de individualismo extremado. O século XX, se, de um lado, acentua a objetividade, de outro, assiste ao renascimento literário do mito.

Infelizmente, Jung não consegue descrever o processo pelo qual os arquétipos são trazidos à consciência, e é obrigado a supor uma determinação hereditária do indivíduo criador, o que, aparentemente, eliminaria a necessidade de explicação. No entanto, os psicólogos sabem hoje que, no caso do comportamento e da experiência interior do indivíduo, a hereditariedade é um recurso de nossa ignorância, isto é, *explicamos* pela hereditariedade tudo o que não conseguimos conhecer. Afinal, será suficiente observar as extraordinárias diferenças entre os gênios literários, para saber que tais diferenças não correspondem a traços hereditários e, portanto, sem outras informações, não podemos supor a sua determinação por meio da hereditariedade.

Conclusões

Embora se possa supor que as descrições anteriores indiquem processos reais, são em parte contraditórias; além disso, ainda não permitem estabelecer relações entre os processos interiores e a percepção da realidade. De outro lado, como já se disse antes, a maior lacuna de nossas teorias atuais reside na impossibilidade de compreender a maneira pela qual a aprendizagem se integra no processo criador. Por isso, talvez seja necessário procurar conceitos mais amplos, que provisoriamente deem conta dos processos de criação, ainda que não permitam análise rigorosa e satisfatória. Antes de fazê-lo, convém lembrar os limites do valor explicativo de tais conceitos e as condições a que devem atender.

Evidentemente, não podemos predizer os atos criadores, de qualquer nível, pois, se o fizéssemos, teríamos realizado, em determinado momento, todos os atos criadores futuros. Isso significaria que, a partir desse momento, não mais haveria ato realmente criador, o que colocaria a teoria em evidente contradição. Embora a observação possa parecer óbvia, as suas consequências nem sempre são claramente explicitadas. Se não podemos predizer os atos criadores, também não podemos predizer o futuro do homem, pois esse futuro é, pelo menos em parte, consequência de diferentes atos criadores, por meio dos quais se modificam as condições da vida humana.

Essa observação poderia conduzir à ideia de que podemos compreender apenas os atos criadores já realizados, isto é, fazer a história do pensamento produtivo, mas não descrever os atos futuros – e, portanto, à conclusão de que seria impossível fazer uma ciência do pensamento criador. Como já se viu, essa é a conclusão de Jung, para quem podemos fazer uma ciência das *reações*, mas não das *criações*. A conclusão só é correta, no entanto, se pensamos no conteúdo das criações; nesse caso, deve ser correta se pensamos no conteúdo das reações, pois é igualmente impossível saber a que reage o organismo. Não parece absurdo pensar que sejamos capazes de saber as condições a que o ato criador deve satisfazer, nem saber, qual a sua origem. A análise de processo semelhante pode auxiliar a demonstração desse princípio. Não podemos predizer as teorias matemáticas futuras, isto é, as que ainda não foram criadas. Todavia, podemos dizer que toda teoria matemática deve ter coerência interna, pois uma teoria formalmente contraditória não pode ser correta. Nesse caso, estamos diante de uma condição que define a verdade matemática.

No caso do ato criador, essa condição definidora é o fato de apresentar algo novo, ainda não aprendido ou realizado anteriormente pela pessoa. Basta enunciar essa condição, para perceber que é incompleta, pois existem numerosas criações originais e que não são produtivas – entre elas, as afirmações ou "teorias" dos doentes mentais. Se um psicótico nos diz [caso concreto] que conseguiu estabelecer uma relação entre as pedras nos rins de uma pessoa, a bomba atômica e os anéis do planeta Saturno, estabeleceu relação original, *mas que não satisfaz às condições reais dos processos*. Portanto, além de ser original, o ato criador deve atender a outras condições: no caso da ciência natural, deve permitir maior compreensão da realidade não apenas para o seu criador, mas também para os outros. No caso da arte, o atendimento das condições objetivas é muito mais ambíguo e, como parece impossível aceitar o esquema freudiano de uma forma que provoque prazer, não temos recursos para estabelecer sua validade a não ser pelo julgamento das pessoas de bom gosto.

Essas dificuldades não parecem impedir que se tente descrever o processo criador, como parte da adaptação do organismo ao ambiente. As teorias psicológicas, quanto a esse problema, podem ser esquematizadas no contínuo organismo-ambiente: se Freud e Jung acentuam a descrição dos processos interiores, os gestaltistas acentuam a descrição do ambiente e dos processos de contato entre os dois polos. Disso resultam duas descrições – aqui denominadas *clássica* e *romântica* – aparentemente insatisfatórias, embora adequadas, até certo ponto, para dar conta de diferentes tipos de obra literária. A dificuldade das duas teorias está, também, em polos opostos. A teoria psicanalítica consegue, até certo ponto, explicar o impulso individual para criar e alguns aspectos do conteúdo da obra literária, mas é obrigada a supor a forma como criação artificial, imposta arbitrariamente ao conteúdo. Além disso, não pode dar conta de motivação complexa ou da aprendizagem. A teoria gestaltista consegue dar conta da forma da obra literária, sobretudo de suas características estruturais, mas não consegue explicar satisfatoriamente por que apenas alguns indivíduos são criadores. No entanto, como já foi sugerido, talvez seja possível reunir os dados das teorias e chegar a um nível mais satisfatório de explicação.

Equilíbrio, desequilíbrio e tensão

O elemento comum das teorias é o conceito de desequilíbrio, que seria o ponto de partida do processo, e talvez seja significativo começar por esse aspecto.

A condição essencial para a ocorrência do pensamento produtivo é, sempre, um estado de desequilíbrio do indivíduo, seja desequilíbrio interior, como seria o caso de sentimentos incompatíveis, seja na sua relação com o ambiente. Até determinado ponto, quanto mais intenso o desequilíbrio, maior a possibilidade de ocorrência de ato criador; a partir desse ponto, a tensão tende a tornar-se intolerável ou a não despertar tentativas de solução racional ou produtiva. Se quisermos pensar num contínuo, podemos imaginar dois polos extremos: num deles, com um mínimo de tensão, ocorre tédio ou desinteresse; no outro, com um máximo de tensão, aparece a angústia. No primeiro caso, o indivíduo se afasta da situação, pois esta não apresenta nenhum desafio à sua vida afetiva ou inteligente; no segundo, foge também, mas a sua motivação é, nesse caso, evitar uma situação ameaçadora. A dificuldade para essa análise decorre do fato de diferentes indivíduos terem diferentes limites de tolerância da frustração e diferentes limites para o limiar do tédio ou do desinteresse. Esses limites não são apenas afetivos, mas decorrem também da experiência e do conhecimento anteriores.

A primeira vantagem desse esquema amplo é que pode ser utilizado tanto no caso em que predominam as tensões interiores, seria o caso da poesia expressiva, quanto no caso em que o desafio é imposto pelas condições ambientais ou tem caráter nitidamente intelectual. Além disso, permite compreender, num quadro mais amplo, o problema da tolerância da ambiguidade, tanto como processo afetivo quanto como processo intelectual. Aparentemente, tanto na percepção quanto em outros processos procuramos a maior estabilidade possível; isso faz que procuremos "dar sentido" aos estímulos, ainda que, para fazê-lo, precisemos utilizar conceitos incompatíveis ou suposições não verificadas. De outro lado, o pensamento produtivo só pode ocorrer quando existe o reconhecimento de incompatibilidade ou incoerência na situação e, mais ainda, a pessoa consegue trabalhar nesse domínio de instabilidade. Isso exige, de um lado, segurança afetiva; de outro, possibilidade intelectual de perceber os aspectos significativos da situação. Se a pessoa não tiver segurança, provavelmente não conseguirá permanecer durante tempo suficiente numa situação instável, e tenderá a valer-se de uma solução inadequada, resultante de estereótipos. Se não tiver recursos intelectuais, não apreenderá uma situação como instável ou que exija reestruturação.

A segunda vantagem do conceito de desequilíbrio é que, como se verá nos capítulos seguintes, pode ser igualmente usado na análise de texto e na análise do leitor.

Finalmente, o conceito de desequilíbrio permitiria também compreender o relativo declínio da atividade criadora na maturidade e na velhice, e seu predomínio nos mais jovens. Estes não só têm maior probabilidade de sentir desequilíbrio interior, mas, como ainda não estabilizaram uma interpretação do mundo objetivo, neste podem perceber situações de tensão que deixam de existir para a pessoa mais velha ou socialmente estável. Aqui seria possível incluir também os vários casos e graus de marginalidade, pois o marginal tende a estar colocado em situação de conflito e a perceber as incoerências de padrões que os indivíduos estáveis aceitam sem discutir.

De acordo com um esquema que se aproximaria da teoria gestaltista, seria possível supor, depois, que a percepção de desequilíbrio, interior ou objetivo, provoca tensões que exigem uma solução. Evidentemente, é muito mais fácil descrever essas tensões no caso da atividade científica do que no caso da obra literária. A primeira diferença entre os dois casos reside no fato de que a solução científica tende à eliminação das tensões, enquanto a obra literária tende à sua expressão. Vale dizer, a solução científica consiste em encontrar uma forma de solucionar, por exemplo, as contradições que existem entre a teoria aceita e alguns fatos conhecidos. Essa contradição é que apresenta, ao cientista, o desequilíbrio de que parte o ato criador. No caso da obra literária, o artista exprime, isto é, apresenta o desequilíbrio existente. Nesse sentido, não existe "solução" na obra literária, a não ser que se considere solução o fato de encontrar uma expressão adequada para o conflito.

Se esse esquema ainda não permite compreender o processo de realização da obra literária, pode indicar por que a obra significativa é sempre expressão dos conflitos. Na parte de análise de texto, será possível analisar esse processo no romance, que apresenta os conflitos vividos pelo homem de certa época. Todavia, a percepção de tensões pode apresentar-se em nível muito mais imediato. É o que ocorre, por exemplo, na poesia lírica, em que as imagens traduzem ou apresentam as tensões existentes entre a aspiração e a realidade, entre a presença e a ausência. Por exemplo, em Alphonsus de Guimaraens (1960, p.226):

XXV

O cinamomo floresce
Em frente do teu postigo:
Cada flor murcha que desce
Morre de sonhar contigo

E as folhas verdes que vejo
Caídas por sobre o solo,
Chamadas pelo teu beijo
Vão procurar o teu colo.

Ai! Senhora, se eu pudesse
Ser o cinamomo antigo
Que em flores roxas floresce
Em frente do teu postigo,

Verias talvez, ai! como
São tristes em noite calma

As flores de cinamomo
De que está cheia a minh'alma!
("Pastoral aos crentes do amor e da morte")

Diga-se logo, para evitar equívocos ou generalizações, que não é a percepção do desequilíbrio que explica o encanto desses versos; literatura se faz com palavras, e a expressão literária não pode ser explicada por sua origem na percepção. Para comprovar isso, é suficiente pensar em um poema fracassado e tomar, como exemplo, Maciel Monteiro (1962):

E eu fico!...

Ir por estes longos mares
após de terras estranhas
deixando da pátria os lares,
custa mágoas e pesares,
custa saudades tamanhas...

Que só quem ao doce sinho
inda não disse um adeus
por esses mares sozinho,
não conhece o que é o espinho
duma saudade dos seus

("Poesias")

Aí existe evidentemente percepção de desequilíbrio; talvez exista até sentimento autêntico de alguém que está longe da pátria e da família. Mas não existe poesia.

O exemplo mostra, claramente, que a percepção do desequilíbrio não é suficiente para permitir uma expressão artisticamente satisfatória, e que a explicação psicológica da origem de uma obra literária não equivale à sua valorização. Essa observação não é surpreendente, e equivale à que se pode fazer quanto à análise do pensamento produtivo na ciência. Também nesse caso, o fato de podermos explicar o processo pelo qual um cientista chegou a uma nova teoria não garante que esta, do ponto de vista científico, seja correta. A correção deverá ser verificada por critérios característicos da ciência considerada, sua adequação à realidade objetiva, no caso das ciências naturais, sua coerência interna, no caso da matemática, e é problema que escapa ao psicólogo. No caso da literatura, embora os critérios pareçam mais imediatos, o problema é o mesmo: o valor de uma obra literária independe do processo pelo qual foi realizada, e só pode ser aferido por critérios literários.

Os conceitos de desequilíbrio e tensão talvez sejam satisfatórios, também, para explicar por que tantas vezes se pensa que o artista é neurótico. De um lado, se percebe de forma diferente a realidade, pois é capaz de estruturá-la de acordo com princípios estranhos ao senso comum, é natural que seja considerado "esquisito" ou "anormal". De outro, o fato de ser capaz de "quebrar" a percepção usual pode criar, na experiência interior do artista, uma situação de instabilidade, capaz de fazer que seu comportamento se aproxime do comportamento neurótico. Embora de passagem, convém lembrar que, ao contrário do que ocorre com o neurótico, o indivíduo criador não parece limitado por deformações da realidade e, mesmo quando o seja, em vez de fechar-se em seu mundo interior, é capaz de estabelecer comunicação válida com os outros.

Finalmente, esses conceitos têm importância para qualquer programa educacional. Se sabemos que o pensamento produtivo aparece relativamente cedo na história individual, e se é verdade que a criação depende da percepção de desequilíbrios ou tensões, é fácil compreender a importância dos processos de ensino. Embora esse problema não interesse diretamente a este ensaio, vale a pena indicar que na ciência só se obtém pensamento produtivo se o educando é levado a enfrentar, tão cedo quanto possível, as questões ainda não solucionadas ou que apresentem dados contraditórios. No caso da arte a situação é um pouco diversa, e talvez dependa da apreciação da arte contemporânea.

Deve-se observar, também, que embora sejamos capazes de distinguir vários níveis de gosto, não sabemos como se dá o processo de aceitação de tais correntes. Em outras palavras, não sabemos de que forma um determinado indivíduo aceita um ou outro nível, nem sabemos de que maneira essa aceitação se integra no pensamento produtivo. Segundo se procurou mostrar nos parágrafos anteriores, essa deficiência resulta do excessivo esquematismo das teorias de aprendizagem, que não conseguem explicar a significação do aprendido para o ato produtivo.

Parte II
Análise psicológica do texto

Na análise de processo criador, o psicólogo tem possibilidade de utilizar critérios extraliterários e atingir relativo rigor na explicação. Embora estejamos, ainda, muito longe de chegar a essa situação ideal, a psicologia já pode oferecer numerosos caminhos para a investigação, e superar afirmações mais ou menos místicas a respeito do pensamento produtivo. Isso é compreensível, pois o processo criador, apesar de sua extraordinária complexidade, é um processo adaptativo, uma forma de interação do organismo com o ambiente. Como essa interação é o domínio da psicologia contemporânea, dessa devemos esperar a descrição, a compreensão e, finalmente, a explicação do pensamento produtivo, não apenas na literatura, mas em todos os domínios da atividade humana.

Precisamente por ser um domínio da psicologia científica, o estudo do pensamento produtivo, no entanto, tem interesse apenas secundário para a literatura, assim como o estudo das condições sociais do desenvolvimento da obra literária é domínio sociológico, e tem interesse marginal para a literatura. Para o psicólogo tem importância saber se o poema foi composto durante o sono ou durante a vigília, assim como saber se o poeta fez, ou não, modificações no texto original, ou conhecer os princípios seguidos em tais modificações. Para o sociólogo, pode interessar saber se, em determinada época, o artista é considerado um marginal, visto com suspeição por vários grupos sociais, ou se, ao contrário, é visto como indivíduo extraordinário, aceito nos níveis mais elevados da hierarquia social. Do ponto de vista estritamente literário, interessa apenas o texto final, como um objeto independente, tanto de seu criador quanto das condições em que nasceu.

Apesar disso, a psicologia e a sociologia não lidam apenas com a fase de elaboração da obra literária diante do texto, tanto uma quanto outra podem ainda auxiliar a nossa compreensão. Aqui, o sociólogo e o psicólogo deixam de fazer referência a condições externas, e explicam ou analisam a obra literária em razão de aspectos que passaram a constituir parte integrante da obra. A rigor, apenas nesse caso podemos dizer que a análise psicológica ou sociológica tem função literária.

Um exemplo de análise sociológica do texto pode ser encontrado no estudo de Leo Lowenthal (1957) sobre o teatro e a ficção europeia. Lowenthal parte da ideia de que toda a literatura, qualquer que seja o seu nível artístico, representa os homens de sua época e, por isso, pode ser submetida à análise social. Isso não elimina as diferenças de nível artístico entre os escritores, e Lowenthal diz que

> o escritor torna-se grande por causa da profundidade de sua compreensão da situação humana. O fato de o gênio literário ser raro e sua audiência pequena apresenta um problema sociológico, mas isso não desmente o papel de intérprete do escritor. Mais importante é o problema de sua relação, como participante ou observador, com vários grupos da população. Na verdade, se um grupo não tem oportunidade de exprimir suas experiências emocionais,

ou intelectuais, e se está isolado dos grupos letrados da sociedade, pode estar fora da amplitude de observação do artista. Para o trágico grego, por exemplo, os sentimentos e pensamentos dos escravos tinham pequena significação. De outro lado, o escritor americano contemporâneo tem acesso quase ilimitado ao comportamento de todos os níveis sociais, do grande industrial ao trabalhador rural migrante.

Embora o estudo de Lowenthal seja muito amplo – pois procura mostrar como aparece, em três séculos de literatura europeia, o problema da relação do indivíduo com a sociedade –, o trecho citado parece suficiente para mostrar como a posição do artista tem importância na determinação de alguns aspectos do texto literário.

Um exemplo de análise psicológica de texto literário poderia ser encontrado no estudo de *Hamlet*, feito por Ernest Jones (1949), em que procura explicar psicanaliticamente a personagem. Embora se possa dizer, com T. S. Eliot (1955), que "no Hamlet a peça é o problema fundamental, e o caráter de Hamlet apenas secundário", isso não parece eliminar o fato de que a compreensão da personagem amplia a nossa compreensão da peça. Embora o problema deva ser mencionado apenas de passagem, convém lembrar que, depois de negar a necessidade de interpretação da personagem, Eliot dirá que

> como obra de arte, a obra de arte não pode ser interpretada; nada tem para ser interpretado; podemos apenas criticá-la de acordo com padrões, comparando-a a outras obras de arte; quanto à interpretação, a tarefa fundamental é a apresentação de fatos históricos significativos, que o leitor pode não conhecer.

Nessa linha de pensamento, é fácil compreender, no entanto, que os "fatos psicológicos" que o leitor talvez não conheça podem ser mais importantes para a compreensão da peça. Tanto é assim, que nesse mesmo artigo Eliot acaba por empreender análise psicológica da personagem e, afinal de contas, também *interpreta* Hamlet.

De outro lado, esse é, também, o domínio mais difícil e perigoso, pois supõe um crítico capaz, ao mesmo tempo, em ambos os domínios, seja a literatura e a psicologia seja a literatura e a sociologia. Como esse crítico privilegiado não existe, frequentemente o psicólogo vê, na obra literária, apenas um outro exemplo de processo já conhecido, e o sociólogo considera a obra literária como *demonstração* de suas teorias ou comprovação de suas hipóteses. No extremo oposto, o crítico literário tende a utilizar, frequentemente com grande ingenuidade – e às vezes com certa imprudência –, teorias ou conceitos psicológicos e sociológicos.

Se é perfídia apresentar exemplos concretos de tais equívocos, vale a pena talvez indicar os principais erros a fim de tentar evitá-los. No caso do psicólogo, o erro mais frequente consiste em esquecer a existência de níveis de expressão literária, ou os problemas específicos que esta apresenta, e explicar o texto como se fosse tradução direta de conflitos individuais. No caso do psicanalista, esse erro está quase sempre ligado a outro, isto é, à tentativa de estabelecer uma relação direta entre o artista e a obra. No caso do sociólogo, o erro mais frequente será, talvez, o de considerar algumas obras como *representativas*, e passar da obra para o sistema social em que esta se insere. Nesse caso, muitas outras obras, igualmente *representativas*, são postas de lado, pois não poderiam ser explicadas pelo esquema preestabelecido.

Para o crítico, o perigo está em aceitar uma explicação psicológica ou sociológica como se fossem únicas e indiscutíveis; de outro lado, o desconhecimento de outros campos de aplicação pode levar o crítico a não perceber diferenças entre os conceitos, ou o relativo peso de cada um. Considere-se, por exemplo, a aplicação do conceito de arquétipo, segundo a conotação de Jung. Evidentemente seria possível aplicar a ideia de arquétipo a *Grande sertão: veredas*, pois a figura arquetípica do demônio aí domina o fio da narrativa e das reflexões do herói; aplicar o conceito ao romance *D. Casmurro*, neste procurando ver a apresentação do arquétipo do mar é, certamente, fazer uso indevido da sugestão de Jung. No primeiro caso, o conceito nos auxiliaria a compreensão do romance, assim como sua colocação na tradição literária; no segundo, parece uma teorização imposta de fora para dentro e, o que é pior, capaz de afastar o sentido do romance.

A aplicação de conceitos sempre apresenta, evidentemente, a tentativa de generalizações ou abstrações, capazes de ligar uma obra, ou um período, a condições mais amplas ou mais gerais. Nesse sentido, a abstração é indispensável, pois sem ela acabaríamos escravizados a cada um dos textos singulares da literatura, e não teríamos possibilidade de avançar em nosso conhecimento. De outro lado, quando introduzimos uma perspectiva de análise ou explicação, limitamos o impacto total de determinada obra literária. Como a interpretação obedece a uma sequência lógica, sacrificamos outros aspectos, igualmente reais na obra analisada. Isso é verdade, não apenas para a interpretação psicológica, mas para qualquer tipo de análise ou avaliação, intra ou extraliterária, seja filológica, retórica, sociológica ou filosófica. No entanto, se a interpretação é pertinente, o empobrecimento é compensado pela ampliação que a perspectiva oferece.

Essa objeção não elimina nem diminui a significação das diferentes perspectivas de análise. Na realidade, se nenhum objeto do mundo físico pode ser inteiramente descrito, é fácil compreender que não temos recursos para *esgotar* a significação de uma obra de arte. Nesse caso, podemos dizer, apenas, que nossas interpretações são mais ricas ou mais pobres, mais amplas ou mais limitadas do que outras. Além disso, talvez não seja errado dizer que, no caso da literatura, tal como ocorre na história e na filosofia, cada época é obrigada a encontrar uma interpretação mais adequada ou satisfatória para os problemas que enfrenta, ainda que estes não tenham sido os da época ou do artista. As paixões, as angústias e as alegrias do passado desapareceram com os homens que as sentiram; ainda que fosse possível tentar reconstruí-las, essa reconstrução não teria caráter estético. Para que permaneçam como obras de arte, os produtos do passado precisam ser vistos como do presente. Ainda que essa atualização seja uma das ambiguidades da arte, e ainda que a realidade artística seja, reconhecidamente, uma forma equívoca ou ilusória do real, só por meio dela a obra de arte pode ser refeita por sucessivos espectadores; por isso, cada época e, até certo ponto, cada leitor devem refazer a obra de arte, para que esta adquira sua plenitude estética.

Assim podemos entender a significação de diferentes perspectivas de análise. Cada uma delas pode apresentar uma contribuição para o leitor e não será demais esquematizar, aqui, as contribuições das teorias psicológicas para a compreensão do texto.

Análise psicanalítica

Talvez a leitura do pequeno ensaio sobre o Moisés de Michelangelo (Freud, 1958, p.11-41) seja a melhor introdução à maneira psicanalítica ou, mais especificamente, freudiana de interpretar a obra de arte. É interessante, inicialmente, o fato de Freud ter preferido a publicação anônima, em uma revista psicanalítica da época, de forma que pudesse, contra os seus hábitos, apresentar uma descrição de seus traços pessoais. Por isso, convém resumir, com suas palavras, a autodescrição de Freud:

> Devo dizer, inicialmente, que não sou conhecedor de arte, mas apenas um leigo. Tenho observado, frequentemente, que o conteúdo das obras de arte exerce, sobre mim, maior atração do que suas qualidades técnicas ou formais, embora o artista valorize mais, e em primeiro lugar, estas últimas. Sou também incapaz de apreciar muitos dos métodos usados na arte e muitos dos efeitos nela obtidos... Apesar disso, as obras de arte, sobretudo de literatura e escultura, e menos frequentemente as de pintura, exercem pode-

rosa influência sobre mim. Isso fez que, ao contemplar tais coisas, tenha gasto muito tempo diante delas, tentando apreendê-las à minha maneira, isto é, explicar para mim mesmo a que se deve o seu "efeito". Sempre que não posso fazer isso, por exemplo, no caso da música, sou quase incapaz de sentir qualquer prazer. Talvez uma tendência analítica ou racionalista de meu pensamento se revolte contra o fato de emocionar-me por algo, se não souber por que sou assim influenciado ou saber por que me comove.

Isso me levou a reconhecer o fato, aparentemente paradoxal, de que precisamente algumas das maiores e mais poderosas criações artísticas são ainda enigmas para a nossa compreensão. Admiramos tais criações e nos maravilhamos diante delas, mas somos incapazes de dizer o que representam para nós. Não tenho leitura suficiente para saber se esse fato já foi ou não observado; na realidade, é possível que algum especialista em estética tenha descoberto que esse estado de perplexidade intelectual é uma condição necessária para o maior efeito da obra de arte. Eu teria grande relutância em acreditar nessa necessidade.

A partir dessas observações, Freud dirá que a obra de arte nos domina quando o autor consegue transmitir sua intenção ao espectador, observando que aí não existe apenas um processo intelectual e talvez só a psicanálise possa "decifrar" o sentido da obra. Observa o que aconteceu com o *Hamlet*, que permitiu tantas interpretações contraditórias, até que a psicanálise aí descobriu o Complexo de Édipo.

Essas afirmações de Freud têm aparentemente uma contradição básica: se o que explica o efeito da obra de arte é o sentido que o autor pretendeu transmitir, antes dessa revelação a obra não deveria ser admirada ou aceita. Ora, isso não acontece, e o fato de a psicanálise interpretar o *Hamlet* quase trezentos anos depois de sua primeira apresentação, e depois de tantas tentativas de explicação para o fascínio da peça, mostra que o seu valor estético, a não ser talvez para Freud, não se modificou com a interpretação psicanalítica. Vale a pena observar também que Freud percebeu, no meio da discussão, o fato de a grande obra de arte permitir um número ilimitado de interpretações, embora o seu argumento seja apenas dizer que "teria muita relutância em aceitar essa necessidade". Ora, parece mais ou menos indiscutível que a obra de arte maior se caracteriza, precisamente, pelo fato de ser inesgotável, e poder ser interpretada e apreciada em diferentes níveis, um dos quais seria o freudiano, isto é, aquele que consiste numa tentativa de decifrar a intenção do autor.

Essas tendências da análise freudiana – admitir apenas um sentido "real" para a obra, ligar o conteúdo artístico à intenção consciente ou inconsciente do artista, e desprezar, como secundário, o aspecto formal – aparecem, como se verá agora, em todas as suas tentativas de compreensão da literatura. Aqui serão discutidas apenas as análises mais importantes e que parecem decisivas para a nossa compreensão da aplicação psicanalítica.

A primeira tentativa de análise é apresentada em "A interpretação dos sonhos".[1] Nesse momento, Freud começava a descobrir a significação, para o desenvolvimento individual, da vida sexual da criança. Aparentemente, o estudo de doentes mentais levou Freud a supor que a neurose poderia ser causada por perversão dos pais. Aos poucos, chega a compreender que as afirmações dos neuróticos – a respeito de relações sexuais com os pais – resultam de impulsos infantis, que depois se tornam inconscientes.[2] No momento em que escreve "A interpretação dos sonhos", Freud ainda não ampliou sua teoria, isto é, ainda não vê, no Complexo de Édipo, o elemento fundamental para explicar o desenvolvimento do indivíduo e da sociedade. No entanto, começa a perceber que os impulsos sexuais infantis não ocorrem apenas nos neuróticos, mas também em pessoas

---

1 Cito por intermédio da tradução de A. A. Brill (cf. Freud, 1938, p.181-549).
2 Essa evolução da teoria é documentada por Ernst Kris, na introdução a Freud, (1954, p.27-9).

normais; como se verá agora no texto de Freud, a análise da peça de Sófocles é, no seu conjunto de provas, apenas um dado a mais.

Depois de lembrar vários casos clínicos em que a hostilidade com relação ao pai desempenha papel muito importante, Freud observa:

> mas não acredito que os neuróticos sejam capazes de criar algo inteiramente novo e peculiar. É muito mais provável, e isso se confirma por observações incidentais de crianças normais, que, em sua atitude amorosa ou hostil com relação aos pais, os neuróticos apenas nos revelem, aumentado, algo que ocorre de maneira menos marcada e menos intensa na maioria das crian-ças. A Antiguidade nos deu lendas que confirmam essa crença, e a validade profunda e universal das antigas lendas só é explicável por uma validade igualmente universal da mencionada hipótese da sexualidade infantil.

A lenda é a do Rei Édipo, apresentada na peça de Sófocles, e vale a pena recordá-la, a fim de examinar as conclusões de Freud. Quando a peça se inicia, Tebas está varrida pela doença e o povo deseja saber como evitar as suas desgraças. Um men-sageiro é enviado ao oráculo e deste ouve a afirmação de que a desgraça de Tebas continuaria, enquanto um grande crime continuasse sem punição. O próprio Édipo exige que se procure saber quem é esse criminoso e, aos poucos, é sua história que se revela. Antes de seu nascimento, seus pais, Laio e Jocasta, tinham ouvido a previsão do oráculo, segundo a qual aquele menino estava destinado a matar seu pai e casar-se com sua mãe. Os pais encarregam um escravo de matar Édipo, mas, em vez de fazê-lo, o escravo o entrega ao escravo de outra família. Assim, Édipo é criado longe de seus pais, até que, já moço, ouve também a predição do oráculo de que estaria destinado a matar seu pai e casar-se com sua mãe. Por isso abandona sua casa. No caminho, entra em luta com alguns guerreiros; mata todos, menos um, que depois poderá contar o episódio. No caminho de Tebas, decifra o enigma da Esfinge e, como recompensa, torna-se rei e casa com a rainha, que é Jocasta.

Ao ver desvendada a sua história, Édipo rasga os olhos, enquanto Jocasta se enforca.

Freud observa que a interpretação tradicional vê, nessa peça, a representação do conflito entre "a vontade dos deuses e os inúteis esforços dos homens ameaçados pela desgraça; supõe-se que o espectador comovido deva aprender, como lição da tragédia, a percepção da própria impotência". Por isso, segundo Freud, alguns autores modernos tentaram aplicar o princípio em suas criações, sem que os espectadores se comovessem. Daí conclui que

> se o *Rei Édipo* é capaz de comover um espectador moderno assim como comovia os gregos contemporâneos, a única explicação possível é que o efeito da tragédia grega não depende do conflito entre destino e vontade humana, mas da natureza peculiar do conteúdo por meio do qual se revela o conflito. Deve haver, em nós, uma voz preparada para reconhecer o poder inevitável do destino em *Édipo...* E, na realidade, existe, na história do Rei Édipo, um motivo que explica o veredito dessa voz interior. Seu destino nos comove apenas porque poderia ter sido o nosso...

A seguir, Freud lembra que nossos sonhos são uma prova de que esses impulsos são comuns aos homens; o fato de Jocasta dizer a Édipo que "muitos homens sonham casar-se com suas mães, mas quem não dá ouvidos a tais sonhos tem uma vida melhor" é indicação, para Freud, de que o

> sonho de ter relação sexual com a própria mãe era tão comum como agora, com muitas pessoas, que os contam com assombro e indignação. Como se pode imaginar, é a chave para a tragédia e o complemento do sonho da morte do pai. A lenda de Édipo é a reação da fantasia a esses dois sonhos típicos e, tal como ocorre nos sonhos, é experimentada com sentimentos de aversão, de for-

ma que o conteúdo da lenda deve incluir horror e autocastigo. A forma que depois adquiriu resultou de uma equívoca elaboração secundária do conteúdo, que procurou fazer que tivesse uma intenção teológica.

Depois de assim analisar a peça de Sófocles, diz Freud:

outra das grandes tragédias poéticas – o *Hamlet* de Shakespeare – está enraizada no mesmo solo do *Rei Édipo*. No entanto, toda a diferença na vida psíquica dos dois distantes períodos da civilização, e o progresso, durante esse período de tempo, da repressão na vida emocional da humanidade, se manifesta no tratamento diverso do mesmo conteúdo. No *Rei Édipo* o desejo fundamental da fantasia da criança se revela e se realiza, tal como ocorre nos sonhos; no *Hamlet* permanece reprimido, e, tal como descobrimos os fatos significativos na neurose, verificamos sua existência apenas pelos efeitos inibitórios que provoca. No drama mais recente, o fato curioso é que a total incerteza quanto ao caráter do herói é consistente com o efeito extraordinário da tragédia. A tragédia se baseia na hesitação de Hamlet em cumprir a tarefa de vingança que lhe é pedida; o texto não dá a causa ou o motivo dessa hesitação, nem as numerosas tentativas de explicação conseguiram fazê-lo.

Depois de lembrar as duas interpretações correntes, um homem paralisado pela excessiva atividade intelectual e um caráter doentio à porta da neurastenia, Freud argumenta que a primeira é insustentável, pois em outras ocasiões Hamlet não parece indeciso, e aceita a segunda, como decorrência de sua análise. Ora, "o que impede que realize a tarefa que lhe é atribuída pelo fantasma de seu pai? A explicação imediata é que isso se deve à natureza peculiar da tarefa. Hamlet é capaz de fazer qualquer coisa, mas não vingar-se do homem que matou seu pai e assumiu o lugar deste junto à sua mãe – o homem que lhe mostra, realizados, os seus desejos infantis". Portanto, a acusação ao tio se transforma em autoacusação, e paralisa Hamlet.

Psicologia e literatura

A partir desse ponto, Freud deriva sua análise para uma análise de Shakespeare, e tenta relacionar a peça a certos acontecimentos que teriam ocorrido na vida do poeta. Ao contrário do que dirá mais tarde (1914), no trecho já citado de seu artigo sobre o Moisés, Freud supõe que

> assim como todos os sintomas neuróticos, e os sonhos, que podem ser superinterpretados, e até exigem essa superinterpretação antes de se tornarem perfeitamente inteligíveis, toda autêntica criação poética deve decorrer de mais de um motivo, mais de um impulso no pensamento do poeta, e deve admitir mais de uma interpretação. Aqui, tentei interpretar apenas o nível mais profundo dos impulsos mentais do poeta criador.

Como já se mostrou antes, no artigo sobre o Moisés, Freud indica a necessidade de chegar à *intenção* do autor, e abandona essa posição mais liberal, aqui apresentada. Como as ideias de Freud são muito ricas e têm influência muito grande, convém discuti-las um pouco mais minuciosamente: para isso, é melhor separar a análise do *Rei Édipo* e a de *Hamlet*, e deixar de lado o problema da relação entre artista e obra, já discutido na Parte I deste livro.

Como se verifica no texto citado, Freud supõe duas interpretações para o *Rei Édipo*: uma, que seria explicar a peça pelo conflito entre destino e vontade humana; outra, que é a sua, supor a tragédia como representação de um desejo infantil, disfarçado por meio de elaboração secundária, exatamente como ocorreria num sonho.

De certo modo é fácil rejeitar, como Freud o faz, a interpretação por meio de um conflito entre destino e vontade humana, pois essa oposição, se não é clara para o nosso pensamento atual, é ainda mais obscura para o pensamento grego. Sabemos hoje, depois das extensas investigações de Rodolfo Mondolfo (1941), que na literatura grega existiu uma longa e sinuosa evolução desses conceitos. Embora não seja oportuno recordar

181

essa história, não será demais lembrar que, mesmo no pensamento cristão, onde o problema se apresenta como conflito entre a onipotência e a onisciência de Deus e a possibilidade humana de virtude e pecado, não existe resposta uniforme para os limites da escolha humana. Portanto, ainda que a peça exprimisse o conflito entre destino e vontade humana, isso nunca se apresentaria como questão de tudo ou nada e, como se verá agora, não se reduz ao indivíduo Édipo, nem ao crime do incesto.

Em primeiro lugar, seria necessário saber se Édipo se sente culpado de seu crime. Para o nosso pensamento atual, não poderia haver culpa sem intenção, e é evidente, pela estrutura da peça, que tanto Édipo quanto seus pais tentaram fugir à previsão do oráculo. De forma que, superficialmente, os homens parecem arbitrariamente castigados por forças sobrenaturais, diante das quais se bateriam inutilmente. Parece muito discutível que em qualquer cultura tenha havido essa concepção extremada, e de qualquer modo não parece ser a que se revela em Sófocles. Em todas as sociedades humanas existe, evidentemente, a noção de que o homem não governa todos os acontecimentos e, por isso, em quase todas encontramos cerimônias que procuram obter favores dos deuses. Mas em todas encontramos também a ideia, nem sempre bem formulada, de que existe relação entre o que a pessoa faz, pensa ou sente, e aquilo que acontece com ela ou com os outros. Portanto, ainda que difusa e informe, existe noção de responsabilidade, geralmente entendida como culpa. O que perturba a nossa avaliação é o fato de a culpa não se limitar, como para nós, ao autor da ação. Na história de Édipo, é preciso lembrar esses aspectos, pois são eles que nos permitem entender a sequência de acontecimentos. Quando termina o *Rei Édipo*, este, diante da revelação de seu crime, rasga os olhos. Aparentemente, a história poderia terminar aí, e é isso que permite a Freud dizer que a realização dos desejos infantis (matar o pai e casar-se com a mãe) resulta em autopunição. Todavia, a história de Édipo continua em outra peça, *Édipo em Colona*, onde aparece a cena de sua morte. A situação é, nesse momento, completamente diversa: o Édipo desesperado da primeira peça é substituído por um homem que arrastou sua culpa e seu castigo, e se prepara para morrer. Duas coisas chamam a atenção nessa peça: a primeira é que, depois de expiar a culpa, Édipo aparece como o homem capaz de decidir o destino de Tebas; a segunda, é a explicação que dá de seus atos e de sua culpa. O primeiro aspecto é importante porque mostra que, uma vez punido, Édipo se liberta da culpa, como se o sofrimento representasse sua forma de redenção. O segundo aspecto é ainda mais significativo, pois Édipo enuncia um conceito muito moderno de responsabilidade: "As mortes sangrentas, o incesto, as calamidades... eu as sofri, pelo destino, contra a minha vontade. Esse foi o desejo de Deus, e talvez nossa estirpe o tenha enfurecido há muito tempo".[3] Descreve depois a profecia, e mostra que o assassínio do pai e o casamento com Jocasta não foram atos intencionais. Ao mesmo tempo, sabe que, a partir desse momento, tem o direito de pedir a proteção divina. Portanto, se o leitor moderno interpreta o *Rei Édipo* como apresentação do conflito destino-vontade humana, não se pode supor que na história original exista a mesma concepção. Assim, a primeira alternativa suposta por Freud, como explicação para a peça, é historicamente falsa, o que não significa esteticamente falsa, pois o leitor moderno, que tem outra concepção do papel da vontade humana, pode entender a tragédia como resultante do destino.

Resta analisar a interpretação proposta por Freud. A primeira objeção poderia ser feita pelo senso comum: se a peça apresenta realização do desejo infantil, Édipo não deveria matar Laio e casar-se com Jocasta, pois, embora estes fossem seus

---

3 Traduzo da edição de Grene & Lattimore (1959). Tradução inglesa de *Édipo em Colona*, por Robert Fitzgerald (p.79ss).

pais, não os conhecia. Mas essa objeção não atinge o esquema freudiano, pois seria fácil responder que, se a tragédia apresentasse o incesto consciente, a peça seria intolerável para o espectador. Além disso, Freud não pretende dizer que a atração pela mãe e o ódio ao pai sejam sentimentos adultos, mas, ao contrário, impulsos infantis tornados inconscientes. Nesse sentido, a interpretação de Freud é indestrutível, pois não depende da demonstração racional que a indique no comportamento ou nas palavras das personagens; de fato, a interpretação pretende ser válida ainda que a tragédia, explicitamente, seja demonstração de horror ao incesto. Exatamente essa indestrutibilidade desperta a desconfiança, quando não a repulsa dos críticos; como é uma das contribuições mais significativas de Freud, convém analisá-la mais de perto.

Para entender o argumento psicanalítico, é necessário pensar que, para Freud, o sentimento consciente pode ser não apenas disfarce do sentimento inconsciente, mas apresentar sua imagem invertida. É isso que ocorre, por exemplo, em alguns casos de fobia, quando a pessoa atribui "aos outros" um impulso que, na realidade, ela experimenta, embora inconscientemente. Assim, a jovem que se recusa a sair de casa porque tem medo de ser atacada "pelos homens", defende-se não dos outros, mas de um impulso inconsciente que não consegue aceitar em sua vida consciente, isto é, gostaria de ser atacada. Em outras palavras, quando acusa os outros, consegue mostrar, a si mesma, sua inocência. Na tragédia de Sófocles, Freud pretende descobrir, portanto, o sentimento inverso ao explicitamente apresentado.

Na realidade, a interpretação de Freud vai ainda mais longe, pois, como se pode observar pelo texto citado, supõe que a tragédia seja apenas um exemplo de uma lei universal, que se manifesta em todas as civilizações e em todos os indivíduos, normais ou anormais. Sob esse aspecto, a interpretação de Freud é realmente esclarecedora, pois apresenta o texto literário não como uma invenção arbitrária, mas como expressão das camadas mais profundas de nossa vida mental. Mais ainda, a descrição da vida inconsciente abre um novo campo não apenas para a psicologia, mas também para o estudo dos vários campos da criação artística.

A análise do *Rei Édipo* mostra, com muita clareza, essas virtudes da análise freudiana; por meio dela, passamos a perceber, no que pareceria um longínquo drama individual, um dos conflitos fundamentais do desenvolvimento humano, isto é, o fato de a criança estar colocada, desde o início de sua vida, em situação de ambivalência.

Ao mesmo tempo, essa análise de Freud mostra também as limitações da técnica psicanalítica, quando aplicada na interpretação do trabalho artístico. É suficiente passar para a outra tragédia de Sófocles – *Édipo em Colona* – para perceber que a teoria já não nos oferece recursos explicativos. Nessa tragédia, Édipo discute o sentido de seu destino e o direito ao perdão. É fácil compreender que a teoria psicanalítica, essencialmente reducionista, não tem conceitos para traduzir ou explicar a experiência e o comportamento que se dirigem para os aspectos mais complexos ou adultos da existência humana. Essa deficiência fica bem nítida quando pensamos na interpretação do *Hamlet*.

Para explicar o desafio apresentado pelo *Hamlet*, Freud utiliza várias hipóteses. A primeira delas refere-se a um desenvolvimento linear da civilização. Esse princípio não é original, e era um dos princípios da antropologia de sua época, que, por sua vez, o herdara da filosofia da história: desde a Ilustração, os intelectuais europeus pensavam num progresso constante da humanidade, que naturalmente chegava até a Europa de seu tempo, quando não se projetava para o futuro. Em Freud, no entanto, essa hipótese adquire um conteúdo muito peculiar, que talvez não fosse errado denominar filosofia vitoriana da história: o homem progride na medida em que recalca os seus instintos biológicos, sobretudo o sexual. Esse princípio permite a Freud explicar o fato de o *Hamlet* não apresentar diretamente o conflito edipiano; se o amor incestuoso não aparece diretamente, revela-se por meio da inibição de Hamlet. Convém examinar o princípio geral, e depois discutir a sua aplicação à peça de Shakespeare.

Hoje, sobretudo para os não europeus, parece fácil compreender a ilusão das filosofias da história propostas no século XIX: os intelectuais europeus da época podem supor linearidade na história humana porque pensam na história da Europa, e julgam que as outras formas de cultura são apenas antecedentes da cultura europeia. Não podem imaginar que diferentes culturas sejam formas alternativas de expressão das virtualidades humanas. Nessa história, Freud apreende um elemento, a repressão, e por meio dele procura interpretar o desenvolvimento humano. Aparentemente, só o período vitoriano, que levou a repressão do impulso sexual a um extremo intolerável, permitiria o aparecimento da psicanálise, pois só então seria possível avaliar os seus efeitos no desenvolvimento humano. De outro lado, se Freud representa uma súmula da era vitoriana, foi também um dos responsáveis pela sua destruição: a teoria psicanalítica foi um dos argumentos fundamentais para a transformação dos hábitos educacionais aceitos no século XIX. Seja ou não correta essa hipótese, a verdade é que, no século XX, desaparece o sistema de repressão vigente no século XIX. Se isso não desmente a correção dos processos descritos por Freud, pelo menos invalida a sua filosofia da história, pois, em vez de maior repressão, encontramos, ao contrário, uma liberalidade cada vez maior. Se nos limitamos à literatura, será fácil ver que hoje uma grande parte da poesia e do romance se refere à expressão de um erotismo inimaginável no século XIX, embora aceito em épocas anteriores.

No entanto, se o esquema geral não for aceito, isto é, se não admitirmos que a maior repressão impede a expressão mais direta do complexo de Édipo, nem por isso afastamos a análise de Freud. Basta ver a análise exaustiva, empreendida por Ernest Jones, para observar que Hamlet estava realmente fixado na constelação edipiana. Ao mesmo tempo, ainda que aceitemos a interpretação psicanalítica, somos obrigados a reconhecer imediatamente a sua irremediável limitação, pois, embora tenha recursos para mostrar a origem de algumas, se não de todas as obras de arte, não consegue explicar a sua diversidade. No caso aqui analisado, Freud aproxima duas tragédias muito diversas, supondo, evidentemente, que seu efeito seja o mesmo. Em todo o caso, não provou a afirmação, e não deixamos de percebê-las como peças diferentes. Mas a explicação de Freud é ainda mais limitada; se no caso do *Rei Édipo* podemos admitir que desvende o sentido mais profundo da tragédia, no caso de *Hamlet* isso não ocorre. Se a fixação edipiana de Hamlet permite compreender o seu comportamento com relação ao tio, e, sobretudo, diante de Ofélia, não nos dá a medida de sua grandeza. Esta se revela na visão do mundo que é apresentada por Hamlet, e é essa visão das pessoas e da existência humana que o isola como figura única.

Essa discussão deve ter indicado as vantagens e as limitações da análise freudiana. De um lado, amplia nossa compreensão, pois tem recursos para indicar uma realidade que não se revela diretamente à nossa consciência; além disso, pode utilizar vários conceitos que nos permitem descrever e compreender o comportamento e a experiência das personagens. Nas análises que empreendeu, Freud foi um pouco adiante, pois, como se viu na sua análise do *Rei Édipo*, passa da observação direta do fenômeno para sua representação literária, e desta, volta para o fenômeno observado na vida diária ou na clínica. Portanto, não só a psicologia esclarece a literatura; também as criações literárias podem auxiliar nossa compreensão dos fenômenos psicológicos.

O aspecto negativo da análise freudiana pode ser visto na sua interpretação do *Hamlet*. Aqui, diante de uma peça extremamente complexa, talvez das mais ricas que já foram criadas, Freud indica um processo infantil como forma de explicar a personagem que é o núcleo da tragédia. Como se viu, Freud menciona a existência de outras motivações, mas isso não impede que sua explicação reducionista pretenda revelar o sentido de Hamlet. Aplicada às criações literárias, a análise tenderia a ver, em todas elas, as motivações e os conflitos infantis. Portanto, seríamos levados a admitir que todas as obras literárias têm o mesmo conteúdo, e não teríamos recursos para explicar ou descrever a sua diversidade.

Como conclusão, pode-se sugerir que a interpretação psicanalítica, quando empregada para revelar a trama de sentimentos ou algumas das motivações das personagens, pode auxiliar nossa compreensão de uma obra literária. Tende a ser limitadora quando, além de apresentar essa descrição, pretenda explicar, exclusivamente com seus recursos teóricos, o sentido da obra como um todo. Assim, é possível descrever Riobaldo – herói de *Grande sertão: veredas*, de Guimarães Rosa – a partir de sua ambivalência diante das coisas e procurar, na raiz desse sentimento básico, a relação infantil com o pai ou com quem o substituiu. Dessa ambivalência resulta a sua busca de uma figura paternal, que sempre acaba rejeitada, pois Riobaldo em todas projeta os seus sentimentos de agressividade. Poder-se-ia ir ainda além, e sugerir que a busca de um pacto com o demônio revela, outra vez, essa mesma ambivalência, pois no momento decisivo Riobaldo pede "Deus ou o demo", o que é outra prova de sua insegurança quanto às qualidades positivas e negativas da figura paterna. Lembre-se de que, para Freud, a divisão entre Deus e demônio resulta da ambivalência infantil diante do pai. Ainda que legítima e esclarecedora, essa análise apreende apenas um nível do romance e talvez esse nível não seja, de um ponto de vista literário, o mais significativo.

Em último lugar, e apenas de passagem, vale a pena recordar o mau uso da interpretação psicanalítica, a que, algumas vezes, Freud não resistiu: relacionar a obra ao autor.[4] Por exemplo, no caso do *Hamlet*, tentou examinar os dados referentes à vida de Shakespeare no período em que escreveu essa peça. Na realidade, a crítica biográfica pode, às vezes, auxiliar a compreensão de uma obra; todavia, é raro que isso aconteça, e a relação entre autor e obra não é uniforme. Enquanto alguns escritores se revelam em suas obras, outros revelam exatamente o seu oposto, isto é, não o que são, mas o que desejariam ou temeriam ser. O estudo dessa relação, se tiver sentido, deve ser entendido, geralmente, como contribuição ao conhecimento do pensamento produtivo, e não como forma de analisar o texto – sobretudo porque, geralmente, embora nem sempre, quanto maior a riqueza criadora de um autor, maior a distância entre sua obra e seus sentimentos pessoais ou momentâneos.

---

4 Um exemplo bem nítido dessa análise é o artigo "Dostoiewski y el Parricidio" (Freud,1948, p.1044ss).

A análise de Carl G. Jung

O texto básico de Jung a respeito da análise psicológica da obra literária é o seu artigo intitulado "Psicologia e literatura" incluído no livro anteriormente citado, *O homem moderno em busca de uma alma*; como se viu antes, esse é também um dos textos básicos para sua análise do pensamento criador na literatura.

Jung faz uma distinção básica entre *literatura psicológica* e *literatura visionária*. Observa que o leigo tende a supor que a primeira – por exemplo, no chamado "romance psicológico" – tenha maior interesse para o psicólogo, quando, na realidade, ocorre exatamente o oposto, pois é o segundo tipo que oferece um verdadeiro desafio ao psicólogo.

A literatura psicológica refere-se a conteúdo retirado do domínio da consciência humana – por exemplo, refere-se às lições da vida, a choques emocionais, a experiência da paixão e, de modo geral, às crises do destino humano –, o que constitui a vida consciente do homem e, especialmente, sua vida sentimental. Esse material é psiquicamente assimilado pelo poeta, elevado do lugar comum ao nível de experiência poética, e recebe uma expressão que obriga o leitor a conseguir maior clareza e profundidade de compreensão humana, ao trazer, para sua consciência, o que geralmente afasta e abandona, ou percebe apenas com um sentimento de perturbação. O trabalho do poeta consiste em interpretar e iluminar o conteúdo da consciência e das inevitáveis experiências da vida humana – com suas alternadas alegrias e tristezas. Nada deixa para o psicólogo, a não ser que se pretenda que este exponha as razões pelas quais Fausto se apaixona por Margarida, ou que a levam a matar seu filho. Tais temas constituem o dote da humanidade; repetem-se milhões de vezes e são responsáveis pela monotonia dos casos policiais e do código penal. Não são cercados por obscuridade porque se explicam inteiramente.

Depois dessa descrição, Jung indica exemplos dessa forma de literatura não apenas nos romances, mas também na poesia, na tragédia e na comédia. Nesse tipo, o conteúdo é imediatamente acessível à nossa inteligência.

Para Jung, o real desafio da obra literária deve ser encontrado no segundo tipo, isto é, na literatura visionária, onde somos obrigados a procurar um sentido, pois diante dela nos sentimos confusos. É comum que o grande público a rejeite e que os críticos também a considerem estranha ou perturbadora. Essa literatura decorre de uma visão "que é verdadeira expressão simbólica – isto é, a expressão de algo realmente existente, mas imperfeitamente conhecido". Essa visão ultrapassa a experiência humana e pode ser indicada por intuições de coisas desconhecidas e escondidas. Jung lembra que não apenas os poetas estão em contato com esse aspecto noturno da vida, mas também os adivinhos, os profetas, os líderes.

> Por mais obscuro que seja, esse mundo noturno não é inteiramente estranho. O homem o conheceu desde tempos imemoriais, aqui e em toda parte; para o homem primitivo de hoje, é uma parte indiscutível de sua imagem do cosmos. Apenas nós o repudiamos porque tememos a superstição e a metafísica ... No entanto, mes-

mo entre nós o poeta às vezes apreende as figuras que povoam o mundo da noite – os espíritos, os demônios e os deuses.

Aqui, a psicologia pode oferecer esclarecimentos por meio de comparações e de uma terminologia. O que aparece na "visão" é o inconsciente coletivo, isto é, determinada disposição formada pelas experiências ancestrais, e a partir do qual evoluiu a consciência. Jung lembra que nos eclipses de consciência, isto é, nos sonhos e nos casos de doença mental aparecem imagens que indicam esses níveis primitivos. Além disso, as manifestações de literatura visionária são compensatórias da atitude consciente.

Agora, será talvez útil aplicar essa distinção à literatura brasileira e, depois, ver até que ponto pode ser aceita ou auxilia nossa compreensão do texto literário. Para fazer uma oposição bem nítida, seria suficiente pensar, de um lado, em Cyro dos Anjos e, de outro, em alguns contos de Guimarães Rosa, sobretudo de *Primeiras estórias*. O *Amanuense Belmiro* (1938) seria um exemplo bem característico do que Jung denomina literatura psicológica: o romance é a descrição, minuciosa e esclarecida, da vida sentimental de um homem maduro, perseguido, ora pelas lembranças de seu passado ora pela vida presente que o convida à participação e ao amor. O romance só é profundo na medida em que o herói-narrador procura desvendar e explicar a sua complexidade afetiva, ou encontrar um caminho racional no labirinto de suas contradições. Não apenas se oferece à nossa compreensão; mais ainda, procura ajudá-la por meio de sua história e de suas autoanálises. Como exemplo de literatura visionária, pense-se em "A terceira margem do rio", de Guimarães Rosa (1962). É a história de um homem que manda construir uma canoa e passa a morar no rio, sem falar com ninguém. Anos depois o filho o chama da margem:

ele me escutou. Ficou em pé. Manejou remo n'água, proava para cá, concordado. E eu tremi, profundo, de repente: porque, antes, ele tinha levantado o braço e feito um saudar de gesto – o primeiro depois de tantos anos decorridos! E eu não podia... Por pavor, arrepiados os cabelos, corri, fugi, me tirei de lá, num procedimento desatinado. Porquanto que ele me pareceu vir: da parte de além. E estou pedindo, pedindo, pedindo um perdão.

Sofri o grave frio dos medos, adoeci. Sei que ninguém soube mais dele. Sou homem, depois desse falimento? ... Mas, então, ao menos, que, no artigo da morte, peguem em mim, e me depositem também numa canoinha de nada, nessa água, que não para, de longas beiras: e, eu, rio abaixo, rio a fora, rio a dentro – o rio.

Aqui, as categorias de explicação psicológica não são dadas pelo escritor, e será inútil tentar aplicá-las ao conto. Este apreende efetivamente uma outra dimensão não apenas extrapsicológica, mas também extralógica, e será inútil tentar descrevê-la por meio de recursos tirados de nossa experiência consciente.

Esses dois exemplos podem, assim, indicar os dois tipos descritos por Jung; parece evidente que apreendem duas categorias realmente distintas – embora, em certos casos, seja difícil pensar numa classificação imediata. É o que ocorre, por exemplo, em certos domínios da poesia, em que o autor parece movimentar-se num domínio intermediário entre a literatura psicológica e a visionária. É o que ocorre, para lembrar apenas um exemplo, em certos poemas de Fernando Pessoa (1960):

> Neste mundo em que esquecemos
> Somos sombras de quem somos,
> E os gestos reais que temos
> No outro em que, almas, vivemos,
> São aqui esgares e assomos
>
> Tudo é noturno e confuso
> No que entre nós aqui há.
> Projeções, fumo difuso
> Do lume que brilha ocluso
> Ao olhar que a vida dá.

Mas um ou outro, um momento,
Olhando bem, pode ver
Na sombra e seu movimento
Qual no outro mundo é o intento
Do gesto que o faz viver.

E então encontra o sentido
Do que aqui está a esgarar,
E volve ao seu corpo ido,
Imaginado e entendido,
A intuição de um olhar.

Sombra do corpo saudosa,
Mentira que sente o laço
Que a liga à maravilhosa
Verdade que a lança, ansiosa,
No chão do tempo e do espaço.

A maior dificuldade para a aceitação da teoria de Jung não reside, todavia, na existência de casos intermediários, pois isso é inevitável em qualquer construção tipológica. A grande objeção que se pode levantar à sua teoria decorre da ideia de inconsciente coletivo, entendido como resultado de transmissão hereditária de experiências ancestrais. Como não existem provas de transmissão hereditária de experiências, é impossível aceitar a teoria, pelo menos se apresentada com essa hipótese. Mas a ideia de inconsciente coletivo não parece indispensável para a aceitação do conceito de arquétipos, pois estes podem ser transmitidos culturalmente. É essa, aproximadamente, a posição aceita por Maud Bodkin, no seu estudo já clássico, *Archetypal Patterns in Poetry* (1963).

A outra dificuldade da teoria de Jung, e por ele indicada, reside no fato de a ciência moderna aceitar com muitas reservas a existência de um universo extrassensorial, ou de uma alma em contato direto com essas experiências do *mundo noturno*. E, na realidade, a teoria de Jung é, em parte por isso, quase totalmente ignorada nos manuais de psicologia. Mas, como já se disse antes, encontra uma repercussão cada vez maior entre escritores e críticos. Na realidade, não é fácil encontrar um motivo imediato ou indiscutível para essa aceitação, embora algumas indicações pareçam mais ou menos óbvias. É fácil compreender que a teoria de Freud não seja muito aceita; a rigor, representa, do ponto de vista literário, a teorização de uma doutrina estética que parece superada no século XX, isto é, a do romantismo. Mas Freud pode também ser rejeitado, na literatura, por apresentar uma teoria *reducionista*, que tende a reduzir a complexidade da literatura a alguns motivos individuais, sempre os mesmos.

A teoria de Jung, ao supor os arquétipos como forma de restabelecer o equilíbrio na experiência humana, pode dar um sentido mais amplo aos mitos, assim como à sua permanência e transformação. Talvez o motivo para a aceitação de suas teorias deva ser procurado no desenvolvimento científico de nossa época; poder-se-ia supor que, à medida que a ciência invade domínios cada vez mais amplos da vida humana, a literatura tende a refugiar-se em seu domínio tradicional, isto é, o mito e o mistério, e a afastar-se do realismo. Será fácil, no entanto, encontrar exemplos e movimentos que desmintam essa hipótese. Afinal, a razão mais provável para a aceitação da teoria de Jung talvez seja o fato de permitir uma explicação para a permanência da obra de arte maior, assim como para o permanente fascínio de algumas situações ou figuras. Assim, a ideia de arquétipo parece ter perdido parte de sua conotação mais mística e ter sido ampliada para indicar essas situações básicas da experiência humana.Já se fala, assim, em arquétipo de palhaço, e não seria difícil enumerar várias figuras arquetípicas, como a do feiticeiro, a do herói, ou as que são simbolizadas em Édipo ou Jó.

Como se vê, a explicação por meio do arquétipo corresponde a uma ampliação do universo estético do século XX, com o conhecimento de lendas de povos primitivos e das expressões artísticas dos orientais, e que já não poderia ser explicado pelo relativismo estético da sociologia ou da psicologia baseada na aprendizagem. Como se verá a seguir, a teoria de *gestalt* tem outros conceitos para dar conta dessa realidade.

Como já se observou, a aplicação dos conceitos de Jung nem sempre é esclarecedora, pois, segundo ele, convém distinguir os dois tipos de expressão, a psicológica e a visionária. Portanto, aplicar a ideia de mito ou arquétipo a um escritor que esteja no nível da literatura psicológica – seria o caso de Cyro dos Anjos, Machado de Assis – é falsear não só o sentido dos termos, mas, o que é muito pior, dificultar o entendimento da obra.

Análise gestaltista

Se em Jung e Freud encontramos, embora por razões diversas, uma certa indiferença pelo óbvio e pelos aspectos *diurnos* do comportamento e da experiência do homem, nos gestaltistas verificamos a atitude exatamente oposta: o seu cuidado foi sempre chegar a uma descrição precisa, antes de tentar uma explicação. Infelizmente, os gestaltistas não tentaram uma interpretação global da literatura, nem indicaram os seus delineamentos. Portanto, aqui será necessário apreender os princípios da teoria, e ver até que ponto podem ser utilizados na análise do texto literário ou até que ponto nos permitem maior compreensão da literatura.

Aparentemente, três princípios da teoria gestaltistas são significativos para a análise do texto literário: a descrição ingênua da realidade, a teoria da expressão e os conceitos de equilíbrio e tensão.

Os gestaltistas procuram dar, do comportamento e da experiência do homem, uma descrição tão ingênua quanto possível. O conceito de ingenuidade tem, aqui, uma conotação peculiar, pois significa, em última análise, repudiar como artificiais e falseadoras as descrições dos psicólogos profissionais. Para os gestaltistas, a psicologia será inadequada se, em primeiro lugar, não conseguir dar conta do que, na vida diária, é percebido e descrito pelo leigo. Por isso, nas primeiras apresentações da teoria combateram a análise introspectiva, então característica da psicologia acadêmica, dizendo que a introspecção representava um método falseador da experiência. Mais tarde, depois do desenvolvimento do comportamentismo de Watson, voltaram-se contra este, pela mesma razão. Se os comportamentistas combatiam a introspecção, pretendiam eliminar também a experiência interior, e esta, para os gestaltistas, não é atingida pelas críticas dirigidas àquela. Em outras palavras, a introspecção perturba a nossa compreensão do comportamento, pois introduz uma atitude artificial, que consiste em dividir ou subdividir a experiência, quando esta, na vida diária, é vivida como um todo.

No extremo oposto, o comportamentismo pretende explicar o comportamento pela descrição do movimento físico, e por isso deixa de considerar a experiência interior, embora esta faça parte do comportamento e seja um dos seus dados fundamentais. Na descrição da dor, por exemplo, o introspeccionista seria levado a pedir que a pessoa procurasse distinguir os vários aspectos do fenômeno e chegasse aos seus aspectos mais elementares ou constituintes; na descrição do mesmo fenômeno, o comportamentista seria conduzido a observar externamente as suas manifestações, e a suspeitar das declarações da pessoa, assim como de "inferências" a respeito desse estado interior, pois estas estariam sujeitas ao "antropomorfismo". O gestaltista preferiria o depoimento espontâneo da pessoa, e não teria dúvidas quanto à expressão física da dor, pois a experiência e sua expressão são isomórficas, isto é, têm estruturas ou formas semelhantes. Como será fácil concluir, a atitude gestaltista corresponde à atitude ingênua que, de um lado, aceita os dados da experiência e, de outro, aceita igualmente a descrição por meio do comportamento.

Essa tendência da teoria se apresenta nitidamente na já citada afirmação de Köhler, para quem a psicologia não pode revelar uma *outra realidade*, desconhecida pelo senso comum. Para ele, tudo que a psicologia possa descobrir, quanto a fatos, já é forçosamente conhecido pelo senso comum. A novidade da psicologia só pode referir-se ao estabelecimento de relações funcionais entre os fenômenos, pois tais relações podem não ser conhecidas pelo senso comum. Köhler vai ainda um pouco mais longe, e sugere que nossa vida sofreria uma transformação completa, se fôssemos obrigados a eliminar todo o conhecimento das ciências naturais, mas se, ao contrário, eliminássemos todo o conhecimento obtido pela psicologia, praticamente nada se alteraria na vida humana, pois o nosso conhecimento ingênuo do comportamento é suficiente para permitir nossa adaptação ao ambiente social e humano.

Essa tendência encontra sua expressão mais completa na obra de Fritz Heider (1958),[1] pois seu objetivo é sistematizar a psicologia ingênua das relações interpessoais, isto é, do campo em que essa psicologia é mais rica e mais completa. Para Heider, como para Kurt Lewin, a psicologia ingênua não deve ser descoberta ou explicitada apenas pela observação diária; ao contrário, na literatura encontramos descrições do comportamento, às vezes mais completas que as apresentadas nos livros de psicologia:

se é verdade que os romancistas são capazes de apresentar descrições do comportamento humano, frequentemente mais completas e concretas que as do psicólogo, precisamos supor a existência, nessas representações, de alguns aspectos válidos. Embora a prova final, em que baseamos nossas teorias, deva ser obtida por mé-

---

1 As citações de Heider, a não ser indicação em contrário, referem-se a este livro.

todos científicos, podemos usar a psicologia do senso comum para desenvolver hipóteses e conceitos. É preciso levantar o véu de evidência aparente que torna invisível, ao olhar científico, a compreensão obtida pela psicologia intuitiva.

Para isso, será preciso encontrar conceitos capazes de permitir a explicitação e a sistematização da psicologia *óbvia*, isto é, que todos conhecemos e empregamos. Como se verá logo adiante, pelo menos alguns dos conceitos utilizados por Heider podem ter aplicação direta à análise de texto.

O segundo princípio importante da teoria gestaltista – para a análise do texto literário – refere-se ao problema da expressão, e dentro deste, ao da percepção fisionômica. Rudolf Arnheim (1949), que tentou sistematizar a teoria gestaltista da expressão, procura mostrar que

> a expressão é uma parte integrante do processo perceptual elementar. Isso não deve ser surpreendente. A percepção é instrumento para registrar cor, forma, som etc., apenas enquanto é considerada isoladamente do organismo de que faz parte. Em seu contexto biológico adequado, a percepção aparece como o recurso pelo qual o organismo obtém informação a respeito das forças ambientais significativas a que deve reagir, entre as quais a sua hostilidade, receptividade etc.

Essas forças se revelam pelo que se denomina expressão, isto é, a percepção direta de qualidades físicas ou psicológicas, sem utilização da aprendizagem ou da inferência. Embora Arnheim lembre que nem toda percepção de expressão tem caráter estético, lembra também que na música, na pintura e na literatura encontramos alguns de seus exemplos mais nítidos. Além disso, os gestaltistas consideram a expressão como um fenômeno universal, e não apenas como manifestação física de um processo psicológico. Admitem, por isso, que nas cores do céu, nas formas dos objetos, naturais ou construídos pelo homem, encontramos qualidades expressivas. O importante a notar é que, segundo a teoria, tais qualidades não são atribuídas aos objetos por meio de um processo antropomórfico; ao contrário, a fisionomia humana é que revela, como os outros objetos, essas qualidades universais. Portanto, não transferimos nem projetamos as características de uma fisionomia triste para uma árvore ou uma paisagem; segundo os gestaltistas, a fisionomia triste, a árvore e a paisagem tristes revelam certas características que exprimem tristeza, e que podemos apreender diretamente.

Dois aspectos devem ser salientados na teoria. Em primeiro lugar, que essas qualidades não são aprendidas e, como se verá no caso da percepção fisionômica, podem até ser desaprendidas; em segundo, as mesmas qualidades expressivas podem ser percebidas por meio de diferentes sentidos. A tristeza que visualmente percebemos numa paisagem pode revelar-se por palavras ou pela música.

No campo da percepção da expressão, deve-se mencionar, talvez como um caso extremo, a percepção fisionômica. Heinz Werner (1961, p.69), que propôs essa denominação, assim a define:

> essa dinamização das coisas, baseada no fato de que os objetos são entendidos, predominantemente, por meio da atitude motora e afetiva da pessoa, pode conduzir a um tipo característico de percepção. As coisas assim percebidas podem parecer "animadas" e, embora mortas, parecem exprimir alguma forma interior de vida. Todos nós, algumas vezes, temos essa experiência. Por exemplo, uma paisagem pode parecer, repentinamente, como a exprimir certa disposição – alegria, melancolia, ou reflexão. Esse modo de percepção difere radicalmente da percepção mais comum, em que as coisas são conhecidas de acordo com suas qualidades "técnico-geométricas" ou "reais". Em nossa esfera, existe um campo em que os objetos são comumente percebidos como a exprimir, diretamente, uma vida interior. Isso ocorre em nossa percepção de faces e movimentos corporais de seres humanos e animais superiores. Como apenas por meio de sua expressão imediata a fisiono-

mia humana pode ser adequadamente percebida, propus o termo *percepção fisionômica* para essa forma de cognição. Existem muitas provas de que a percepção fisionômica desempenha maior papel no mundo primitivo do que em nosso mundo, no qual o tipo de percepção "técnico-geométrica" é a regra.

É importante notar que, embora considerem a percepção fisionômica uma forma predominantemente infantil, primitiva e às vezes patológica de percepção, os gestaltistas salientam também não apenas o seu caráter adaptativo e estético, mas sobretudo a sua relação com qualidades realmente existentes nos objetos. No caso da criança, a percepção fisionômica permite viver num mundo efetivamente mais rico, embora mais reduzido quanto a seus aspectos "geométricos" ou "técnicos". O desenvolvimento e a aprendizagem representam, nesse caso, um processo de empobrecimento ou "desanimação" das coisas; ainda nesse sentido, pode-se dizer, como o salienta Koffka (1949, p.359), por exemplo, que os poetas e artistas conservam essa percepção mais rica, na medida em que abandonam a busca da eficiência no mundo prático.

Antes de ver a utilização concreta desse princípio para a análise de texto, convém lembrar o terceiro princípio que parece fundamental na teoria gestaltista, isto é, os conceitos de equilíbrio, desequilíbrio e tensão. Tanto nas primeiras versões da teoria quanto nos seus desenvolvimentos posteriores, esses conceitos tiveram importância fundamental, e seria impossível resumir aqui todas as suas aplicações. De fato, logo nas primeiras formulações da teoria gestaltista ficou evidente o princípio de que, em todas as situações, tendemos a ver a melhor figura permitida por determinados estímulos. Portanto, alguns padrões de estímulo provocam tensões no organismo, pois de certo modo exigem uma "estruturação". Mais tarde, ao passar para o estudo da inteligência e do pensamento produtivo, salientaram novamente o fato de que certos padrões exigem não mais uma organização dos elementos dados, mas sim uma *reestruturação* ou *reorganização*, isto é, exigem uma atividade do organismo, pela qual se modifique a situação. Depois, quando Lewin passou a estudar os problemas da motivação, ainda uma vez utilizou o conceito de tensão para explicar, por exemplo, a maior permanência das tarefas interrompidas: a participação num trabalho cria, no indivíduo, um sistema de tensões que só desaparece com a completação da tarefa. Aqui, parece suficiente supor essas diferentes aplicações do conceito, e ver a sua apresentação na teoria de Heider, onde os conceitos de equilíbrio e desequilíbrio são fundamentais e mais diretamente aplicados ao problema da análise literária.

A situação de equilíbrio é um estado harmonioso, em que as pessoas e os sentimentos se reúnem sem nenhuma tensão. Nas situações de desequilíbrio, ao contrário, sentimos que os fatores "não se reúnem", e parecem puxar para diferentes direções: "dão-nos um sentimento de perturbação que se alivia apenas quando uma transformação da situação permite um estado de equilíbrio". Verifica-se, experimentalmente, que as situações de equilíbrio são preferidas, isto é, que diante do desequilíbrio as pessoas procuram reestruturar a situação de tal forma que consigam um estado de harmonia entre entidades, pessoas ou sentimentos que estavam em choque. Assim, nos trabalhos experimentais realizados para testar a teoria de Heider, verifica-se que, se uma pessoa valorizada negativamente realiza um trabalho valorizado positivamente, isso provoca uma tendência para restabelecer o equilíbrio. Se A não gosta de B, mas descobre que B fez um trabalho de valor, deve reestruturar sua avaliação: 1. pode passar a valorizar B, de forma que então o trabalho possa ser coerente como valor da pessoa que o realizou; 2. pode desvalorizar B, de forma que os dois elementos (B e seu trabalho) passem a ser negativos; 3. pode negar que o trabalho tenha sido feito por B, pois, nesse caso, os dois elementos de valor diferente se tornam independentes um do outro; 4. A pode também, o que é muito mais difícil e exige maior maturidade, admitir a situação de desequilíbrio e aceitar que uma pessoa, embora negativa, seja capaz de fazer um trabalho positivo. Todos sentimos, no entanto, que essa última solução conserva elementos desarmônicos, que continuam a despertar nossa curiosidade ou atenção.

Por isso, Heider dirá que, embora exista uma tendência geral para chegar ao equilíbrio,

> pode haver uma tendência para abandonar o equilíbrio cômodo, e procurar o novo e a aventura. A tensão provocada por situações desequilibradas tem, muitas vezes, um efeito agradável para nossos sentimentos estéticos e nosso pensamento. As situações equilibradas podem ser óbvias e monótonas, e são evidentes e superficiais. As situações desequilibradas estimulam o pensamento; têm o caráter de enigmas interessantes, problemas que nos fazem suspeitar uma profundidade interessante. Às vezes despertam, como outros padrões que contêm ambiguidades não solucionadas, poderosas forças estéticas, de natureza trágica ou cômica.
>
> Se um romancista nos diz que uma pessoa gosta das coisas que faz, sente-se mal quando precisa viver com pessoas de que não gosta, gosta do filho de seu melhor amigo etc., tudo isso parece óbvio e pensamos não saber muita coisa a respeito dessa pessoa, como um indivíduo. No entanto, se ouvimos falar de alguém que detesta tudo que faz, que odeia possuir aquilo de que gosta, e que sempre procura viver com pessoas de que não gosta, imediatamente temos o sentimento de que aí está uma pessoa diferente e, ao mesmo tempo, interessante, por causa de sua estranheza psicológica. Sentimos que as histórias onde se acentuam as situações desequilibradas têm um sentido psicológico mais profundo. Dostoiévski, por exemplo, descreve repetidamente sentimentos carregados de conflitos, resultantes exatamente de tais situações ... Alguns desejam um "happy end" na ficção; o "happy end" é aquele em que se estabelece uma situação de equilíbrio, unem-se as pessoas que se amam, os bons são recompensados, os maus são punidos. No entanto, muitas vezes sentimos que essas

Psicologia e literatura

conclusões são superficiais, e o bom gosto as rejeita. Apesar disso, pode-se dizer que as situações dramáticas são desequilibradas e exigem uma solução. A existência da tragédia propõe um problema – termina com o que parece, à primeira vista, um desequilíbrio: a pessoa admirada é destruída. Provavelmente essa é a razão para a existência de tantas teorias sobre a tragédia, muitas das quais procuram mostrar que o desequilíbrio final é apenas aparente.

Agora, é possível ver de que forma esses conceitos da teoria gestaltista podem ser aplicados à análise de texto e, ao mesmo tempo, comparar os seus resultados com os das teorias de Freud e Jung.

Quanto à descrição ingênua do comportamento, não é difícil verificar uma oposição nítida entre a teoria de Jung e a do gestaltista. Aplicadas à análise de texto, chegam não apenas a conclusões diversas, mas, como partem de princípios diferentes, selecionam textos também diferentes. Se, para Jung, a literatura *psicológica* não tem interesse para o psicólogo, pois já revela aquilo que o psicólogo poderia descobrir, os gestaltistas procuram esse nível a fim de não só explicitar a descrição ingênua do comportamento, mas também aí descobrir uma riqueza maior que a encontrada na descrição cotidiana ou do psicólogo profissional. Se, para Jung, o óbvio não tem interesse, para Heider é precisamente o óbvio que precisa ser *decifrado* e sistematizado, a fim de que tenha função na ciência. Não seria difícil demonstrar, por meio de uma análise de Heider, que o óbvio é menos evidente do que parece, e que a sistematização dos dados da psicologia do senso comum pode ser reveladora. Considere-se, como exemplo, a primorosa análise de *dever ser* e *realidade*:

> o fato de reunir bondade e felicidade, maldade e infelicidade, pode também ser visto como uma tendência para o equilíbrio entre os domínios do dever ser e da realidade existente. Quando pensamos que os maus serão punidos, nossa ideia a respeito do "que é" está

influenciada por nossa ideia sobre "o que deve ser". O inverso é verdade, quando interpretamos a desgraça como castigo. A infelicidade e o sofrimento indicam que a realidade foi na direção oposta à dos desejos da pessoa. Se pensamos que as forças do dever ser se conformam ao acontecimento real, o acontecimento é visto como castigo merecido.

A coordenação do "dever ser" e do "é" se aplica também a outros campos, e essa é, provavelmente, uma razão para que a tradição seja tão poderosa para evitar a mudança. A tradição representa a realidade existente, que se cristalizou por uma longa história, na qual se identifica com o justo, o ético, "o que deve ser". Essa é também uma razão pela qual, muitas vezes, deixamos de perceber injustiças no mundo que nos cerca, ou nos tornamos apáticos diante delas. O "é" adquire o caráter do "deve ser", ou o desvio, com relação ao "dever ser", se torna menos evidente.

Essa análise de Heider se refere ao óbvio, ou ao que todos sabem; de outro lado, a sua aparente evidência prejudica a sua percepção, e, no caso apresentado, apenas quando distinguimos o "ser" do "dever ser" somos capazes de entender a interferência de um conceito em outro. Aplicada ao texto literário, mesmo que seja do nível que Jung denominava *psicológico* ou do senso comum, essa análise ingênua pode apresentar resultados surpreendentes, até então despercebidos, exatamente porque pareciam óbvios. De outro lado, convém lembrar que os gestaltistas não são os únicos a empregar a análise ingênua, cujo objetivo é apenas explicitar o domínio dos sentimentos evidentes; a mesma tendência pode ser observada entre alguns filósofos, como Max Scheler (1928) e Gilbert Ryle (1949), ou entre sociólogos, como Gustav Ichheiser (1949).

Essas observações ainda não eliminam a diferença que Jung estabelece entre literatura *psicológica* e literatura *visionária*. Vale dizer, ainda que se admita, ao contrário de Jung, a necessidade de analisar a literatura psicológica, isso não significa que possamos identificar literatura *psicológica* e literatura *visionária*. Em todo o caso, como se verá logo adiante, talvez seja possível encontrar elementos comuns capazes de estabelecer um contínuo entre os dois tipos estabelecidos por Jung.

O segundo aspecto importante da teoria gestaltista, percepção de expressão e percepção fisionômica, tem aplicação direta e muito ampla na análise de texto. Em primeiro lugar, apresenta uma interpretação alternativa para a permanência da obra literária. Em alguns poetas, a expressão é dominante, e traduz certas qualidades diretamente percebidas, e transmitidas pelas palavras. Em outros casos, a expressão referente à paisagem ou à natureza serve de ponto de apoio para a expressão do sentimento. Na realidade, não importa discutir se a expressão da natureza provoca a emoção, ou se, em vez disso, é apenas uma forma de obter comunicação. Em qualquer dos casos, a expressão do ambiente pode ser reveladora. Em Fernando Pessoa, por exemplo, é quase contínua essa iluminação do mundo interior pelas qualidades expressivas do ambiente. Mesmo sem calcular a porcentagem dos poemas em que isso acontece, parece evidente o seu predomínio em número muito grande de poemas.

I)
Fúria nas trevas o vento
Num grande som de alongar.
Não há no meu pensamento
Senão não poder parar
....
Raiva nas trevas o vento
Sem se poder libertar.
Estou preso ao meu pensamento
Como o vento preso ao ar.

II)
Sorriso audível das folhas,
Não és mais que a brisa ali.
Se eu te olho e tu me olhas,

Quem primeiro é que sorri?
O primeiro a sorrir ri.
....

III)
Oiço, como se o cheiro
De flores me acordasse...
É música – um canteiro
De influência e disfarce.

Impalpável lembrança,
Sorriso de ninguém,
Com aquela esperança
Que nem esperança tem...

IV)
Nuvens sobre a floresta...
Sombra com sombra a mais...
Minha tristeza é esta –
A das coisas reais.

A outra, a que pertence
Aos sonhos que perdi,
Nesta hora não me vence;
Se a há, não a há aqui.

Mas esta, a do arvoredo
Que o céu sem luz invade,
Faz-me receio e medo...
Quem foi minha saudade?

V)
Redemoinha o vento,
Anda à roda o ar.
Vai meu pensamento
Comigo a sonhar.
....
Vai saber de eu ser

Aquilo que eu quis
Quando ouvi dizer
O que o vento diz.

VI)
Vai alto pela folhagem
Um rumor de pertencer,
Como se houvesse na aragem
Uma razão de querer

....

VII)
Repousa sobre o trigo
Que ondula um sol parado.
Não me entendo comigo.
Ando sempre enganado.

....

VIII)
Se eu, ainda que ninguém
Pudesse ter sobre a face
Aquele clarão fugace
Que aquelas árvores têm,

....

Os exemplos poderiam ser multiplicados, mas parece que sempre estaríamos diante do que H. Werner denominou uma natureza "animada"; no caso de Fernando Pessoa, essa percepção é não imagem projetada do mundo interior, mas, sobretudo, descoberta de um isomorfismo entre as qualidades da natureza e as intermináveis mutações da consciência. Em alguns casos, a percepção fisionômica é direta e indiscutível ("quando ouvi dizer / o que o vento diz"; "as horas pela alameda / arrastam vestes de seda"; "tenho dó das estrelas / luzindo há tanto tempo, / há tanto tempo... / tenho dó delas") e, aparentemente, é utilizada como um caminho para a penetração no esquivo mundo interior.

Não apenas na poesia, no entanto, podemos encontrar essa ligação *primitiva* entre o *eu* e o ambiente, como se, tal como ocorre com as crianças, desaparecessem as fronteiras que separam o indivíduo da realidade externa. Na análise que faz da representação do ambiente na obra de M. Proust, Fritz Heider (1959, p85ss.) identifica duas tendências na atitude do Proust diante do mundo:

> De um lado, constantemente procura representar, com a maior objetividade, pessoas, situações e grupos sociais, e construir, por meios racionais, o seu núcleo essencial. Procura superar a subjetividade de aspectos da perspectiva, observa os traços típicos das pessoas e se interessa por leis gerais... Oposta a essa tendência científica, Proust manifesta também uma tendência bergsoniana. Proust está convencido de que a verdadeira realidade só pode ser encontrada na esfera de impressões subjetivas, da totalidade da experiência ... Não podemos explicar essa dualidade na relação ego-ambiente que encontramos em Proust. Mas podemos entender que a coexistência dessas duas atitudes permitiu que nos desse essas maravilhosas descrições de fenômenos difusos e sincréticos.

Na situação atual, o estudo da expressão, de acordo com os princípios gestaltistas, está ainda em fase de generalidades; todavia, não será demais supor que, além de salientar as qualidades expressivas das palavras ou seu caráter de representação da realidade, esses princípios poderão ampliar nosso conhecimento de suas características formais. Mesmo no estado atual do conhecimento a respeito dessas qualidades, é fácil compreender algumas das dificuldades para seu estudo. Antes de mais nada, a valorização de formas, visuais ou auditivas, depende de dois processos antagônicos: um é a revelação, que se faz em parte por meio da aprendizagem; outro é sua progressiva desvalorização, por meio da saciedade. Embora a análise desses problemas deva ser feita na Parte III deste livro, deve ser aqui mencionada, pois é uma dificuldade básica a ser enfrentada pela teoria gestaltista. Se admitimos a existência de formas ou padrões harmoniosos, independentes do espectador, precisamos enfrentar diretamente essas duas questões: de um lado, a aceitação de determinadas formas depende, se não diretamente de aprendizagem, pelo menos de desenvolvimento do espectador, e essa variação pode depender, pelo menos em parte, do fenômeno da saciedade, isto é, a repetição pode destruir o encantamento de certas expressões literárias.

Apesar dessas dificuldades, a teoria gestaltista, por meio da percepção, pode permitir compreender a permanência da obra de arte, pois tem recursos para explicar a relativa harmonia ou desarmonia de determinados padrões perceptuais. No caso da teoria da expressão, vemos claramente uma alternativa para a teoria jungiana de uma literatura *visionária*. Como se pôde notar pela citação de Jung, este distingue, com relativa nitidez, o domínio perceptual da literatura *psicológica* e da literatura *visionária*; a primeira refere-se aos aspectos diurnos e claros do comportamento; a segunda, aos aspectos noturnos e obscuros. Essa caracterização perceptual poderia ser utilizada de acordo com os princípios da teoria gestaltista. O mundo noturno de que fala Jung talvez seja o das figuras imprecisas, mal percebidas – nas quais o homem percebe ou projeta seus temores e suas esperanças.

Finalmente, convém analisar mais de perto o terceiro princípio da teoria, referente a equilíbrio, desequilíbrio e tensão. Aparentemente, esses são os conceitos mais significativos para a análise de texto, sobretudo porque nos permitem estabelecer ligações com o processo de criação da obra de arte e com o de sua contemplação.

Como ficou indicado na parte referente ao pensamento produtivo, este sempre supõe uma situação de desequilíbrio, seja de desequilíbrio entre o organismo e o ambiente (seria o caso do organismo ameaçado por um perigo) seja de desequilíbrio no ambiente (seria o caso de um enigma, do qual o organismo não depende) seja, finalmente, de desequilíbrio na vida interior – como seria o caso de sentimentos incompatíveis.

Agora, ao verificar o resultado do pensamento produtivo na literatura, encontramos ainda uma situação de ambiguidade e desequilíbrio. Se voltamos à análise de F. Heider, veremos que ele estabelece dois níveis de apreciação da literatura: no primeiro, a situação dramática termina com uma situação de equilíbrio; no segundo, o desequilíbrio permanece. Heider sugere, também, que essas duas situações correspondem a dois níveis de gosto: a que permanece desequilibrada seria mais satisfatória para as pessoas de bom gosto. Cabe perguntar, ainda que sem esperança de encontrar uma resposta definitiva, qual a explicação para essa diferença. Uma razão está indicada por Heider: o "happy end" parece superficial e pouco revelador. Se descermos um pouco mais na análise, será possível verificar que o "happy end", ao eliminar a tensão provocada pela situação dramática, deixa de apresentar "um problema" para o espectador e, portanto, não faz nenhuma exigência de nível intelectual. Isso tem duas outras consequências: a primeira é que esse tipo de história, pelo menos para os adultos, só tem interesse na sua primeira apresentação,[2] o que é compreensível, pois suas tensões são internas à história; a segunda é que o "happy end" supõe, geralmente, a eliminação de vários outros caminhos da narrativa ou uma solução apenas aparentemente satisfatória, do ponto de vista do desenvolvimento das personagens.

A outra razão, também sugerida por Heider, resulta da ambiguidade da situação de desequilíbrio. A história que "termina bem", isto é, em que se estabelece o equilíbrio, elimina as ambiguidades, ao passo que a permanência do desequilíbrio permite várias soluções, nenhuma das quais será totalmente

---

2 Isso não ocorre no caso de crianças; essa diferença deve ser explicável mediante diferentes níveis de saciedade.

satisfatória, pois sempre abandonará outras configurações possíveis. Disso resulta a observação, já feita muitas vezes, de que a obra de arte maior é inesgotável, pois podemos organizá-la de vários modos, mais ou menos satisfatórios e adequados ao texto, sem que jamais possamos chegar a uma interpretação definitiva e insuperável. É isso que ocorre, por exemplo, com *D. Quixote*, com *D. Casmurro* ou com o *Hamlet*. Esses textos podem ser vistos e interpretados de muitas formas. Podemos, até, catalogar as várias interpretações, mas isso não elimina as futuras interpretações.

É esse nível da literatura que apresenta, portanto, ao psicólogo, um verdadeiro desafio. Aparentemente, essa obra de arte exige, do espectador, uma atividade produtiva, enquanto a de nível inferior supõe uma quase passividade. Em outras palavras, a obra menor não oferece possibilidade de recriação, enquanto a grande literatura só adquire sentido na medida em que é recriada pelo leitor. Portanto, não podemos encerrar a grande literatura numa interpretação única ou definitiva, pois, como já foi antes indicado, não podemos prever o conteúdo do pensamento produtivo.

Convém explicar esse princípio, por meio de uma discussão das teorias de Freud, de Jung e dos gestaltistas, a fim de compreender os diferentes níveis que procuram analisar. No caso de Freud, o conteúdo da narrativa literária é, por hipótese, devaneio do escritor, ou, se quisermos, sua fantasia heroica. Não será difícil ver que a literatura analisada por Freud corresponde ao nível da narrativa que sempre estabelece um equilíbrio final; lembre-se de que Freud reconhece, explicitamente, o fato de deixar de lado a literatura de nível mais elevado. Embora não o diga explicitamente, é possível que Freud tenha percebido que, na grande literatura, o "happy end" não é a regra. Portanto, a sua análise pode ser correta, mas válida apenas para o nível da literatura popular. A outra análise de Freud, que consiste em procurar a intenção fundamental do autor e, por meio dela, decifrar a grande obra de arte, parece destinada ao fracasso. Na realidade, ainda quando apreenda o núcleo da obra literária, tende a falseá-la, na medida em que não tem recursos para explicar a multiplicidade de interpretações e, além disso, é incapaz de dar conta dos aspectos mais complexos da obra. Isso é consequência inevitável de uma teoria que procura explicar o nível superior ou mais desenvolvido por meio de suas raízes infantis ou primitivas. Considere-se, como exemplo, a análise do *Rei Édipo*. Neste caso, como foi sugerido páginas atrás, a análise freudiana é esclarecedora, pois revela um outro nível para a sua compreensão e seu alcance. Apesar disso, parece evidente que essa análise não é a explicação final para a grandeza da peça de Sófocles. Mesmo no nível psicológico, existem várias outras perspectivas que nos permitem compreender a amplitude da tragédia. A outra dificuldade da teoria freudiana – quando aplicada à obra de arte maior, é a impossibilidade de explicar a diversidade entre as grandes obras literárias. Como supor que *D. Quixote* e *Hamlet* exprimam os mesmos conflitos? Ou que o imenso panorama de *Guerra e paz* possa ser reduzido a conflitos infantis? Basta fazer essas perguntas para observar que, embora válida na análise de algumas obras literárias, e de alguns aspectos de muitas outras, a teoria freudiana não oferece uma solução para o problema da permanência da obra de arte.

A situação da teoria de Jung é evidentemente diversa, pois não pretende reduzir a arte à motivação individual; ao contrário, a arte maior só atinge essa grandeza por ser algo que ultrapassa o seu autor e atinge o inconsciente coletivo. Ainda que, provisoriamente, possamos aceitar sua teoria, com as restrições já apresentadas ao conceito de inconsciente coletivo, alguns problemas são evidentes. Cabe perguntar se apenas as obras que revelam arquétipos são duradouras ou mais duradouras que a denominada literatura psicológica. Jung menciona a primeira parte do *Fausto* de Goethe como literatura psicológica e, a segunda, como *visionária*. Ainda que seja possível aceitar a distinção, seria razoável imaginar que a segunda seja mais permanente que a primeira? Em algumas obras já consagradas pelo tempo, será difícil imaginar um arquétipo correspondente: esse seria o caso de *D. Quixote*, de *Hamlet*, de *Guerra e paz*. Também nesses casos, embora não se possa indicar a que arquétipos correspondem, estamos diante de uma literatura inesgotável, cujo conteúdo não pode ser encerrado em uma fórmula definitiva.

Além disso, uma vez decifrado o arquétipo correspondente, que resta da obra literária? Podemos, como o indica Jung, estabelecer comparações e encontrar, até, as suas raízes em atitudes humanas fundamentais. Isso pode, certamente, explicar o fascínio de muitas figuras literárias, assim como a sua permanência em obras de épocas e regiões diferentes. De outro lado, representa também uma limitação, pois equivale a empobrecer a obra individualizada, reduzindo-a a categorias abstratas. Portanto, a noção de arquétipo não pode ser uma explicação geral, e, mesmo nos casos que seja adequada, é apenas uma etapa para a análise.

Finalmente, convém resumir e criticar a possível contribuição gestaltista. Os três princípios já esquematizados parecem indicar várias possibilidades. A primeira consiste em analisar ingenuamente o texto literário, pelo menos com a mesma ingenuidade utilizada para entender o comportamento da vida diária. Embora o princípio pareça extremamente simples, exige um esforço muito maior do que a aplicação mais ou menos arbitrária de categorias filosóficas, psicológicas ou sociológicas. A teoria nos adverte, precisamente, dos perigos existentes no estabelecimento de classificações. Embora sempre tenhamos tendência a organizar os dados perceptuais, ainda que por meio de categorias artificiais, e embora essa necessidade de organização seja útil e às vezes indispensável, pode cegar-nos para os aspectos mais comuns do comportamento, e o mesmo pode ser dito a propósito da obra literária. Nesse caso, se seguimos o preceito da análise ingênua, podemos ser surpreendidos não apenas pela riqueza dos dados apresentados pela literatura, mas também por reinterpretações fundamentais – invisíveis enquanto estivermos escravizados às categorias tradicionais ou a esquemas científicos. Ora, a dificuldade dessa análise resulta da necessidade de encontrar conceitos que, afinal de contas, tomam o lugar das categorias que pretendemos evitar; como se verá na análise concreta do texto, esse obstáculo é real, mas não invalida a indagação. Se essas categorias nascem da análise, representam um progresso indiscutível para a ampliação de nossa perspectiva; se decorrem de análises anteriores, devem passar pelo crivo de uma aplicação concreta. De qualquer forma, nesse como em outros casos, existe sempre um movimento contínuo entre os conceitos e as observações concretas.

O segundo princípio da teoria, o da percepção expressiva, tem, aparentemente, maior aplicação à análise de poesia e será discutido na Parte III deste livro.

O terceiro conceito aqui utilizado refere-se à distinção entre situações de equilíbrio e desequilibrio, cuja amplitude já foi analisada anteriormente. Observe-se, apenas, a diferença entre esses conceitos e os utilizados por Freud e Jung. Não será difícil verificar que os conceitos de Freud e Jung referem-se ao conteúdo da obra literária, enquanto os conceitos gestaltistas, pelo menos em sua formulação mais ampla, referem-se a aspectos formais, na realidade aplicáveis a não importa que conteúdo. Como se verá agora, na análise concreta de textos, e, sobretudo, ao enfrentar o problema do leitor, talvez seja necessário utilizar os dois níveis de conceitos.

Em resumo, a grande vantagem da teoria gestaltista, quando aplicada à literatura, decorre do fato de não apenas permitir, mas também exigir a análise do caso concreto; além disso, permite entender a obra literária como algo que não pode ser encerrado numa fórmula definitiva, mas, ao contrário, deve ser caracterizada como um padrão de estímulo que se desdobra e se multiplica à frente do leitor.

Análise concreta de textos

A discussão anterior deve ter indicado que a análise psicológica, ainda quando feita por meio do senso comum, isto é, sem conceitos ou hipóteses da psicologia científica, pode esclarecer a nossa compreensão da literatura. Em outros casos, a intuição do crítico, a partir de vagas sugestões da psicologia científica, pode desvendar um aspecto significativo de um poeta ou de uma época. Na literatura brasileira, um exemplo disso seria a análise exemplar dos poetas românticos, feita por Mário de Andrade em "Amor e medo" (1935, p.197ss.).

A análise psicológica pode, evidentemente, abandonar qualquer caracterização histórica ou social, e buscar a definição ou expressão de sentimentos fundamentais, válidos em qualquer situação. O amor, o ciúme, a inveja, o olhar, a percepção do outro são aspectos do comportamento encontrados em diferentes épocas ou situações, e podemos descobrir seus princípios gerais. É essa, por exemplo, a tendência de F. Heider, e, mesmo na análise que fez de Proust, o psicólogo procura ignorar a constelação social do romance. Essa forma de análise permite, evidentemente, maior pureza teórica; todavia, para compreender uma determinada obra literária, ou algum tema característico, o entendimento das condições significativas de uma época pode ser esclarecedor. Considere-se, como exemplo, o ensaio de Mário de Andrade, já mencionado. Parece indiscutível que o tema de "amor e medo", segundo a intuição de Mário de Andrade, não é apenas característico da época em que se acentuou, mas pode ser identificado como uma das disposições básicas do jovem diante do amor. Nesse sentido, o ensaio de Mário de Andrade ultrapassa a caracterização histórica e atinge um nível de maior generalidade. Ao mesmo tempo, se quisermos entender não mais a reação do adolescente à possibilidade do amor, mas a reação do romântico, talvez precisemos perguntar pelas condições da época, pela vida da família, pelas relações entre moços e moças. Depois, sempre caberá perguntar por que essa expressão desapareceu na poesia posterior, sendo substituída, às vezes, pela expressão mais desabrida do amor físico. Se fazemos essas perguntas, precisamos utilizar conceitos extrapsicológicos, e sacrificar o nível de abstração; no entanto, talvez esse sacrifício seja compensado por maior compreensão e, afinal, talvez nos permita atingir nível de abstração ainda mais elevado. No exemplo aqui discutido, talvez se pudesse verificar que a poesia romântica é peculiar à fase de adolescência; que a timidez diante da mulher honesta era característica de uma vida fami-liar que separava integralmente vida afetiva e vida sexual; que, na constelação familiar da época, o menino tinha especial dificuldade em identificar-se com um pai aparentemente distante e frio, que abandonava, como feminina, toda a vida sentimental. A poesia posterior, de parnasianos e simbolistas, é uma poesia adulta, e isso, pelo menos em parte, explica alguns de seus temas e de suas atitudes fundamentais. Se essa análise, aqui apenas sugerida, for adequada, podemos chegar à localização mais correta da poesia romântica, sem esquecer a sua individualidade.

Por isso, neste livro se fará uma tentativa de análise psicológica, mas, ao mesmo tempo, uma tentativa de reuni-la a análises de outro nível, mesmo que isso envolva o risco de imprecisão ainda maior. Como se indicou na Parte I deste trabalho, a literatura, como todo pensamento produtivo, é uma forma de interação do indivíduo com o ambiente, e isso faz que seja impossível entender a literatura sem fazer referência à situação concreta, tal como esta é vista pelo escritor, não apenas por meio de sua sensibilidade, mas também por meio de recursos intelectuais. Isso deverá ficar mais explícito agora, na análise concreta de textos.

Lucíola e *Senhora*

Visto da perspectiva histórica, o romantismo brasileiro parece o mais significativo de nossos movimentos literários. Os movimentos posteriores, por mais inovadores ou revolucionários, foram, até certo ponto, limitados pelos pontos de referência estabelecidos pelos românticos. Não é difícil compreender a origem dessa situação, tanto de um ponto de vista estritamente literário quanto de um ponto de vista social mais amplo.

De um ponto de vista literário, a significação do romantismo brasileiro decorre de vários fatores. Em primeiro lugar, à falta de uma tradição clássica, que tivesse pensado e definido o nosso universo estético, ou os aspectos estéticos de nossa realidade, coube ao romantismo o papel de versão original da realidade brasileira, diante da qual os movimentos posteriores precisariam definir-se. E os nossos românticos maiores, sobretudo Gonçalves Dias e José de Alencar, tiveram consciência muito nítida desse papel que lhes cabia em nossa evolução literária. Em segundo lugar, o romantismo teve a felicidade de encontrar, na cultura europeia do momento ou de época pouco anterior, interesse e valorização dos aspectos exóticos, isto é, as terras e povos não europeu. Os contemporâneos, por exemplo, Taunay e Machado de Assis, logo identificaram, em José de Alencar, os modelos de Chateaubriand e Fenimore Cooper. Portanto, ao tentarem trabalhar esteticamente a nossa realidade, já encontraram soluções anteriores, a partir das quais poderiam realizar sua obra.

De um ponto de vista social, o romantismo apresenta não apenas a tomada de consciência da nacionalidade e a tentativa de definir os seus contornos psicológicos e políticos, mas também a tomada de consciência da realidade urbana e rural do Brasil. Ainda aqui, os românticos se beneficiam de uma coincidência feliz, que não mais se repetiria em nossa história literária. De um lado, o nascimento do nacionalismo europeu, provocado em grande parte pelas guerras napoleônicas, oferece aos nossos romancistas e poetas os esquemas esteticamente válidos que passarão a utilizar, quando tentam definir uma nação brasileira. De outro, o processo de urbanização provocado pela revolução industrial europeia cria uma realidade social que, pelo menos de alguns aspectos, se aproxima da tímida urbanização devida ao comércio e à organização administrativa do Império.

Evidentemente, essas afirmações devem ser vistas com cuidado, e precisamos especificar as suas limitações. Pelo menos na poesia, os românticos podiam partir das soluções já entrevistas por nossos poetas do século XVIII. Quando Castro Alves utiliza alguns dos elementos da poesia social do romantismo europeu, não se deve perder de vista que, enquanto os europeus pensavam no operário, Castro Alves pensava e sentia o drama do escravo. Se o processo de industrialização criou, na Europa, uma classe social em que não se admitia o trabalho da mulher, essa situação criou tensões e conflitos afetivos semelhantes aos encontrados em nossa sociedade escravocrata. Essas diferenças mostram, também, até que ponto as adaptações, realizadas por nossos românticos, foram adequadas para a representação dos conflitos sociais e afetivos da segunda metade do século XIX.

Finalmente, existe uma razão talvez ainda mais poderosa para a importância do romantismo brasileiro, mesmo quando visto através de nossa época. O romantismo coincide, no Brasil, com o início de formação da burguesia e de uma sociedade de classes, e não mais de castas ou estamental, isto é, coincide com o aparecimento da possibilidade de ascensão social por meio do dinheiro.

A escolha, portanto, de *Lucíola, Senhora, D. Casmurro* e "Campo geral" procura documentar três representações estéticas desse processo, que continua até nossos dias. Será um erro, todavia, imaginar que o processo de ascensão social por meio do dinheiro seja o único aspecto da realidade que passa para a literatura. Como sempre ocorre, um processo social só se concretiza por meio de alternativas propostas ao indivíduo; enquanto isso não ocorre, o processo não é percebido, e portanto não pode encontrar expressão, embora possa existir como realidade social. De outro lado, o indivíduo pode perceber alternativas falsas e agir em razão delas. Como exemplo do primeiro caso, seria possível citar a situação do Nordeste brasileiro, que só recentemente se transformou em *problema*, embora exista, como realidade social, há muitas décadas. Como exemplo de alternativa falsa, é possível lembrar as explicações do Brasil por meio de características psicológicas permanentes do brasileiro, em vez de explicá-lo por meio de uma situação econômica e histórica.

Senhora (1875) e *Lucíola* (1862)[1] representam, talvez, os pontos mais altos da ficção urbana de José de Alencar, não só porque, dentre os que procuram retratar a vida citadina, são os seus romances mais ambiciosos, mas também porque apreen-

---

1 Citado de Alencar (1959). Além dos críticos citados no texto, a análise aqui empreendida deve muito a Antonio Candido (1959, sobretudo o v.2, p.220ss.) Como se verá adiante, na comparação entre Alencar e Machado de Assis, parti de uma observação de Antonio Candido: "A sua (de Machado de Assis) aparente singularidade se esclarece, para a historiador da literatura, na medida em que se desvendam suas filiações e, para o crítico, quando as

dem os mais significativos conflitos sentimentais da época. E talvez seja melhor analisá-los ao mesmo tempo, pois um parece completar o outro.

A primeira observação para a análise refere-se aos conceitos de romântico e realista, assim como de sua aplicação aos romances de Alencar. Em várias oportunidades, Alencar se caracteriza como realista, isto é, interessado em apresentar as características e os conflitos da sociedade da época.[2] Se pensamos em alguns dos aspectos mais noturnos do romantismo europeu, sobretudo alemão, será fácil concluir que, a esse romantismo, Alencar quase nada ficou devendo. O seu romance urbano é, até, muito realista, como se procurará mostrar agora; o que se poderia denominar romantismo de Alencar é uma certa acentuação da vida sentimental, que desapareceria no realismo de Machado de Assis ou no naturalismo de Aluísio de Azevedo.

Se admitimos a intenção realista de Alencar, podemos entender que *Senhora* e *Lucíola* representam as duas faces do mesmo conflito, isto é, a relação entre amor e dinheiro. O romance *Lucíola* começa quando Paulo, provinciano recém-chegado ao Rio de Janeiro, ao ver uma moça, exclama: "Que linda menina!... Como deve ser pura a alma que mora naquele rosto mimoso!".

Dias depois vem a saber que essa moça era, na linguagem do tempo, uma cortesã. Tornam-se amantes, mas entre eles se desenvolve não mais uma ligação fortuita, e sim amor. É então que Lúcia lhe revela a sua história. Seu nome verdadeiro era Maria, e adotou o nome de Lúcia para que a família a julgasse morta; a prostituição lhe fora imposta por um homem rico, que

---

liga ao talento peculiar com que fecundou a fórmula do romântico, acrescentando à apresentação realista das relações sociais urbanas uma profundidade analítica, inacessível à bonomia de Manuel Antônio, mas pressentida pelo Alencar de *Senhora* e *Lucíola*, no qual se entronca diretamente" (p.118).

2 Essa intenção é apresentada em pequeno artigo de Alencar (1959, v.4, p.42ss.) a respeito de seu teatro ("A comédia brasileira").

a comprara num momento de doença e miséria em casa. Aos poucos, Lúcia se afasta fisicamente de Paulo, e entre eles se desenvolve um amor exclusivamente espiritual. O romance termina com a morte de Lúcia.

Esse esquema aparentemente simples de romance apresenta várias situações muito reveladoras. A primeira delas refere-se à ideia de prostituição, que foi um dos temas prediletos ou constantes dos românticos. Se não é possível compreender integralmente esse processo, pois nossa reconstrução afetiva de outras épocas é forçosamente incompleta e um pouco artificial, podemos tentar discernir alguns dos seus delineamentos mais importantes. Antes do século XIX não se encontra, pelo menos nas classes mais ricas, que deixam documentação para a história, relação entre o amor e o casamento. Seria suficiente lembrar dois textos de Montaigne e D. Francisco Manuel de Melo para perceber a distinção que se fazia entre o casamento e o amor.

Montaigne diz que o casamento, instituição destinada a manter a família, não pode depender de um sentimento mutável como é o amor.[3] No texto de D. Francisco Manuel de Melo,[4] o rapaz que se casa é aconselhado a deixar o amor *sem vista*, isto é, apaixonado, para as damas; para a esposa deveria reservar o *amor*

---

3 O texto de Montaigne é o seguinte: "*On ne se marie pas pour soi, quoiqu'on dise; on se marie autant plus pour sa posterité, pour sa famille. Aussi est-ce une espèce d'inceste, d'aller employer, à ce parentage vénérable et sacré, les efforts et les extravagances de la licence amoreuse... Un bon marriage... refuse la compagnie et conditions de l'amour; il tasche a se présenter celles de l'amitié...*". W. Sombart, de onde foi tirada essa citação, comenta: "o mais importante foi o fato de a sociedade ter vivido, durante vários séculos, de acordo com esses princípios, estabelecendo, em certas classes sociais, uma separação evidente entre o amor e o matrimônio, como duas coisas independentes e igualmente justificadas". É claro, diz mais adiante este autor, que isso supõe a formação do meretrício. (ver Sombart, 1951, p.65ss).

4 "Ame-se a mulher, mas de tal sorte que se não perca por ela seu marido. Aquele amor cego fique para as damas, e para as mulheres o amor com vista. Ou cure os olhos que tem, ou os peça emprestados ao entendimento desses que lhe sobejam" (Melo, s.d., cap.III).

com *vista*, vale dizer, racional. Se Montaigne não o diz, D. Francisco Manuel de Melo supõe, e não condena, a prostituição. Por isso, não seria muito errado dizer que esta, sob suas várias formas, era admitida, pelo menos nas classes mais altas, como uma realidade indiscutível, ainda que moralmente incômoda.

Quando os românticos descobrem a santidade do amor, são levados também a redescobrir a prostituição e a examiná-la de outra perspectiva. Se o amor é uma das formas de redenção, como compreender que, na prostituta, possa transformar-se em degradação e miséria?

O romance de Alencar apresenta uma das soluções para esse conflito e, em parte, sua originalidade consiste em desviar a questão para um problema de ordem psicológica. A primeira forma de ler o romance seria pensar que Alencar tivesse tido a intuição da dupla personalidade, isto é, dos casos em que, na mesma pessoa, se organizam "dois sistemas" de sentimentos, um dos quais estrutura as tendências condenáveis, enquanto o outro reúne os aspectos socialmente aceitos.[5] É característico de tais casos que a personalidade *boa* esqueça ou ignore a existência e o comportamento da personalidade condenada (Thigpen & Cleckley, 1957). Em alguns momentos, a autodescrição da heroína pode dar essa impressão: ao narrar o momento em que se vendeu a Couto, diz:

> quase que não me lembrava do que se tinha passado entre mim e aquele homem ... Aquele esquecimento profundo, aquela alheação absoluta do espírito, que eu sentira da primeira vez, continuou sempre. Era a tal ponto que depois não me lembrava de coisa alguma; fazia-se como que uma interrupção, um vácuo na minha vida. No momento em que uma palavra me chamava ao meu papel, insensivelmente, pela força de hábito, eu me esquivava, separava-me de mim mesma, e fugia deixando no meu lugar outra mulher, a

---

5 Observe-se que, em tais casos, *deve* aparecer uma personalidade mais completa ou madura, capaz de integrar os aspectos antagônicos.

cortesã sem pudor e sem consciência, que eu desprezava, como uma coisa sórdida e abjeta.

No entanto, a consciência que tem da "personalidade" condenável mostra que a heroína não se dividira inteiramente, ou, pelo menos, não se dividira a ponto de esquecer completamente os sentimentos que não aceitava.

A separação, que efetivamente existe e chega a exigir a identificação por meio de dois nomes, Lúcia e Maria da Glória, se dá entre o corpo e a alma:

> vendo esta água tão clara toldar-se de repente, pareceu-me que via minha alma; e acreditei que ela sofria, como eu quando os sentidos perturbam a doce serenidade de minha vida... a lama deste tanque é meu corpo: enquanto a deixam no fundo e em repouso, a água está pura e límpida! ... Mas horrível era quando nos braços de um homem este corpo sem alma despertava pelos sentidos. Oh! Ninguém pode imaginar! Queria resistir e não podia! Queria matar-me trucidando a carne rebelde! Tinha instintos de fera! Era uma raiva e desespero, que me davam ímpetos de estrangular o meu algoz. Passado esse suplício restava uma vaga sensação de dor, e um rancor profundo pelo ente miserável que me arrancara o prazer das entranhas convulsas!

A separação entre alma e corpo resulta, no caso, de uma dicotomia que os românticos dificilmente conseguiam ultrapassar: se o amor é uma forma de pureza, não pode ser contaminado pela sensualidade física. Por isso, ao morrer, a heroína pode exclamar:

> se soubesses que gozo supremo é para mim beijar-te neste momento! Agora que o corpo já está morto e a carne álgida não sente nem a dor nem o prazer, é a minha alma só que te beija, que se une à tua e se desprende parcela por parcela para se embeber em teu seio.

Antes, ainda como Lúcia, assim falaria do amor:

para que amar? O que há de real e melhor na vida é o prazer, e esse dispensa o coração. O prazer que se dá e recebe é calmo e doce, sem inquietação e sem receios. Não conhece o ciúme que desenterra o passado, como dizem que os abutres desenterram os corpos para roerem as entranhas. Quando eu lhe ofereço um beijo meu, que importa ao senhor que mil outros tenham tocado o lábio que o provoca?

Até aqui, a descrição de Alencar coincide com as convenções literárias do romantismo; tais convenções resultavam da transposição da realidade social da época e, sobretudo, da distinção entre mulheres de classes sociais diferentes. A mulher de classe mais alta, a única que deveria ser aceita como esposa, deveria ser respeitada; a de classe inferior, se não poderia ser amada "espiritualmente", poderia ser amada fisicamente. Na poesia, essa diferença é apresentada por Casimiro de Abreu. Observe--se que no celebrado "Amor e medo" a atitude de Casimiro é de respeito à moça:

> Quando eu te fujo e me desvio cauto
> Da Luz de fogo que te cerca, oh! bela,
> Contigo dizes, suspirando amores:
> "– Meu Deus! que gelo, que frieza aquela!"
> ....
> Como te enganas! meu amor é chama
> Que se alimenta no voraz segredo,
> E se te fujo é que te adoro louco...
> És bela – eu moço; tens amor – eu medo!

É que, se não resistisse:

> "Vampiro infame, eu sorveria em beijos
> Toda a inocência que teu lábio encerra,
> E tu serias no lascivo abraço
> Anjo enlodado nos pauis da terra.
> Depois... desperta no febril delírio

– Olhos pisados – como um vão lamento,
– Tu perguntaras: que é da minha c'roa?
Eu te diria: – desfolhou-a o vento!"[6]

Observe-se, agora, que ao dirigir-se à moça de classe inferior, desaparecem as inibições:

Morena, minha Morena,
És bela, mas não tens pena
De quem morre de paixão!
– Tu vendes flores singelas
E guardas as flores belas,
As rosas do coração?
....
Eu disse então: – "Meus amores,
"Deixa mirar tuas flores,
"Deixa perfumes sentir!"
Mas naquele doce enleio,
Em vez das flores, no seio,
No seio te fui bulir!"

Dessa distinção resulta o duplo padrão de moralidade, segundo o que é pecado imperdoável para a mulher, para o homem é um direito indiscutível. Na história de *Lucíola*, o herói parece nada perder com seu contato com prostitutas, mas Lúcia perdeu todos os direitos e toda a sua dignidade. Por isso, ao reconhecer que não poderia aspirar ao casamento, a heroína propõe a Paulo o casamento com a irmã:

Ana te daria os castos prazeres que não posso dar-te; e recebendo-os dela, ainda os receberias de mim ... amarias nela minha imagem purificada, beijarias nela os meus lábios virgens ... Tu vives num mundo, Paulo, onde há condições que serás obrigado a aceitar, cedo ou tarde; um dia sentirás a necessidade de criar uma

---

6 Cito da edição de Souza da Silveira, *Obras de Casimiro de Abreu* (Abreu, 1939).

família, e gozar das afeições domésticas ... Há sentimentos e gozos que ainda não sentiste, e só uma esposa casta e pura te pode dar...

Embora essa esquematização seja válida, e constitua o cerne do romance, não faz justiça a Alencar. Se descermos um pouco mais em nossa análise, veremos que José de Alencar teve uma intuição surpreendente da formação da personalidade e, apesar das aparências de convencionalismo, nos deu um romance estranhamente moderno, a que não falta certa perplexidade diante de situações humanas fundamentais. Essas são algumas das razões para a desorientação da crítica, que parece ter procurado, inutilmente, uma fórmula para classificar Lúcia. Assim, Artur Mota escreveu:

> não é, portanto, humana a figura de Lúcia e mesmo para os que sustentam a verossimilhança das mais extravagantes concepções, deve-se objetar que a exterioridade da vida de Lúcia não corresponde ao estado de alma de Maria da Glória. *Lucíola* não passa de uma fantasia do romancista brasileiro, que nunca revelou qualidades de psicólogo. (Mota, 1959, v.1, p.296-7)

Ora, como se procurou indicar aqui, a intenção de Alencar é efetivamente separar corpo (Lúcia) e alma (Maria da Glória), como partes distintas da personalidade feminina; a rigor, não tem sentido discutir se isso é possível ou não, pois a verdade é que a concepção romântica da mulher exigia essa separação, e Alencar tentou transpô-la para o romance.

A outra parte da crítica de Artur Mota, que nega a "psicologia" de Alencar, é compreensível, embora também não seja correta. Alencar aprendeu a formação da personalidade em um nível para o qual a psicologia tradicional não tinha esquemas intelectuais. De fato, a psicologia clássica supunha o *eu* como dado fundamental e indiscutível, e o conhecimento dos outros como resultante de inferências, por analogia, por meio do autoconhecimento. É somente no século XX, com a fenomenologia, a teoria da *gestalt* e certas tendências da psicologia social, que se vem a discutir essa teoria e a supor o *eu* como resultado da interação com os outros. A partir desse momento, passamos a compreender que, pelo menos em grande parte, só nos conhecemos através dos outros ("os outros são os nossos espelhos" – dirá Ichheiser). Se temos esse conceito de um autoconhecimento indireto, que resulta da interação e, sobretudo, da percepção do outro, o romance de Alencar se torna transparente, e passamos a entender que as oscilações de Lúcia não são resultantes de uma personalidade doentia, mas da maneira pela qual se vê, através dos olhos de Paulo.

Por isso, não será demais falar na modernidade de Alencar, embora o romancista possa não ter tido possibilidade de explicitar toda amplitude de sua intuição. No romance, cabe a Paulo, provinciano ingênuo, conhecer diretamente a personalidade de Lúcia, enquanto os outros, que a viam através do estereótipo, permaneciam cegos para suas qualidades reais. Já no primeiro encontro, Paulo exclama: "Como deve ser pura a alma que mora naquele rosto mimoso!". Depois, quando a encontra na festa da Glória, o que chama a sua atenção é que "ressumbrava na sua muda contemplação doce melancolia, e não sei que laivos de tão ingênua castidade, que o meu olhar repousou calmo e sereno na mimosa aparição". Já no fim do romance, a heroína dirá, com plena consciência da origem de sua transformação:

> não renasci pela luz que derramaste em minha alma? Não és meu senhor, meu artista, meu pai e meu criador?... Se estivesses junto de mim durante aquela eternidade de vinte dias em que me deixaste só com a minha consciência, verias que martírio foi o meu, quando eu queria erguer-me do abismo para abrigar-me e esconder-me em ti; mas sentia a tua própria mão que me repelia e precipitava de novo!

Em resumo, Alencar mostra, certamente com o sentimentalismo e os exageros da época, que Lúcia só poderia reencontrar o seu *eu* verdadeiro no momento em que o encontrasse na percepção de alguém que realmente a conhecesse. Mas essas revelações se fazem, nos melhores momentos do romance, em situações pejadas de ambiguidade, em que Paulo se divide entre o conhecimento imediato que tem de Lúcia, e as informações que lhe dão, enquanto Lúcia procura manter, no herói, a primeira impressão que lhe causou, numa desesperada busca de si mesma. Nas duas primeiras visitas de Paulo à casa de Lúcia esse jogo de percepção permite a Alencar sugerir todo o desenvolvimento do romance, como se as duas personagens aí denunciassem as suas virtualidades.

Se esse é o caminho pelo qual Lúcia tentou voltar ao seu *eu* verdadeiro, resta indicar de que forma se deu, inicialmente, a sua queda. Maria da Glória fora comprada por Couto:

> ele tirou do bolso algumas moedas de ouro, sobre as quais me precipitei, pedindo-lhe de joelhos que mas desse para salvar minha mãe; mas senti os seus lábios que me tocavam, e fugi... Não sabia o que queria esse homem; ignorava então o que é a honra e a virtude da mulher; o que se revoltava em mim era o pudor ofendido...

Com esse dinheiro salva parte da família, mas o pai a expulsa de casa e "quinze dias depois de expulsa por meu pai era... o que fui".

Em *Senhora*, Alencar apreende a situação inversa à de *Lucíola*, isto é, escreve a história não da mulher, mas do homem que se vende. Como em *Lucíola*, as tintas são carregadas com certo estouvamento sentimental, mas também aqui o romancista consegue apreender os dados da situação real.

Aurélia, moça extremamente pobre e sem posição social, tinha sido cortejada por Fernando Seixas, que a deixara para namorar uma outra moça, que possuía um pequeno dote. Quando Aurélia recebe uma fabulosa herança de seu avô, decide oferecer, indiretamente, um dote maior e assim conseguir casar-se com

Fernando. Na noite de núpcias, revela a Fernando que ela fora a autora da proposta e indica a situação em que começam a viver:

> sou rica, muito rica, sou milionária; precisava de um marido, traste indispensável às mulheres honestas. O senhor estava no mercado; comprei-o. Custou-me cem contos de réis, foi barato; não se fez valer. Eu daria o dobro, o triplo, toda a minha riqueza por este momento.

O maior interesse do romance reside, como em *Lucíola*, na interação em que ambos acabarão por revelar-se. Como em *Lucíola*, a situação é ambígua, pois Fernando, depois da noite de núpcias, não tem possibilidade de conhecer as intenções ou os sentimentos de Aurélia; esta conserva uma imagem do moço que amou, e precisa recolocar, na imagem do marido, as qualidades que supunha ter encontrado em Fernando, quando o conheceu. Portanto, pelo menos para Aurélia, a vida se desdobra em vários planos: o do passado que procura reviver no presente; o da situação atual, em que se sente atraída e repelida pelo marido; o do futuro, que permanece como possibilidade aberta. Esses vários planos se revelam aos poucos e frequentemente se cruzam, provocando as bruscas oscilações na vida interior e no comportamento de Aurélia. Para restabelecer o passado, Aurélia conserva um retrato do marido:

> o homem que eu amei e que amo, é este ... o senhor tem as suas feições; a mesma elegância, a mesma nobreza de porte. Mas o que não tem é a sua alma, que eu guardo aqui em meu seio e que sinto palpitar dentro de mim, e possui-me, quando ele me olha.

Mas a trama de convivência ora aproxima ora afasta Aurélia de seu marido. Em alguns momentos em que seus corpos se tocam, Aurélia é obrigada a um grande esforço para negar e anular o que sente; mesmo quando parece não mais resistir, encontra a frieza de Fernando. Depois da valsa em que desmaia nos braços do marido, afigurava-se a Aurélia que achara enfim a encarnação de seu ideal, o homem a quem adorava, e cuja sombra a tinha cruelmente escarnecido até aquele instante, esvanecendo-se quando ela julgava tê-lo diante dos olhos.

Mas novamente Fernando a afasta, com uma palavra sarcástica. Essas oscilações fazem que Aurélia não consiga estabelecer um plano para o futuro; por isso, se de um lado se refugia no passado, de outro espera um acontecimento qualquer que a liberte da trama que ela mesma preparou.

As dúvidas de Fernando se referem menos a Aurélia do que à sua autoimagem. O falso casamento é, para ele, um processo de reeducação, em que é obrigado a rever os seus valores e a modificar o seu comportamento. Como é colocado diante de uma situação bem definida, pode construir uma conduta também nítida quanto ao seu objetivo, isto é, pagar o preço pelo qual tinha sido comprado. É evidente que, como Aurélia, também se perturba com a situação e não tem recursos para impedir os seus sentimentos, embora consiga dominar a sua exteriorização.

É evidente a intenção de Alencar ao escrever *Senhora*. A sociedade de sua época está diante de dois padrões de casamento: o de conveniência e o de amor. Parece evidente que, em fase pouco anterior, quando os jovens não tinham possibilidade de namoro e escolha afetiva, o casamento organizado pela família não representava uma violência. Esta se torna clara no momento em que se dão dois processos: a ascensão social pelo dinheiro, permitida pela formação de uma burguesia relativamente desenvolvida, e o da possibilidade de escolha entre os jovens. Quando isso ocorre, o ideal de matrimônio começa a exigir o acordo das partes, e, por isso, permite o casamento hipócrita; portanto, mesmo quando realizado por conveniência, o casamento exigia, formalmente, a existência do amor. Essa possibilidade provoca a revolta de Aurélia, enquanto Fernando confessa que a sociedade no seio da qual me eduquei, fez de mim um homem à sua feição; o luxo dourava-me os vícios, e eu não via através da fascinação o materialismo a que eles me arrastavam. Habituei--me a considerar a riqueza como a primeira força viva da existência, e os exemplos ensinavam-me que o casamento era meio tão legítimo de adquiri-la, como a herança e qualquer honesta especulação.

Quando Aurélia, na noite de casamento, revela a hipocrisia desse comportamento, atinge um núcleo indestrutível da personalidade de Fernando, e, a partir daí, o herói começa o período de autêntica revelação de si mesmo.

Ainda aqui, os processos de autoconhecimento e conhecimento do outro se assemelham aos que o romancista procurou revelar em *Lucíola*. Assim como Paulo não se enganou com Lúcia, Aurélia não se enganou com Fernando; em ambos os casos, a amor permite ultrapassar a camada de aparências com que o indivíduo se revela na vida cotidiana. Em ambos os casos, também, esse conhecimento é perturbado por situações falsas, em que as pessoas não conseguem revelar a sua personalidade autêntica. Lúcia, prostituída, não encontra quem aceite o seu *eu* verdadeiro; Fernando, casado por dinheiro, está também aprisionado em uma relação falsa e intolerável. Finalmente, nos dois casos o processo de interação entre as pessoas acaba por superar todas as barreiras externas, como se o amor pudesse rasgar as máscaras impostas pelos estereótipos e por uma vida artificial. Tanto em *Senhora* quanto em *Lucíola* esse processo de redenção depende do dinheiro: Lúcia não aceita dinheiro de Paulo e Fernando não gasta o dinheiro de Aurélia. Fernando reúne cem contos para comprar o seu resgate, e Lúcia só se liberta da prostituição quando reúne dinheiro para tornar-se independente.

Essas aproximações não eliminam uma diferença fundamental. Enquanto Fernando se torna inteiramente livre e pode começar a sua existência autêntica, Lúcia só liberta sua alma pela destruição do corpo. Na verdade, não é fácil compreender essa diferença. Talvez resulte do duplo padrão de moralidade, que perdoa os erros do homem, mas não os da mulher; talvez resulte, no entanto, do fato de Lúcia ter perdido o corpo numa relação espúria, enquanto Fernando foi impedido de fazê-lo. Aparentemente, nas personagens de Alencar, o corpo é sempre um obstáculo para o conhecimento e o amor, e não um veículo para sua realização. Apesar disso, alma e corpo se comunicam na percepção direta: Paulo é capaz de descobrir imediatamente Maria da Glória oculta sob o corpo de Lúcia, e Aurélia percebe o Fernando autêntico sob o falso. Mas, no contato, os corpos tendem a adquirir autonomia e a negar a pessoa verdadeira. Lúcia pode sentir o corpo despertar, ainda quando a alma esteja *ausente* ou *adormecida*; Aurélia pode sentir-se atraída por Fernando, ainda quando o despreze.

Essa análise mostra que a concepção psicológica, subjacente às personagens de Alencar, apresenta uma surpreendente complexidade, muito distante de sua esquematização superficial. O indivíduo é dotado de um núcleo pessoal indestrutível, embora possa não ter oportunidade para desenvolvimento. Sobre esse núcleo se constrói uma personalidade superficial, que é a conhecida pelos outros. Todavia, por meio do amor é possível identificar direta e imediatamente a pessoa real, ainda que esta esteja sufocada pela vida social. Quando a pessoa encontra um apoio externo, pode iniciar a caminhada para a autorrevelação e a autoafirmação. O autoconhecimento se dá, portanto, por meio da interação com o outro, e é um processo difícil, pois depende do amor espiritual, enquanto o corpo parece dotado de autonomia e ser atraído por outros corpos. A existência desses níveis diferentes fez que as personagens de Alencar parecessem *ilógicas* ou *inverossímeis*. Na verdade, ao contrário do que ocorre nas personagens mais características do romance do século XIX, as personagens de Alencar não são *típicas*, isto é, não carregam uma individualidade bem definida e inconfundível por meio de um sentimento dominante e unificador; parecem, ao contrário, pessoas dilaceradas por obscuros impulsos antagônicos, cuja unificação ou revelação depende do outro e, sobretudo, do outro que ama.

Nesse sentido, Alencar, como se verá agora, é mais *moderno* do que Machado de Assis ou Eça de Queirós, pois, ao contrário do que ocorre nas personagens destes, as de Alencar dependem da interação com outros, e oscilam de acordo com ela. Todavia, assim como a crítica não tinha recursos teóricos para entender essa peculiaridade das personagens principais de *Senhora* e *Lucíola*, Alencar também não as explorou integral ou profundamente. No entanto, parece ter tido consciência do problema. Assim, em *Senhora* há uma descrição reveladora do processo de interação. Aurélia recusa o marido, mas guarda, em seu quarto, um retrato, não do Fernando atual, mas do que antes conhecera, e adormece olhando para ele; o romancista comenta:

> É que os choques destas duas almas, que uma fatalidade prendera, para arrojá-las uma contra a outra, produziam sempre afastamento e frieza. A remissão foi mais sensível e duradoura depois da noite do baile, porque também a crise fora mais violenta.

Essa crise, como se observou antes, resulta do encontro dos corpos, a que Aurélia e Fernando quase se rendem ("veio, porém, a valsa, e ele subjugado pela beleza da mulher, e por sua prodigiosa fascinação, esqueceu todos os protestos de dignidade"). Assim mesmo,

> durante estas pausas, Aurélia observava o marido, e assistia comovida à transformação que se fora operando naquele caráter, outrora frágil, mundano e volúbil, a quem uma salutar influência restituía gradualmente à sua natureza generosa.

Como não explora integralmente essa perspectiva, Alencar cria personagens que, nos melhores momentos, são reveladores para logo depois caírem no convencionalismo.

Dom Casmurro

Parece superada a imagem de um Machado de Assis distante da realidade brasileira ou a ela indiferente. As suas crônicas, assim como sua crítica literária, demonstram exatamente o oposto; um homem de letras, um contemplativo, talvez, mas de qualquer forma inteiramente voltado para a realidade em que vivia. A imagem falsa que dele construíram decorre, provavelmente, do fato de ser, desde muito moço, um escritor, e não o que era mais frequente, um jornalista ou intelectual cujo objetivo fosse a política. Esse desinteresse pela participação como político talvez explique a imagem de um homem distante de seu país. O outro motivo capaz de explicar essa imagem de desinteresse decorre da verdadeira criação literária que Machado de Assis realizou, isto é, do fato de transfigurar a realidade de seu tempo, para aí descobrir os conflitos mais profundos e as situações mais reveladoras. Se José de Alencar tentou os grandes panoramas e procurou erguer um mural da sociedade brasileira, buscando suas raízes e tentando identificar seus traços característicos, Machado foi o miniaturista das classes média e superior do Rio de Janeiro de seu tempo. Em vez de tentar o panorama, procurou os indivíduos e seus sentimentos, como pontos de aplicação dos conflitos externos. Por isso, no sentido tradicional da palavra, Machado é o mais psicólogo de nossos escritores: procura identificar as personalidades e os seus conflitos interiores.

Como o seu universo social é muito limitado, as personagens de Machado se movem dentro de poucas situações básicas, enquanto o romancista procura analisá-las em todos os por-

Psicologia e literatura

menores, até que revelem a sua feição menos aparente. Isso faz de Machado o contista exemplar, pois o conto permite a análise impiedosa da personagem apanhada em momento revelador. Aí está, provavelmente, a razão pela qual Machado parece monótono ao leitor menos habituado a essa forma de análise; quanto ao acontecimento, a sua ficção é quase estática, pois o dinamismo se restringe, quase sempre, às contradições interiores. Basta pensar em alguns de seus contos clássicos, "Missa de Galo", "Uns braços", "Teoria do medalhão", "A chinela turca", "O espelho", para ver que o acontecimento mínimo permite a invasão da intimidade secreta e puxar a franja de suas virtudes, de que nos fala o Diabo, ao propor sua igreja:

> só agora concluí, uma observação, começada desde alguns séculos, e é que as virtudes, filhas do céu, são em grande número comparáveis a rainhas, cujo manto rematasse em franjas de algodão. Ora, eu proponho-me a puxá-las por essa franja, e trazê-las todas para minha igreja; atrás dela virão as de seda pura...[7]

Como todos lembram, depois de algum tempo o Diabo descobre que, quando os vícios se transformam em virtudes, as antigas virtudes se transformam em vícios, e representam uma tentação para os homens; no entanto, Machado nunca teve a intenção de descobrir a virtude sob o vício, mas apenas este sob aquela. Embora existam personagens boas em seus romances e contos, Machado não parece interessar-se por elas, mas apenas por aquelas cuja maldade esteja oculta sob um véu de virtude. Por isso, suas personagens revelam, quase sempre, os aspectos menos agradáveis da experiência humana, embora geralmente não revelem os piores. Sua humanidade parece constituir-se pela mediania, e a grande arte machadiana consiste, talvez, em descobrir a vibração, as paixões e as tristezas ocultas sob as faces

---

7 De Machado, cito o texto de 1959. Indico o título do romance ou do conto, mas não as páginas, para não interromper, a todo momento, o fio da leitura.

aparentemente neutras que os homens revelam na vida cotidiana. De outro lado, essa revelação geralmente não se faz com amargura, nem com lances dramáticos, mas com um ar divertido que Machado parece capaz de descobrir em todas as ações e todas as coisas. Isso não ocorre apenas no conto ou no romance, mas também na crônica, onde a notícia é sempre pesquisada, em busca de um aspecto menos louvável. Numa crônica de 1894, ao comentar o suicídio de uma bailarina, que fora amante do imperador russo, então falecido, diz Machado de Assis:

> há aqui um mistério. Não é vulgar em bailarinas essa fidelidade, verdadeiramente eterna. Muitas vezes choram; estanques as lágrimas, recolhem as recordações do morto, outras tantas lágrimas cristalizadas em diamantes, contam os títulos da dívida pública, estão certos; as sedas são ainda novas, todos os tapetes vieram da Pérsia ou da Turquia.

Note-se que essa observação é semelhante a outra, em *Memórias póstumas de Brás Cubas*. "Marcela, por exemplo, que era bem bonita, Marcela amou-me... durante quinze meses e onze contos de réis; nada menos".

Nem sempre esse desmascaramento das emoções humanas se faz tão direta ou cinicamente; as melhores páginas de Machado, pelo menos literariamente, talvez sejam aquelas em que essa contaminação pelo mal e pela mesquinharia aparece transfigurada ou apenas sugerida. Nesse caso estão algumas das mais belas páginas de *Dom Casmurro*. No entanto, antes de passar a essa análise não será importuna uma outra observação geral. Os críticos de Machado de Assis têm salientado a sua amargura diante do espetáculo humano, o que é inteiramente justificado pela escolha dos seus temas e pela interpretação que dá dos sentimentos humanos; por isso, têm abandonado um outro aspecto, igualmente real, embora menos grandioso, e que é a graça de Machado. Na verdade, grande parte do que às vezes parece amargura e revolta é apenas a percepção do grotesco ou do ridículo, que era um dos seus traços fundamentais e distintivos. Se acompanhamos a evolução de seus romances, não será difícil perceber que apenas nas *Memórias póstumas*, quando aparentemente se descobre, é que Machado encontra o humorismo, que seria a forma adequada para exprimir a sua visão do homem.

A escolha de *Dom Casmurro* para a análise é uma tentativa de examinar a apresentação de um conflito semelhante ao que foi apresentado em *Senhora*. Claro está que o mesmo poderia ser feito com *A mão e a luva*, com *Helena* e, sobretudo, com *Iaiá Garcia*. Em todos eles, como é fácil observar, Machado enfrenta o problema da ascensão social por meio de casamento, que será o tema de *Dom Casmurro*. Não seria difícil mostrar, também, que já nos primeiros romances Machado revela uma concepção diversa da de Alencar, e que essa concepção continuará a desenvolver-se nos romances seguintes, embora a análise se aprofunde cada vez mais. Esse aprofundamento não é uma forma de maior esclarecimento dos conflitos básicos; às vezes, parece que se dá exatamente o oposto. Alguns exemplos poderão justificar essa afirmativa.

Em *A mão e a luva*, Guiomar deve escolher entre três pretendentes: Estêvão, que é o apaixonado irresoluto; Jorge, que é o noivo desejado pela família adotiva da moça; Luís Alves, que é o rapaz ambicioso, cujo temperamento se aproxima do de Guiomar. A escolha de Luís Alves é assim explicada pelo romancista:

> em torno dele ia fazer-se aquela luz, que era a ambição da moça, a atmosfera, que ela almejava respirar. Estêvão dera-lhe a vida sentimental – Jorge, a vida vegetativa; em Luís Alves via ela combinadas as afeições domésticas com o ruído exterior.

No final, Guiomar pergunta ao marido: "– Mas que me dá você em paga? um lugar na câmara? uma pasta de ministro? – O lustre do meu nome, respondeu ele."

Em *Memórias póstumas* o processo se repete. Estêvão, isto é, o irresoluto, o desambicioso, chama-se agora Brás Cubas; Luís Alves, o ambicioso e decidido, chama-se Lobo Neves; Guiomar, a ambiciosa, chama-se Virgília. É Brás Cubas que narra:

> Uma semana depois, Virgília perguntou ao Lobo Neves, a sorrir, quando seria ele ministro:
> – Pela minha vontade, já; pela dos outros, daqui a um ano.
> Virgília replicou:
> – Promete que algum dia me fará Baronesa?
> – Marquesa, porque eu serei marquês.
> Desde então, fiquei perdido. Virgília comparou a águia e o pavão, e elegeu a águia, deixando o pavão com o seu espanto, o seu despeito, e três ou quatro beijos que lhe dera. Talvez cinco beijos; mas dez que fossem não queria dizer coisa nenhuma. O lábio do homem não é como a pata do cavalo de Átila, que esterilizava o solo em que batia; é justamente o contrário.

Entre a cena de *A mão e a luva* e a de *Memórias póstumas* existe uma diferença de perspectiva; se em ambas ocorre a mesma revelação do encontro de ambições, na segunda encontramos não só a graça no dizer, mas também o comentário malicioso, que destrói o dramático da situação e a iguala a experiências humanas semelhantes.

Em *Helena*, como em *Iaiá Garcia*, encontramos o processo de ascensão pelo casamento, mas em ambos a heroína o recusa. No caso de Helena, a recusa decorre da situação criada, que prenuncia o incesto; Estela, em *Iaiá Garcia*, renuncia ao casamento vantajoso por orgulho, porque não suportaria uma posição secundária. Já em *Dom Casmurro* o processo social aparece integrado no processo psicológico das personagens. As suas características mais profundas não são reveladas explicitamente, mas apenas sugeridas por uma frase, um gesto, ou o ambiente. Penetramos no domínio da ambiguidade.

Reduzido a seu esquema fundamental, *Dom Casmurro* é a história de Bentinho e Capitu, companheiros e namorados de infância, que se casam. A história, narrada por Bentinho, termina com a traição de Capitu, que aparentemente se tornara amante de Escobar e deste tem um filho, Ezequiel. O casamento de conveniência parece sugerido logo no início do romance, por José Dias: "a pequena é uma desmiolada; o pai faz que não vê; tomara ele as coisas corressem de maneira, que...". A razão para a suspeita de José Dias é evidente: se a família de Bentinho é muito rica, a de Capitu é bem pobre. O herói narrador sugere também que os pais de Capitu estão predispostos a aceitá-lo, enquanto a heroína parece obrigada a um longo trabalho de conquista da família de Bentinho. Quando a mãe de Capitu vê que esta e Bentinho conversam no quintal,

> apareceu à porta da casa; não sei para quê, se nem me deixou tempo de puxar o braço; desapareceu logo. Podia ser um simples descargo de consciência, uma cerimônia, como as rezas de obrigação, sem devoção, que se dizem de tropel; a não ser que fosse para certificar aos próprios olhos a realidade que o coração lhe dizia...

O pai de Capitu, ao despedir-se de Bentinho, que vai para o seminário, "tinha os olhos úmidos deveras; levava a cara dos desenganados, como quem empregou em um só bilhete todas as suas economias de esperanças, e vê sair branco o maldito número – um número tão bonito!". Os cuidados de Capitu, para agradar à família do Bentinho, não escapam à tia maldosa:

> como minha mãe adoecesse de uma febre, que a pôs às portas da morte, quis que Capitu lhe servisse de enfermeira. Prima Justina, posto que isso a aliviasse de cuidados penosos, não perdoou à minha amiga a intervenção. Um dia, perguntou-lhe se não tinha que fazer em casa; outro dia, rindo, soltou-lhe este epigrama: "Não precisa correr tanto; o que tiver de ser seu às mãos lhe há de ir".

Finalmente, depois do casamento,

> a alegria com que pôs o seu chapéu de casada, e o ar de casada com que me deu a mão para entrar e sair do carro, e o braço para andar

na rua, tudo me mostrou que a causa da impaciência de Capitu eram os sinais exteriores do novo estado. Não lhe bastava ser casada entre quatro paredes e algumas árvores; precisava do resto do mundo também. E quando eu me vi embaixo, pisando as ruas com ela, parando, olhando, falando, senti a mesma coisa.

Ainda aqui se repete o esquema psicológico dos primeiros romances; no entanto, a diferença social entre os namorados parece apenas a moldura para a expressão do choque de personalidades. Em *Dom Casmurro*, Bentinho é o tímido e irresoluto, enquanto Capitu é a ambiciosa e decidida, capaz de encontrar os caminhos para o seu objetivo. Essa diferença se manifesta já na adolescência:

> – Mas eu também juro! Juro, Capitu, juro por Deus Nosso Senhor que só me casarei com você. Basta isso?
> – Devia bastar, disse ela; eu não me atrevo a pedir mais. Sim, você jura... Mas juremos por outro modo; juremos que nos havemos de casar um com o outro, haja o que houver.
> Compreendi a diferença; era mais que a eleição do cônjuge, era a afirmação do matrimônio. A cabeça da minha amiga sabia pensar claro e depressa.

Bentinho, ao contrário, tem os impulsos para as ações decisivas, mas parece incapaz de realizá-las, exatamente como o Estêvão, de *A mão e a luva*, ou *Brás Cubas*. Mas em *Dom Casmurro*, ao contrário do que ocorre em *A mão e a luva*, o casamento se dá entre pessoas incompatíveis. O leitor sente, desde o início, que Escobar e Capitu pareciam destinados um ao outro; a mesma decisão, a mesma ambição, o mesmo gosto pelo dinheiro. Quando procura uma forma de fugir ao seminário, Bentinho só encontra planos absurdos; Capitu e Escobar, ao contrário, têm os pés fincados na terra, e aí procuram solucionar o problema. Capitu logo imagina que José Dias, pela sua maleabilidade e subserviência, poderia ser advogado precioso; Escobar encontrará a fórmula salvadora, que consistia em pagar os estudos de outro seminarista. A ambição de Escobar se revela na capacidade de calcular, no interesse que tem pelas propriedades de Bentinho; a de Capitu aparece, por exemplo, no episódio das libras:

> Capitu, ao percebê-lo, fez-se a mais mimosa das criaturas, pegou-me na mão, confessou-me que estivera contando, isto é, somando uns dinheiros para descobrir parcela que não achava. Tratava-se de uma conversão de papel em ouro...
> – Mas que libras são essas? Perguntei-lhe no fim.
> Capitu fitou-me rindo, e replicou que a culpa de romper o segredo era minha. Ergueu-se, foi ao quarto e voltou com dez libras esterlinas, na mão; eram as sobras do dinheiro que eu lhe dava mensalmente para as despesas.
> – Tudo isto?
> – Não é muito, dez libras só; é o que a avarenta de sua mulher pôde arranjar, em alguns meses, concluiu, fazendo tinir o ouro na mão.
> – Quem foi o corretor?
> – O seu amigo Escobar.
> – Como é que ele não me disse nada?
> – Foi hoje mesmo.
> – Ele esteve cá?
> – Pouco antes de você chegar; eu não disse para que você não desconfiasse.

Esse texto sugere a semelhança de interesses entre Escobar e Capitu, assim como as diferenças entre esta e Bentinho.

Basta enunciar essa afinidade como origem da traição de Capitu para perceber que também não explica o fascínio do romance. Embora no nível psicológico se compreenda que Capitu pudesse ter sido *induzida* pelos pais a gostar de Bentinho, pois esse casamento representava uma forma de ascensão social, e que depois tivesse encontrado, em Escobar, o seu par verdadeiro, isso não esgota a verdade humana de *Dom Casmurro*. Nesse romance, Machado introduziu um componente que faltava às suas outras criações: um núcleo fundamental de amor, que a traição pode talvez corromper ou contaminar, mas não destruir. Isso faz que Bentinho, no fim da vida, procure "atar as duas pontas da vida, e restaurar na velhice a adolescência". Nessa evocação, em que procura reconstituir o passado, não existe ou quase não existe amargura, pois esta é superada pelo encanto da imagem de Capitu: "oh! Minha doce companheira de meninice, eu era puro, e puro fiquei, e puro entrei na aula de S. José, a buscar de aparência a investidura sacerdotal, e antes dela a vocação. Mas a vocação eras tu, a investidura eras tu". Já no fim do livro, ao procurar uma avaliação de sua vida, o herói pergunta:

> agora, por que é que nenhuma dessas caprichosas me fez esquecer a primeira amada do meu coração? Talvez porque nenhuma tinha os olhos de ressaca, nem os de cigana oblíqua e dissimulada.

A tragédia de Bentinho, portanto, seria ter amado alguém que não poderia amá-lo; embora o herói não chegue a explicitar a razão profunda do desencontro afetivo, todo o romance se constrói a partir das diferenças de personalidades entre Bentinho e Capitu.

De outro lado, se esse é o romance escrito pelo herói, não podemos supor que seja o romance visto por Machado de Assis. Se aceitamos a verdade de Bentinho, sempre nos faltará a verdade de Capitu, isto é, não temos recursos para saber se, objetivamente, o romance é a história de uma grande traição ou de um grande ciumento que, incapaz de trair, *projetava a traição*. As duas leituras do romance são inteligíveis e coerentes, e convém explicitá-las. Lida como história de uma traição, *Dom Casmurro* apresenta uma Capitu *oblíqua e dissimulada*, cuja infidelidade só foi denunciada pelo fato de Ezequiel ser parecido com Escobar: "Se o rapaz tem saído à mãe, eu acabava crendo tudo". Lido como história de um ciumento, o romance apresentaria uma Capitu fiel e um Bentinho que deformou a sua vida afetiva por ter sido incapaz de aceitar uma relação humana autêntica. Esta segunda não é a forma usual de leitura, mas parece indiscutível que foi também apresentada por Machado de Assis:

> por falar nisto, é natural que me perguntes se, sendo antes tão cioso dela, não continuei a sê-lo apesar do filho e dos anos. Sim, senhor, continuei. Continuei, a tal ponto que o menor gesto me afligia, a mais ínfima palavra, uma insistência qualquer; muita vez só a indiferença bastava. Cheguei a ter ciúmes de tudo e de todos. Um vizinho, um par de valsa, qualquer homem, moço ou maduro, me enchia de terror ou desconfiança.

Numa das cenas finais, quando Bentinho diz diretamente a Capitu que Ezequiel era filho de Escobar. Capitu responde: "pois até os defuntos! Nem os mortos escapam aos seus ciúmes!". Nem só o ciúme permite essa outra interpretação. Na véspera da morte de Escobar, existe um momento de perturbação, em que Bentinho julga ser amado por Sancha (mulher de Escobar):

> Sancha ergueu a cabeça e olhou para mim com tanto prazer que eu, graças às relações dela e Capitu, não se me daria beijá-la na testa. Entretanto, os olhos de Sancha não convidavam a expansões fraternais, pareciam quentes e intimativos, diziam outra coisa, e não tardou que se afastassem da janela, onde eu fiquei olhando para o mar, pensativo. A noite era clara ... entrei a cavar na memória se alguma vez olhara para ela com a mesma expressão, e fiquei incerto. Tive uma certeza só, é que um dia pensei nela, como se pensa na bela desconhecida que passa; mas então dar-se-ia que ela adivinhando... Talvez o simples pensamento me transluzisse cá fora, e ela me fugisse outrora irritada ou acanhada, e agora por um momento invencível... Invencível; esta palavra foi como uma bênção do padre à missa, que a gente recebe e repete em si mesma ... Não havia meio de esquecer inteiramente a mão de Sancha nem os olhos que trocamos.

No dia seguinte, diante do cadáver de Escobar,

Capitu olhou alguns instantes para o cadáver tão fixa, tão apaixonadamente fixa, que não admira lhe saltassem algumas lágrimas poucas e caladas ... Momento houve em que os olhos de Capitu fitaram o defunto, quais os da viúva, sem o pranto nem palavras desta, mas grandes e abertos, como a vaga do mar lá fora, como se quisesse tragar também o nadador da manhã.

Essa aproximação entre os gestos de Sancha e Capitu, assim como a atração de Bentinho por Sancha podem ser interpretadas como um processo de projeção, em que Bentinho atribuiria a Capitu aquilo que sentia por Sancha.

A prova contra Capitu, semelhança entre Ezequiel e Escobar, é eliminada pela semelhança casual entre Capitu e a mãe de Sancha, indicada no começo do romance.

O leitor, portanto, não tem recursos para saber o que houve na realidade objetiva, pois apenas Bentinho nos conta a sua história, ou a sua versão de uma história que não conhecemos. Se essa ambiguidade insuperável é talvez um dos seus elementos estéticos fundamentais, não altera a constelação que está na fonte do romance. Se não existe uma verdade objetiva que possamos definir pela narrativa, isto é, se não podemos saber quais os verdadeiros sentimentos das personagens, por meio dela encontramos uma verdade psicológica ou subjetiva, que talvez se pudesse resumir com os conceitos de permanência de personalidades, incomunicabilidade de consciências e hipocrisia da vida social e interindividual. Os três conceitos estão ligados na ficção de Machado de Assis, e convém examiná-los mais de perto, pois talvez revelem um dos aspectos fundamentais de sua obra.

Como já se indicou antes, na ficção de Machado de Assis a escolha afetiva só é adequada quando existe uma semelhança fundamental nas características psicológicas; de outro lado, essas são imutáveis, embora possam evoluir e desenvolver-se. No último capítulo de *Dom Casmurro* essa concepção aparece com toda nitidez:

o resto é saber se a Capitu da Praia da Glória já estava dentro da de Matacavalos, ou se esta foi mudada naquela por efeito de algum caso incidente. Jesus, filho de Sirach, se soubesse dos meus primeiros ciúmes, dir-me-ia, como no seu Cap. IX, vers. 1: "Não tenhas ciúmes de tua mulher para que ela não se meta a enganar-te com a malícia que aprendeu de ti". Mas eu creio que não, e tu concordarás comigo; se te lembras bem da Capitu menina, hás de reconhecer que uma estava dentro da outra, como a fruta dentro da casca.

É impossível dizê-lo com maior clareza: o herói rejeita a ideia de que, no processo de interação humana, se possa modificar alguma coisa profunda na personalidade; Bentinho seria incapaz de *salvar* Capitu, pois a constituição psicológica desta a arrastaria fatalmente. Ainda em *Dom Casmurro*, seria fácil lembrar outros casos em que aparece essa mesma concepção. Ao recordar Escobar, o herói diz que "tinha o sestro de sacudir o ombro direito, de quando em quando, e veio a perdê-lo, desde que um de nós lho notou um dia no seminário; primeiro exemplo que vi de que um homem pode corrigir-se muito bem dos defeitos miúdos". Também aqui a conclusão é óbvia: os grandes defeitos, os que marcam ou distinguem a pessoa são insuperáveis, ou, pelo menos, tão insuperáveis quanto as qualidades positivas.

Essa concepção não aparece apenas em *Dom Casmurro*; também nas *Memórias póstumas* é o mesmo processo que nos permite entender Brás Cubas, Marcela, Virgília e as personagens secundárias. Mais ainda, nesse romance essa concepção é apresentada de maneira mais explícita do que em *Dom Casmurro*; no Capítulo XI, por exemplo, intitulado "O menino é o pai do homem", existe quase uma teoria educacional. Brás Cubas, ao recordar sua infância, explica a má educação e suas consequências:

> esconder os chapéus das visitas, deitar rabos de papel a pessoas graves, puxar pelo rabicho das cabeleiras, dar beliscões nos braços

das matronas, e outras muitas façanhas deste jaez, eram mostras de um gênio indócil, mas devo crer que eram também expressões de um espírito robusto, porque meu pai tinha-me em grande admiração; e se às vezes me repreendia, à vista de gente, fazia-o por simples formalidade: em particular, dava-me beijos.

Traça depois o ambiente da família, e sugere que não poderia ser diverso do que foi: o pai e a mãe incapazes de vontade firme, os tios superficiais: "o que importa é a expressão geral do meio doméstico, e essa aí fica indicada, vulgaridade de caracteres, amor das aparências rutilantes, do arruído, frouxidão da vontade, domínio do capricho, e o mais. Dessa terra e desse estrume é que nasceu esta flor".

Na análise de Eugênia, que é uma das personagens secundárias do romance, Brás Cubas é ainda mais cruel:

> tu, trêmula de comoção, com os braços nos meus ombros, a contemplar em mim o teu bem-vindo esposo, e eu com os olhos em 1814, na moita, no Vilaça, e a suspeitar que não podias mentir ao teu sangue, à tua origem...

Eugênia era filha ilegítima, e Brás Cubas, ainda menino, vira um beijo entre a mãe de Eugênia e Vilaça.

Marcela, primeiro amor de Brás Cubas, era dominada pela "paixão do lucro, que era o verme roedor daquela existência"; se as circunstâncias mudam, existe apenas uma adaptação do desejo de lucro às condições externas, mas a característica interior continua a mesma.

Embora seja possível multiplicar os exemplos, parece suficiente lembrar *Esaú e Jacó*, em que a incompatibilidade psicológica chega ao extremo, precisamente porque coincide com a obrigação de uma convivência insuportável para os gêmeos. Brigam desde o ventre materno e passam a vida a brigar; e, se houvesse alguma dúvida a respeito da concepção do autor, seria suficiente lembrar o verso de Dante, colocado como epígrafe do romance: "*Dico, che quando l'anima mal nata...*".

Se esses exemplos não bastassem para definir a concepção de Machado de Assis, lembre-se de que reconhece, em nova edição do romance *Ressurreição*, que esse livro faz parte da primeira fase de sua vida literária; já na "Advertência" à nova edição de *A mão e a luva*, esclarece o sentido de sua evolução literária, pois diz que "ao cabo, tudo pode servir a definir a mesma pessoa". Em outras palavras, mesmo ao pensar em sua evolução como escritor, Machado de Assis entende que as várias fases constituem etapas de uma personalidade, ou talvez fosse melhor dizer, as suas várias faces.

Até certo ponto, essa concepção de uma personalidade contínua corresponde ao *romance de caráter*, e Machado não faz mais que aplicá-la; por isso, essa concepção não individualiza ou não define a sua ficção. Com razoável segurança, podemos dizer que a ideia de um caráter ou de uma personalidade determinada hereditariamente corresponde a uma ideologia psicológica do século XIX, e Machado se limita a desenvolvê-la e exemplificá-la em seus romances. Para individualizar a ficção machadiana, será necessário pensar nas duas outras tendências antes indicadas: a incomunicabilidade das consciências diferentes e a vida social como falseamento ou máscara para recobrir aspectos desagradáveis ou inconfessáveis.

Tanto nos romances quanto nos contos de Machado de Assis, as pessoas, sobretudo as pessoas com tendências psicológicas diferentes, parecem separadas por um véu de opacidade indevassável, capaz de deformar as palavras e os gestos. Esse véu de opacidade pode resultar de má fé intencional e consciente, quando a pessoa pretende efetivamente enganar os outros; de outro lado, pode resultar, também, de uma incompatibilidade fundamental que torna inúteis as palavras. Finalmente, mesmo quando as pessoas se aproximam ou se identificam nos seus impulsos, essa comunidade conserva um resíduo de medo ou incompreensão, capaz de afastá-las de verdadeiro entendimento. Em "Uns braços" é evidente que D. Severina, a dona dos braços, sente atração por Inácio e este "não estava bem em parte alguma. Acordava de noite, pensando em D. Severina. Na rua, trocava de esquinas, errava as portas, muito mais que dantes, e não via mulher, ao longe ou ao perto, que lha não trouxesse à memória". Mas os dois se encontram apenas no sonho do rapaz:

> aqui o sonho coincidiu com a realidade, e as mesmas bocas uniram-se na imaginação e fora dela. A diferença é que a visão não recuou, e a pessoa real tão depressa cumprira o gesto, como fugiu até a porta, vexada e medrosa ... Mas, se o medo foi passando, o vexame ficou e cresceu. D. Severina não acabava de crer que fizesse aquilo; parece que embrulhara os seus desejos na ideia de que era uma criança namorada que ali estava sem consciência nem imputação; e, meia mãe, meia amiga, inclinara-se e beijara-o. Fosse como fosse, estava confusa, irritada, aborrecida, mal consigo e mal com ele.

A partir desse momento, D. Severina muda seu comportamento com relação ao rapaz, até fazer que ele saia da casa. Inácio

> levava consigo o sabor do sonho. E através dos anos, por meio de outros amores, mais efetivos e longos, nenhuma sensação achou nunca igual à daquele domingo, na Rua da Lapa, quando ele tinha quinze anos. Ele mesmo exclama às vezes, sem saber que se engana:
> – E foi um sonho! Um simples sonho!

No outro conto que apresenta uma situação semelhante, "Missa do Galo", é a senhora que sente atração pelo jovem, mas este não chega a perceber corretamente o que ocorre entre eles, no período de uma hora em que conversam sozinhos, antes da missa;

> há impressões dessa noite, que me aparecem truncadas ou confusas. Contradigo-me, atrapalho-me. Uma das que ainda tenho frescas é que, em certa ocasião, ela, que era apenas simpática, ficou linda, ficou lindíssima. Estava de pé, os braços cruzados; eu, em

respeito a ela, quis levantar-me; não consentiu, pôs uma das mãos no meu ombro, e obrigou-me a estar sentado. Cuidei que ia dizer alguma coisa; mas estremeceu, como se tivesse um arrepio de frio, voltou as costas e foi sentar-se na cadeira...

E esses são casos privilegiados, em que coincidem os impulsos. Muitas vezes, a separação é total, e só pode ser explicada pela má-fé. Um exemplo extremo seria o conto "Galeria póstuma", em que a pessoa amável e querida por todos deixa um diário em que analisa, perversamente, todos os seus amigos. Outro exemplo seria o "Relógio de ouro": o marido pretende matar a mulher porque esta não lhe explica a origem de um relógio. A resposta da mulher é mostrar o bilhete de uma Iaiá que mandara aquele presente.

O desencontro das consciências tem duas origens; de um lado, a tendência introspeccionista que conduz a um esmiuçamento da vida interior, até aí descobrir as tendências ou os aspectos "verdadeiros"; de outro, a concepção de que a vida social se baseia na hipocrisia, na apresentação de sentimentos falsos.

A tendência introspectiva do espírito de Machado se revela integralmente em "Mundo interior":

> Ouço que a natureza é uma lauda eterna
> De pompa, de fulgor, de movimento e lida,
> Uma escala de luz, uma escala de vida
> De sol à ínfima luzerna.
>
> Ouço que a natureza, – a natureza externa, –
> Tem o olhar que namora, e o gesto que intimida
> Feiticeira que ceva uma hidra de Lerna
> Entre as flores da bela Armida.
>
> E, contudo, se fecho os olhos, e mergulho
> Dentro de mim, vejo à luz de outro sol, outro abismo
> Em que um mundo mais vasto armado de outro orgulho,

Rola a vida imortal e o eterno cataclismo,
E, como o outro, guarda em seu âmbito enorme,
Um segredo que atrai, que desafia – e dorme.

("Ocidentais")

A ideia de que abaixo da aparência existe uma região desagradável aparece com toda nitidez na celebrada "A mosca azul":

Era uma mosca azul, asas de ouro e granada,
   Filha da China ou do Indostão,
Que entre as folhas brotou de uma rosa encarnada,
   Em certa noite de verão.
....
Mas o melhor de tudo é que no rosto aberto
   Das mulheres e dos varões,
Como em água que deixa o fundo descoberto,
   Via limpos os corações.

Então ele, estendendo a mão calosa e tosca,
   Afeita a só carpintejar,
Com um gesto pegou na fulgurante mosca,
   Curioso de a examinar.

Quis vê-la, quis saber a causa do mistério.
   E, fechando-a na mão, sorriu
De contente, ao pensar que ali tinha um império,
   E para casa se partiu.

Alvoroçado, chega, examina, e parece
   Que se houve nessa ocupação
Miudamente, como um homem que quisesse
   Dissecar a sua ilusão.

Dissecou-a, a tal ponto, e com tal arte, que ela,
   Rota, baça, nojenta, vil,
Sucumbiu; e com isto esvaiu-se-lhe aquela
   Visão fantástica e sutil

("Ocidentais")

Não é fácil saber por que a introspecção deve conduzir aos piores aspectos da personagem. Uma forma de explicação seria supor que, como a introspecção falseia a consciência total, e revela aspectos desconexos, acaba por acentuar os impulsos antissociais ou apenas egoístas, que todos os indivíduos carregam no seu íntimo. Na consciência ingênua, esses aspectos, que resultam de situações conflitivas, acabam absorvidos pelas tendências predominantes; na introspecção, ao contrário, adquirem uma posição irreal, pois são contrastadas com as tendências mais significativas e assim chegam a parecer uma revelação mais verdadeira que a apresentada pela consciência ingênua. Em *Dom Casmurro*, aparece uma dessas situações equívocas, que a análise desvenda nos recessos da consciência. Bentinho ainda está no seminário, e continua em busca de uma fórmula que afaste a promessa da mãe; esta fica doente, e José Dias vai buscar Bentinho:

> era a primeira vez que a morte me aparecia assim perto, me envolvia, me encarava com os olhos furados e escuros. Quanto mais andava aquela Rua dos Bourbonos, mais me aterrava a ideia de chegar a casa, de entrar, de ouvir os prantos, de ver um corpo defunto... Oh! eu não poderia nunca expor aqui tudo o que senti naqueles terríveis minutos... Ia só andando, aceitando o pior, como um gesto do destino, como uma necessidade da obra humana, e foi então que a Esperança, para combater o Terror, me segredou ao coração, não estas palavras, pois nada articulou parecido com palavras, mas uma ideia que poderia ser traduzida por elas: "Mamãe defunta, acaba o seminário".

> Leitor, foi um relâmpago. Tão depressa alumiou a noite, como se esvaiu, e a escuridão fez-se mais cerrada, pelo efeito do remorso que me ficou. Foi uma sugestão da luxúria e do egoísmo. A piedade filial desmaiou um instante, com a perspectiva da liberdade certa, pelo desaparecimento da dívida e do devedor (trata-se da promessa da mãe de Bentinho); foi um instante, menos que um instante, o centésimo de um instante, inda assim o suficiente para complicar minha aflição com um remorso.

Nesse caso, é clara a interferência da introspecção. Quando Bentinho prevê a morte da mãe, pensaria forçosamente em suas consequências, todas penosas e indesejáveis, menos uma. Essa consequência desejável provoca imediatamente o remorso, como se ele estivesse desejando a morte da mãe. Como se vê, é fácil compreender o processo: a alegria causada pela saída do seminário chocava-se com o sentimento de amor à mãe, e, por isso, é imediatamente recusada, como se tivesse sido provocada por ele, Bentinho, e não por um acontecimento independente de sua vontade. Isso, que seria afastado como um pensamento importuno, pois decorre da ambivalência diante de um acontecimento, é elaborado pelo autor, num capítulo denominado "Um pecado", e, no capítulo seguinte, é cotejado com a virtude: "poucos teriam ânimo de confessar aquele meu pensamento da Rua de Matacavalos. Eu confessarei tudo o que importar à minha história". Já agora, o acontecimento insignificante foi elevado à categoria de característica da personalidade, quando, a rigor, seria apenas a verificação de que, entre consequências penosas, um fato pode ter também resultados benéficos.

Embora a introspecção seja uma forma imperfeita de conhecimento, pois, muitas vezes, leva a uma acusação injusta, não é a verdadeira origem do *desmascaramento* a que Machado submete suas personagens, embora seja o processo mais frequentemente empregado para sua realização. O *desmascaramento* resulta da ideia de uma oposição inevitável entre o indivíduo e a sociedade, pois o primeiro seria governado por um egoísmo insatisfeito, enquanto a sociedade exige altruísmo e dedicação. Por isso, o homem é obrigado a fingir sentimentos estranhos à sua natureza mais autêntica, tornando-se hipócrita. A concepção não é evidentemente original; a originalidade de Machado de Assis consiste em desvendar os processos pelos quais a pessoa procura disfarçar essa insuperável dicotomia entre seus impulsos ou qualidades individuais e as exigências da vida social. Ao contrário de Alencar, cujas personagens são externamente más, embora intimamente boas, Machado descreve a bondade superficial e a maldade ou mesquinharia profundas. Em alguns casos, essa descrição, despida de poesia ou piedade, parece escolher os exemplares mais negativos da humanidade para neles retratar o homem. Algumas passagens são clássicas, e convirá recordá-las, a título de exemplo.

Uma das descrições mais cruéis da ficção de Machado de Assis é o Capítulo L, de *Quincas Borba*, em que Sofia conta ao marido (Palha) a declaração de amor de Rubião:

> Mordendo o beiço inferior, Palha ficou a olhar para ela a modo de estúpido ... Nunca, entretanto, lhe passou pela cabeça que o amigo chegasse a declarar amor a alguém; menos ainda a Sofia, se é que era amor deveras; podia ser gracejo de intimidade. Rubião olhava para ela muita vez, é certo; parece também que Sofia, em algumas ocasiões, pagava os olhares com outros... concessões de moça bonita! Mas, enfim, contanto que lhe ficassem os olhos, podiam ir alguns raios deles. Não havia de ter ciúmes do nervo óptico, ia pensando o marido.

A partir daí, o marido procura desculpas para Rubião, até contar à mulher que um rompimento seria impossível, pois não tinha recursos para saldar a dívida com o amigo; Sofia compreende e imediatamente aceita a situação:

> está bom, disse, acabemos com isto. Verei como ele se comporta, e tratarei de ser mais fria... Nesse caso, tu é que não deves mudar, para que não pareça que sabes o que se deu. Verei o que posso fazer.

Em todo o capítulo, o desvendamento da consciência de Palha é uma forma de verificar o processo pelo qual este procura conciliar a necessidade de atrair Rubião e a de manter a dignidade da mulher. Ao contrário do que ocorre no trecho citado de *Dom Casmurro*, em que Bentinho sente remorsos das conseqüências de um acontecimento independente de sua vontade, nesse capítulo de *Quincas Borba* a personagem procura isentar-se de responsabilidade pelo acontecimento que provocou.

O desmascaramento nem sempre chega a tais extremos, e às vezes apreende apenas a hipocrisia ou a covardia, necessárias para os pequenos triunfos sociais. A covardia aparece no conto "O caso da vara", em que o herói, Damião, não tem coragem de defender a menina escrava, com medo de sacrificar o seu pedido a Sinhá Rita, que poderia livrá-lo do seminário:

> – Sr. Damião, dê-me aquela vara, faz favor?
>
> Damião ficou frio... Cruel instante! Uma nuvem passou-lhe pelos olhos. Sim, tinha jurado apadrinhar a pequena, que por causa dele, atrasara o trabalho...
>
> – Dê-me a vara, Sr. Damião!
>
> Damião chegou a caminhar na direção da marquesa. A negrinha pediu-lhe então por tudo o que houvesse mais sagrado, pela mãe, pelo pai, por Nosso Senhor...
>
> – Me acuda, meu sinhô moço!
>
> Sinhá Rita, com a cara em fogo e os olhos esbugalhados, instava pela vara, sem largar a negrinha, agora presa de um acesso de tosse. Damião sentiu-se compungido; mas ele precisava tanto sair do seminário! Chegou à marquesa, pegou na vara e entregou-a a Sinhá Rita.

Em "Pai contra mãe", o caçador de escravos fugidos está sem dinheiro para manter o filho. Sai atrás de uma escrava fugida, que, ao ser presa, pediu "que a soltasse pelo amor de Deus".

> – Estou grávida meu senhor! exclamou. Se Vossa Senhoria tem algum filho, peço-lhe pelo amor dele que me solte; eu serei sua escrava, vou servi-lo pelo tempo que quiser. Me solte, meu senhor moço!

O homem não a atende, e a escrava, entregue ao senhor, acaba abortando. Depois de receber a gratificação, o caçador de escravos vai buscar o filho e, entre lágrimas verdadeiras, abençoava a fuga e não se lhe dava do aborto.

– Nem todas as crianças vingam, bateu-lhe o coração".

Em "Teoria do medalhão", o pai expõe ao filho toda a arte para o triunfo na vida social:

> a vida, Janjão, é uma enorme loteria; os prêmios são poucos, os malogrados inúmeros, e com os suspiros de uma geração é que se amassam as esperanças de outra. Isto é a vida; não há planger, nem imprecar, mas aceitar as coisas integralmente, com seus ônus e percalços, glórias e desdouros, e ir por diante.

A partir daí, o pai indica todos os processos empregados para chegar à notoriedade sem nada ter feito ou pensado e, então:

> começa nesse dia a tua fase de ornamento indispensável, de figura obrigatória, de rótulo. Acabou-se a necessidade de farejar ocasiões, comissões, irmandades; elas virão ter contigo, com seu ar pesadão de substantivos desajetivados e tu serás o adjetivo dessas orações opacas, o *odorífero* das flores, o *anilado* dos céus, o *prestimoso* dos cidadãos, o *noticioso* e *suculento* dos relatórios.

Aqui o triunfo não resulta da maldade ou da covardia, mas da aceitação das injustiças e das limitações da vida social; para esta não interessa o conteúdo ou a verdade, mas apenas o conjunto de aparências, um sumo de mediocridade inócua, capaz de distrair, mas não revelar ou fazer.

Em todos os casos, Machado de Assis mostra um indivíduo que se submete à ordem ou à conveniência exterior, que se mascara para ser aceito pelo que não é. Assim analisada, Capitu é um caso extremo dessa hipocrisia, uma personagem em que a capacidade de fingir atinge o seu ponto extremo.

Às vezes, no entanto, a ficção machadiana procura um outro nível, que já não é o da introspecção, vale dizer, atinge os impulsos menos conscientes, a região dos abismos inconscientes e irracionais. Ao contrário do que parece à primeira vista, esses momentos são mais ou menos raros em Machado de Assis, porque, quase sempre, a sua necessidade de encontrar uma explicação racional acaba por trazer o conflito ao nível consciente e aí encontrar um jogo de impulsos antissociais e imposições da vida coletiva. Já se mostrou antes, numa cena ambígua entre Bentinho e Sancha, um exemplo desses impulsos mais esquivos à análise consciente; em outros casos, Machado sugere um comportamento estranho, a personalidade patológica, a ambivalência dos sentimentos. Em "Desejada das gentes", a beleza da moça coincide com a aversão ao casamento; em "Causa secreta", a personagem central é sádica; Rubião, de *Quincas Borba*, é paranoico; em "Singular ocorrência", a mulher entrega-se a um homem qualquer, sem que se saiba por que o faz.

Em outros casos, o romancista parece ter a intuição do sentido do sonho, e deste nos dá uma interpretação quase freudiana; em *Dom Casmurro*, quando Capitu

> me perguntava se sonhara com ela na véspera, e eu dizia que não, ouvia-lhe contar que sonhara comigo, e eram aventuras extraordinárias, que subíamos ao Corcovado pelo ar, que dançávamos na lua, ou então que os anjos vinham perguntar-nos pelos nomes, a fim de os dar a outros anjos que acabavam de nascer. Em todos esses sonhos andávamos unidinhos. Os que eu tinha com ela não eram assim, apenas reproduziam a nossa familiaridade, e muita vez não passavam de simples repetição do dia, alguma frase, algum gesto. Também eu os contava. Capitu um dia notou a diferença, dizendo que os dela eram mais bonitos que os meus; eu, depois de certa hesitação, disse-lhe que eram como a pessoa que sonhava... Fez-se cor de pitanga.

Esse trecho não apenas indica a simbologia nitidamente sexual dos sonhos de Capitu – subir pelo ar, dançar, anjos que acabavam de nascer –, mas também que a heroína, consciente ou inconscientemente, percebe esse conteúdo, e se envergonha, diante de uma expressão neutra de Bentinho, capaz de indicar a peculiaridade do sonho.

De qualquer modo, reduzidas a seus traços fundamentais, quase todas as personagens de Machado de Assis são criaturas egoístas, que se disfarçam para obter a aceitação da sociedade. Embora essa seja a visão predominante nos seus romances e contos, não se deve esquecer as pessoas que parecem isentas de maldade. D. Benedita de *Quincas Borba* seria um exemplo; outro seria o Emílio de "Um capitão de voluntários".

De onde vem essa maldade? Aparentemente, na concepção de Machado de Assis, constitui a herança humana, a marca de uma condição insuperável. Se, às vezes, podemos supor que Machado, como Alencar, apreendeu o espetáculo de um homem que se contaminava pelo dinheiro, logo verificamos que esse é aspecto superficial, sintoma da condição imperfeita ou perversa do homem. Se Alencar, diante da sociedade de seu tempo, percebeu o sentido corrosivo do dinheiro, não deixou de acreditar na redenção do homem, desde que fosse capaz de abandonar as aparências, e em si mesmo descobrisse os impulsos para a verdade e o bem. Machado de Assis, diante do mesmo espetáculo, aí encontra apenas uma outra forma da inevitável precariedade humana, que Brás Cubas apresenta por meio dos lampejos do delírio:

> os séculos desfilavam num turbilhão, e, não obstante, porque os olhos do delírio são outros, eu via tudo o que passava diante de mim – flagelos e delícias –, desde essa coisa que se chama glória até essa outra que se chama miséria, e via o amor multiplicando a miséria, e via a miséria agravando a debilidade... Então o homem, flagelado e rebelde, corria diante da fatalidade das coisas, atrás de uma figura nebulosa e esquiva, feita de retalhos, um retalho de impalpável, outro de improvável, outro de invisível, cosidos todos a ponto precário, com a agulha da imaginação; e essa figura – nada menos que a quimera da felicidade, – ou lhe fugia perpetuamente, ou deixava-se apanhar pela fralda, e o ho-

mem a cingia ao peito, e então ela ria, como um escárnio, e su-
mia-se, como uma ilusão.

"Campo geral"

Em *Senhora* e *Lucíola*, é direta a oposição entre amor e dinheiro; em *Dom Casmurro*, insinua-se o poder contaminador e
corrosivo do dinheiro mas, na realidade, talvez seja mais correto
pensar que o processo de ascensão social pelo casamento aí seja
apenas o quadro em que se desenvolve o drama de um conflito
de personalidades. Agora, em "Campo geral" novela de *Corpo de
baile*,[8] de Guimarães Rosa, veremos o processo apresentado de
forma ainda mais indireta, numa interpretação que amplia tanto
o realismo um pouco ingênuo de Alencar quanto o racionalismo impiedoso de Machado de Assis. Antes da análise, não será
demais localizar a novela de Guimarães Rosa, a fim de chegar a
alguns pontos de referência.

A primeira característica importante deve ser notada na posição do narrador. Em *Lucíola*, o romance é narrado na primeira
pessoa, mas essa perspectiva não altera uma visão objetiva dos
acontecimentos e das pessoas. O leitor sente que a história foi
inteiramente desvendada, e que Lúcia, se tivesse podido escrever
a história a partir de sua experiência, não precisaria modificá-la.
Isso ocorre porque, ao confessar-se a Paulo, Lúcia apresentou ao
herói-narrador tudo que poderia dizer. Em *Senhora*, o romance
é escrito na terceira pessoa, isto é, o narrador onisciente conhece o comportamento e a experiência interior das personagens, enquanto estas estão limitadas às informações que a ação
lhes oferece. Durante uma grande parte do romance, o leitor

---

8 Rosa, *Corpo de baile* (Sete novelas) (1956, 2 v.). Cito sempre esta edição sem
indicar páginas.

sabe mais que as personagens, o que lhe dá a possibilidade de julgar a ação por meio de um conhecimento recusado às personagens. Em *Dom Casmurro* a situação é muito diversa; o herói- -narrador não sabe toda a verdade, pois Capitu não confessa, Escobar morreu antes das suspeitas de Bentinho, e, assim, o leitor pode imaginar, basicamente, duas histórias diferentes e até opostas. Percebemos, desde o início, que o romance não foi escrito objetivamente, e que a personalidade de Bentinho é um dos elementos que constituem a história, ao passo que em *Lucíola*, ou mesmo em *Memórias póstumas de Brás Cubas*, o fato de o romance ser escrito na primeira pessoa não introduz essa perturbação. Nesses dois últimos, a primeira pessoa é apenas um recurso técnico de narrativa, enquanto em *Dom Casmurro* constitui o núcleo no romance, e nada impediria que Capitu escrevesse a mesma história, de um outro ponto de vista.

Em "Campo geral" a novela é escrita na terceira pessoa, mas apreende apenas a experiência do menino, Miguilim. Esse recurso era necessário, pois a história não poderia ser narrada pelo herói, a não ser como evocação, e isso, como se verá agora, destruiria o seu núcleo fundamental, que é a perspectiva da criança. A narrativa por meio do romancista onisciente também destruiria o elemento básico da novela, pois fatalmente eliminaria o fato de as pessoas e as coisas serem vistas e compreendidas pelo menino. Observe-se, no entanto, que o narrador às vezes desliza insensivelmente para a primeira pessoa.

> Tinha lua-cheia, e de noitinha Mãe disse que todos iam executar um passeio, até aonde se quisesse, se entendesse. Eta fomos, assim subindo, para lá dos coqueiros. Mãe ia na frente, conversando com Luisaltino. A gente vinha depois, com os cavalos-de-pau, a Chica trouxe uma boneca.

Isso raramente acontece, e a narrativa dá a impressão de um universo percebido através dos olhos e da sensibilidade do menino que se revelasse a um observador privilegiado.

Como a novela é narrada por intermédio do menino, a distância que existe entre o pai e a mãe é revelada apenas indireta ou quase acidentalmente, embora se perceba que constitui o núcleo desse universo físico e afetivo. A origem do conflito é sugerida, de passagem: "Uma hora, o que Luisaltino falou: que judiação do mal era por causa que os pais casavam as filhas muito meninas, nem deixavam que elas escolhessem noivo". Para o menino, Miguilim, o conflito aparece em alguns casos reveladores, embora não saiba interpretá-los; é o leitor que aos poucos adivinha, não apenas a sequência dos acontecimentos, mas os perfis dos adultos. Quando volta da viagem em que foi ser crismado,

> Miguilim devia de ter procedido mal e desgostado o pai, coisa que não queria, de forma nenhuma, e que mesmo agora largava-o num atordoado arrependimento de perdão. De nada, que o pai se crescia, raivava: – Este menino é um mal-agradecido. Passeou, passeou, todos os dias esteve fora de cá, foi no Sucuriju, e, quando retorna, parece que nem tem estima por mim, não quer saber da gente...

Logo depois, o pai briga com a mãe, por causa de Tio Terêz (irmão do pai), e Miguilim vai defendê-la, o que lhe vale uma surra do pai. Vovó Izidra, quando vão rezar para pedir proteção contra a tempestade, "ensinava alto que o demônio estava despassando nossa casa, rodeando, os homens já sabiam o sangue um do outro, a gente carecia de rezar sem esbarrar". A briga com Tio Terêz faz que o pai leve Luisaltino para ajudá-lo, e então ocorre a tragédia: o pai mata Luisaltino e se mata depois, Miguilim não pode entender racionalmente os acontecimentos, mas pode apreendê-los por um processo que define ao saber da briga entre o pai e a mãe: "entendeu tudo tão depressa que custou para entender". Percebe os momentos de harmonia entre pai e mãe:

> Ah o pai não ralhava – ele tinha demudado, de repente, soável risonho; mesmo tudo ali no instante, às asas: o ar, essas pessoas,

as coisas – leve, leve, tudo demudava simples, sem desordem: o pai gostava de mamãe, muito, demais. Até, para agradar mamãe, ele afagava de alisar o cabelo de Miguilim...

Esses momentos são raros. Ao comentar um vizinho, a mãe diz: "Ele é um homem bonito e alto...". Depois, os meninos percebem que a mãe e Luisaltino conversam sozinhos.

Miguilim não sabe o que existe de errado em tudo isso; nem sabe por que seria errado entregar à mãe um bilhete de Tio Terêz, mas sente que não deveria fazê-lo, e não o faz. Não entende as palavras de Vovó Izidra: "que o demônio deligenciava de entrar em mulher, virava cadela de satanaz...". Também não entende a outra avó:

> Mãe de mãe tinha sido Vó Benvinda. Vó Benvinda, antes de morrer, toda a vida ela rezava, dia e noite, caprichava muito com Deus, só queria era rezar e comer, e ralhava mole com os meninos. Um vaqueiro contou ao Dito, de segredo, Vó Benvinda quando moça tinha sido mulher-atoa. Mulher atoa é que os homens vão em casa dela e ela quando morre vai para o inferno.

Também não entende as conversas de Patori:

> Mas, agora, Miguilim, vou te ensinar uma coisa, você vai gostar. Sabe como é que menino nasce? Miguilim avermelhava. Tinha nojo daquelas conversas de Patori, coisas porcas, desgovernadas ... E Patori tornava a falar. Inventava que ia casar com Drelina, quando crescesse, que com ela ia se deitar em cama ... Contava como era feita a mãe de Miguilim, que tinha pernas formosas...

Esse mundo de "coisas desgovernadas" está ainda longe de Miguilim, que, no entanto, nele percebe as ameaças do estranho e do desconhecido. Mas Miguilim sabe que o irmão, Dito, é capaz de entender melhor as coisas, defender-se dos adultos, espantar o desconhecido, enquanto ele, Miguilim, não consegue ajustar-se a esse universo de sombras e inquietação:

"Como é que você sabe, Dito?" "Sei não. Eu sei. Miguilim, você gosta de Tio Terêz, mas eu não gosto. É pecado?" "– É, mas eu não sei. Eu também não gosto de Vovó Izidra. Dela, faz tempo que eu não gosto. Você acha que a gente devia de fazer promessa aos santos, para ficar gostando dos parentes?" "– Quando a gente crescer, vai ter algum menino pequeno, assim como eu, que não vai gostar de mim, e eu não vou poder saber?"

Quando percebe que os outros se preocupam com sua saúde, Miguilim se prepara para morrer:

repensava aquele pensamento enorme, muitas maneiras amarguras. Era um pensamento enorme, aí Miguilim tinha de rodear de todos os lados, em beira dele. E isso era, era! Ele tinha de morrer? Para pensar, se carecia de agarrar coragem – debaixo da exata ideia, coraçãozinho dele anoitecia. Tinha de morrer? Quem sabia, só? Então – ele rezava pedindo: combinava com Deus, um prazo que marcavam... Três dias. De dentro daqueles três dias, ele podia morrer, se fosse para ser se Deus quisesse. Se não, passados os três dias, aí então ele não morria mais, nem ficava doente com perigo, mas sarava! ... três dias era curto demais, doíam de assim tão perto, ele mesmo achava que não aguentava... Então, então, dez. Dez dias, bom, como valesse de ser, dava espaço de, amanhã, principiar uma novena. Dez dias. Ele queria, lealdoso. Deus aprovava.

No último dia do prazo, Miguilim ainda espera morrer e, "no pingo da horinha de morrer, se abraçado com a mãe, muito, chamando pelo nome que era dela, tão bonito: – Nhanina...".

Mas quando chega seo Aristeu, e brinca com Miguilim, este se convence de que não está doente. Então ocorre o pior: é Dito que morre com tétano. A doença e a morte de Dito estão carregadas de emoções e símbolos, e poucas vezes, em qualquer literatura, se encontrarão páginas tão puras:

O Dito gemia de mais dor, com os olhos fechados. – "Espera um pouco, Miguilim, eu quero escutar o berro dessas vacas..." Que estava berrando era a vaca Acabrita. A vaca Dabradiça. A vaca Atucá.

O berro comprido, de chamar bezerro – "Miguilim, eu sempre tinha vontade de ser um fazendeiro muito bom, fazenda grande, tudo roça, tudo pastos, cheios de gado..." – "Mas você vai ser, Dito! Vai ter tudo..." O Dito olhava triste, sem desprezo, do jeito que a gente olha triste num espelho. – "Mas depois tudo quanto há cansa, tudo cansa..." "Miguilim discorreu que amanhã Vovó Izidra ia pôr o Menino Jesus na manjedoura. Depois, cada dia ela punha os Três Reis mais adiantados um pouco, no caminho da Lapinha, todo dia eles estavam um tanto mais perto – um Rei Branco, outro Rei Branco, o Rei Preto – no dia de Reis eles todos três chegavam..." – "Mas depois tudo cansa, Miguilim, tudo cansa..." E o Dito dormia sem adormecer, ficava dormindo mesmo gemendo. Pouco antes de morrer, Dito pede a história da Pingo-de-Ouro, cachorrinha de Miguilim que o pai tinha entregue aos tropeiros: "uma hora o Dito chamou Miguilim, queria ficar com Miguilim sozinho. Quase que ele não podia mais falar." – "Miguilim, e você não contou a estória da Cuca Pingo-de-Ouro..." "– Mas eu não posso, Dito, mesmo não posso! Eu gosto demais dela, estes dias todos..." Como é que podia inventar a estória? Miguilim soluçava. – "Faz mal não, Miguilim, mesmo ceguinha mesmo, ela há de me reconhecer..." "– No céu, Dito? No Céu?" – e Miguilim desengolia da garganta um desespero. – "Chora não, Miguilim, de quem eu gosto mais, junto com Mãe, é de você..."

Todos os dias que depois vieram, eram tempo de doer. Miguilim tinha sido arrancado de uma porção de coisas, e estava no mesmo lugar. Quando chegava o poder de chorar, era até bom – enquanto estava chorando, parecia que a alma toda se sacudia, misturando ao vivo todas as lembranças, as mais novas e as muito antigas. Mas, no mais das horas, ele estava cansado. Cansado e como que assustado. Sufocado. Ele não era ele mesmo. Diante dele, as pessoas, as coisas, perdiam o peso de ser ... Queria, isso sim, se fosse um milagre possível, que o Dito voltasse, de repente, em carne e osso, que a morte dele não tivesse havido, tudo voltando como antes, para outras horas, novas, novas conversas e brinquedos, que não tinham podido acontecer – mas devia de ter para acontecer, hoje, depois, amanhã, sempre.

Fica em busca de alguém que soubesse definir a pessoa do irmão, mas ninguém parecia capaz de fazê-lo, e só Rosa pode explicar o acontecido: "o Dito era uma alminha que via o Céu por detrás do morro, e que por isso estava marcado para não ficar muito tempo mais aqui".

A morte do Dito tem ainda outra consequência para Miguilim: o irmão era, aparentemente, o predileto do pai, e este se volta contra Miguilim: "de noite, em casa, mesmo em frente de Miguilim, Pai disse a Mãe que ele não prestava, que menino bom era o Dito, que Deus tinha levado para si, era muito melhor tivesse levado Miguilim em vez d'o Dito". Depois, chega Liovaldo, irmão mais velho de Miguilim, e que morava com um tio; a antipatia entre os irmãos é imediata e culmina em uma luta em que Miguilim defende Grivo. Liovaldo, sem nenhum motivo, por simples malvadeza, bate no menino pobre que parara, ao ouvir a gaitinha de Liovaldo. Miguilim salta no irmão mais velho, até jogá-lo ao chão e esmurrá-lo. É o pai que defende Liovaldo:

> pegou o Miguilim, e o levou para casa, debaixo de pancadas. Levou para o alpendre. Bateu de mão, depois resolveu: tirou a roupa toda de Miguilim e começou a bater com a correia da cintura. Batia e xingava, mordia a ponta da língua, enrolada, se comprazia. Batia tanto, que Mãe, Drelina e Chica, a Rosa, Tomèzinho, e até Vovó Izidra, choravam, pediam que não desse mais, que já chegava. Batia. Batia, mas Miguilim não chorava. Não chorava, porque estava com um pensamento: quando ele crescesse, matava Pai. Estava pensando de que jeito era que ia matar Pai, e então começou até a rir.

A cena não é importante apenas porque Miguilim prometa matar o pai, mas também porque, logo depois, mostra ter percebido, embora não o explique de que forma, que a mãe gostava de Luisaltino.

Depois de uns dias em casa de um vaqueiro, "enquanto o Pai estivesse raivável", Miguilim volta para o trabalho na roça;

mas não resiste ao calor e Luisaltino precisa carregá-lo para casa. No meio da febre e do delírio,

viu Pai, e arregalou os olhos: não podia, jeito nenhum não podia mesmo ser. Mas era. Pai não ralhava, não estava agravado, não vinha descompor. Pai chorava, estramontado, demordia de morder os beiços. Miguilim sorriu. Pai chorou mais forte: – "Nem Deus não pode achar isto justo direito, de adoecer meus filhinhos todos um depois do outro, parece que é a gente só quem tem de purgar padecer!?" "Pai gritava uma braveza toda, mas por amor dele, Miguilim". A febre não passa, e o pai sai a cavalo, em busca de uma laranja que Miguilim pedia, mas que foi impossível encontrar. E, de repente: – "Mãe... Mãe! Mãe!..." Que matinada era aquela? por que todos estavam assim gritando, chorando? "– Miguilim, Miguilim, meu Deus, tem pena de nós! Pai fugiu para o mato, Pai matou o Luisaltino!..." – "Não me mata! Não me mata!" – implorava Miguilim, gritado, soluçado. Mas vinha Vovó Izidra, expulsava todos para fora do quarto. Vovó Izidra sentava na beira da cama, segurando a mão de Miguilim: – "Vamos rezar, Miguilim, deixa os outros, eles se arrumam..." E de repente ela disse: – "Escuta, Miguilim, sem assustar: seu Pai também está morto. Ele perdeu a cabeça depois do que fez, foi achado morto no meio do cerrado, se enforcou com um cipó, ficou pendurado numa moita grande de mororó... mas Deus não morre, Miguilim, e Nosso Senhor Jesus Cristo também não morre mais... Reza Miguilim. Reza e dorme!"

Aos poucos, Miguilim melhora. Tio Terêz volta e a mãe pergunta: "Se daqui a uns meses sua mãe se casar com o Tio Terêz, Miguilim, isso é do teu gosto?" ... "Miguilim não se importava, aquilo era bobagens. Todo mundo era meio um pouco bobo". Já curado de todo, Miguilim encontra o Dr. Lourenço, que revela a sua miopia:

e o senhor tirava os óculos e punha-os em Miguilim com todo o jeito.
– Olha agora!

Miguilim olhou. Nem não podia acreditar! Tudo era uma claridade, tudo novo e lindo e diferente, as coisas, as árvores, as caras das pessoas. Via os grãozinhos de areia, a pele da terra, as pedrinhas menores, as formiguinhas passeando no chão de uma distância. E tonteava. Aqui, ali, meus Deus, tanta coisa; tudo...

Então, a mãe o convence a ir para cidade com Dr. Lourenço e no dia seguinte Miguilim coloca os óculos novamente, e se despede do Mutum:

olhou para todos, com tanta força ... os olhos redondos e os vidros altos da manhã ... O Mutum era bonito! Agora ele sabia ... Olhava mais era para Mãe ... Um soluçozinho veio. Dito e a Cuca Pingo-de-Ouro. E o Pai. *Sempre alegre, Miguilim... Sempre alegre, Miguilim...* Nem sabia o que era alegria e tristeza. Mãe o beijava. A Rosa punha-lhe doces-de-leite nas algibeiras, para a viagem. Papaco-o-Paco falava, alto, falava.

À medida que tentamos penetrar o sentido de "Campo geral", vemos que a história se desdobra, como se resultasse de planos diferentes, entrelaçados na trama e na significação dos acontecimentos.

No nível mais geral de interpretação, "Campo Geral" é a história de um homem – o pai de Miguilim – que procura a ascensão social; é a mãe que procura explicar: "Perdoa o teu Pai, que ele trabalha demais, Miguilim, para a gente poder sair de debaixo da pobreza...". O pai também revela sua preocupação com dinheiro, ao dizer para a mulher: "Nhanina quer é empobrecer ligeiro o final da gente: com tanto açúcar que gasta, só fazendo porcaria de doces e comidas de luxo!". Ou, então, quando os bezerros se machucam na cerca, o pai exclama:

que ele era pobre, em ponto de virar miserável, pedidor de esmola, a casa não era dele, as terras ali não eram dele, o trabalho era demais, e só tinha prejuízo sempre, acabava não podendo nem tirar para sustento de comida da família ... Dava vergonha no coração da gente, o que pai assim falava. Que de pobres iam morrer de fome – não podia vender as filhas e os filhos...

Desse ponto de vista, essa novela de Guimarães Rosa apreende o grupo que, na vida caipira, apresenta conflitos e tensões. E o pai de Miguilim não é o único, na literatura brasileira, a apresentar características de rudeza e violência. Não é difícil recordar o pai retratado em *Infância*, por Graciliano Ramos (1945), que tem muita semelhança com o pai de Miguilim, embora pertença a outra classe social, e tenha maiores recursos. Diz Graciliano:

> Se ele estivesse em baixo, livre de ambições, ou em cima, na prosperidade, eu e o moleque José teríamos vivido em sossego. Mas no meio, receando cair, avançando a custo, perseguido pelo verão, arruinado pela epizootia, indeciso, obediente ao chefe político, à justiça e ao fisco, precisava desabafar, soltar a zanga concentrada ... Só não economizava pancadas e repreensões. Éramos repreendidos e batidos.

Não é o fato, portanto, de estar mais acima ou mais abaixo na escala social que fez, desses homens, pelo menos do ponto de vista das crianças, uns seres violentos e injustos; o importante é que sua frustração e seu medo se refletem no trabalho contínuo e no empobrecimento de sua vida afetiva. Nesse sentido, tanto o pai de Miguilim quanto o de Graciliano Ramos não são *típicos*, isto é, não podem ser considerados como figuras características da vida rural brasileira. As descrições sociológicas mais amplas da população rural mostram exatamente características psicológicas opostas às dessas personagens literárias; as descrições de Donald Pierson (1951) ou de C. Wagley (1953) mostram pessoas conformadas com seu destino e, além disso, extremamente delicadas no tratamento das crianças. É evidente, contudo, que essa vida de conformismo ou de ausência de conflito não apresenta ou dificilmente apresenta material para a literatura. Embora esse aspecto deva ser analisado mais adiante, não será demais indicar que, aparentemente, apenas as situações conflitivas são reveladoras de aspectos significativos do comportamento.

Ainda nesse nível social, é possível analisar a origem do conflito entre o pai e a mãe de Miguilim. Aqui não estamos, evidentemente, diante da proposição direta, apresentada em *Senhora*, de José de Alencar, nem diante de uma ambiguidade semelhante à encontrada em *Dom Casmurro*. O conflito é visto indiretamente por meio dos filhos – Dito e Miguilim –, pois estes percebem, sem entender, a situação entre o pai e a mãe. Há, inicialmente, a briga entre eles, por ciúme de Tio Terêz; depois, a admiração da mãe por seo Aristeu; finalmente, a suspeita quanto a Luisaltino, e sua confirmação, por meio do crime e do suicídio do pai. O texto sugere que a suspeita quanto a Tio Terêz não era invenção gratuita do pai: Tio Terêz, em certo momento, diz que Miguilim tem mais juízo que ele; depois de expulso da casa, tenta enviar um bilhete por intermédio de Miguilim, mas este se recusa a fazê-lo; finalmente, morto o pai, Tio Terêz volta para casar-se com a cunhada. Quanto a seo Aristeu, existem apenas as palavras da mãe, a respeito do vizinho. No caso de Luisaltino, existe a suspeita de Dito e Miguilim: o primeiro, já doente, deseja saber se Vovó Izidra já começou a brigar com a mãe e se esta conversa sozinha com Luisaltino; Miguilim, quando a mãe o agrada, sente ciúme, não do pai, mas de Luisaltino. E é este que, como se assinalou antes, diz "que judiação do mal era por causa que os pais casavam as filhas muito meninas, nem deixavam que elas escolhessem noivo". A insinuação é que Nhanina, a mãe de Miguilim, não tivesse casado por amor, mas por imposição da família. É impossível saber se isso ocorreu ou não, mas ainda aqui a novela atinge um nível muito mais amplo; os meninos ouvem dizer que sua avó materna tinha sido mulher da vida, mas lembram apenas que, nos últimos anos, passava os dias rezando. Portanto, ainda que tivesse havido um casamento arranjado pela família, é impossível conhecer a sua origem verdadeira.

Esses conflitos, aqui apresentados de forma discursiva e quase lógica, não são assim percebidos por Miguilim. Para este, as pessoas e as coisas parecem dotadas de uma intencionalidade que escapa à sua compreensão; ao mesmo tempo, pensa que o irmão Dito tem a percepção imediata das coisas, como se, aos seus olhos, estas se tornassem transparentes:

> de onde era que o Dito descobria a verdade dessas coisas? Ele estava quieto, pensando noutros assuntos de conversa, e de repente falava naquilo. – "De mesmo, de tudo, essa ideia consegue chegar em sua cabeça, Dito?" Ele respondia que não. Que ele já sabia, mas não sabia antes que sabia.

Em vez dessa compreensão imediata, Miguilim tem apenas uma sensibilidade extrema, por meio da qual sente uma empatia total com os bichos:

> aí tinha outros buracos, deixados, não eram mais moradia de tatu, ou eram só de acaso, ou prontos de lado, para eles temperarem de escapulir. Tão gordotes, tão espertos – e estavam assim só para morrer, o povo ia acabar com todos?"; "gato chegava por si, sobremacio, tripetrepe, naquela regra. Esse não se importava com nenhuma coisa"; "o gaviãozinho, o gavião-pardo do cerrado, o gaviãozinho, pintado. A gente sabia esses todos vivendo de ir s'embora, se despedidos"; "porque a alma dele temia gritos. No sujo lamoso do chiqueiro, os porcos gritavam, por gordos demais. Todo grito, sobre ser, se estraçalhava, estragava, de dentro de algum macio miolo – era a começação de desconhecidas tristezas. O quirquincho de um tatu caçado. O afuroo dos cachorros, estrepolindo com o tatu em buraco.

As coisas também se revelam por meio de qualidades fisionômicas:

umas moças cheirosas, limpas, os claros risos bonitos, pegavam nele, o levavam para a beira duma mesa, ajudavam-no a provar, de uma xícara grande, goles de um beber quente, que cheirava à claridade.

Essa percepção e esse afeto se revelam totalmente com a cachorrinha Pingo-de-Ouro:

> para o sentir de Miguilim, mais primeiro havia a Pingo-de-Ouro, uma cachorra bondosa e pertencida de ninguém, mas que gostava mais era dele mesmo ... ela aparecia, sem atrapalhar, sem latir, ficava perto, parece que compreendia.

Essa empatia com os animais afasta Miguilim dos adultos: "Miguilim não tinha vontade de crescer, de ser pessoa grande, a conversa das pessoas grandes era sempre as mesmas coisas secas, com aquela necessidade de ser brutas, coisas assustadas". E para o seu ajustamento, Miguilim tem ainda duas outras dificuldades: uma, a sua forma de expressão; outra, a sua miopia. Uma grande parte do conflito entre Miguilim e o pai resulta de uma expressão poética, que se choca com uma visão prática das coisas. Miguilim gosta de inventar histórias, e procura expressão para sentimentos indefinidos: "mas às vezes eu queria avistar o mar, só para não ter uma tristeza..." Várias vezes o pai se aproxima dele, e tenta interessá-lo pelas coisas imediatas, mas estas parecem desorientar Miguilim. A outra dificuldade resulta da miopia: Miguilim vê as coisas imprecisas e um pouco borradas; se isso permite a percepção de certas qualidades dominantes dos objetos, impede a percepção dos contornos nítidos. Quando coloca os óculos, esses pormenores se salientam de repente e parecem iluminados.

Se a percepção de Miguilim nos permite compreender parte de seus problemas de adaptação, não explica os seus conflitos emocionais com o pai. A primeira observação que ocorre ao leitor é a semelhança entre o conflito de Miguilim e o de Hamlet de Shakespeare: nos dois casos, o filho vê a mãe casar-se com o tio. Mas a semelhança termina neste ponto, uma vez que Hamlet já se identificara com o pai morto, enquanto Miguilim se opõe violentamente ao pai, e promete matá-lo: "não chorava, porque estava com um pensamento: quando ele crescesse, matava Pai"; "pai é homem jagunço de mau. Pai não presta". Nesse caso, o conflito edipiano se manifesta diretamente, e não é difícil perceber uma complexidade inexistente na tragédia de Shakespeare ou no *Rei Édipo* de Sófocles. Nessas duas tragédias o pai não aparece; no primeiro caso, porque foi morto pelo tio de Hamlet e, no segundo, por Édipo. No caso de Miguilim, o pai é uma pessoa presente e o menino pergunta: "mas não era o Pai quem mais primeiro tinha ódio dele Miguilim? Era só avistar Miguilim, o ele já bramava: – 'Mão te tenha, cachorrinho! Enxerido... Carapuçudo!'". Depois de surrá-lo, o pai exclama: – "Raio de menino indicado, cachorro ruim! Eu queria era poder um dia abençoar teus calcanhares e tua nuca!". Portanto, se Miguilim odeia o pai, entende que este também o detesta. Além disso, como é fácil perceber na novela, os sentimentos das personagens são ambíguos: se é verdade que Miguilim tem ciúme do pai, de outro lado se alegra quando percebe harmonia entre pai e mãe; se o pai não gosta de Miguilim, é certo que se desespera ao vê-lo doente, e começa a sentir-se culpado da doença.

Em outras palavras, se Miguilim traz à consciência o conflito edipiano, este não aparece em seus delineamentos quase lógicos ou racionais; ao contrário, sugere a ambivalência de sentimentos e o processo de educação. O conflito entre pai e filho não parece explicável, nesse caso, apenas por meio do ciúme. De um lado, existe a incompatibilidade entre os dois, uma vez que o pai não tem recursos para entender Miguilim, ou a sua forma peculiar de ajustamento; "o que ele quer é sempre ser mais do que nós, é um menino que despreza os outros e se dá muitos penachos. Mais bem que já tem prazo para ajudar em coisa que sirva, e calejar os dedos, endurecer casco na sola dos pés, engrossar esse corpo". Portanto, o pai não compreende e não respeita a individualidade de Miguilim, assim como este não compreende o pai. Essa oposição poderia ser apresentada e explicada por meio do choque de personalidades ou de diferenças de personalidade. No entanto, a novela de Guimarães Rosa aí introduz um outro elemento, que é a presença do sobrenatural.

O sobrenatural é uma constante na vida de Miguilim, embora se revele de formas diferentes: a proximidade da morte, a reza de Vovó Izidra, o pacto com Deus, a feitiçaria de Mãitina, o interminável mistério da presença e da morte de Dito.

> Ele tinha fé. Ele mesmo sabia? Só que o movido do mais-e--mais desce tudo, e desluz e desdesenha, nas memórias; é feito lá em fundo de água dum poço de cisterna. Uma vez ele tinha puxado o paletó de Deus.

Essa lembrança refere-se ao momento em que Miguilim pensa que vai morrer engasgado – "ele se despedindo de si" – e se benze. Quando se sente salvo, Miguilim entende que se salvara pela fé. Depois, como se viu antes, o menino passa a esperar a morte; nesse momento, procura ouvir uma palavra de Deus, capaz de garantir sua vida. Embora, para sua ingenuidade, uma palavra de seo Aristeu seja suficiente para garantir que estava salvo, isso não afasta a presença constante da morte. Quando ouve dizer que o pai matara Luisaltino, Miguilim exclama "não me mata! não me mata!", como se, nesse instante, se identificasse com o namorado da mãe. Ainda aqui, no entanto, não será inoportuna a companhia do senso comum. Em parte, ao menos, a presença constante da morte é uma consequência do ambiente de Miguilim, no qual a mortalidade infantil é muito grande e onde os assassinatos estão muito próximos. Por isso, suas observações e sua sensibilidade não têm o mesmo sentido que teriam em criança de outro ambiente. Isso não significa que possamos considerá-las como consequência direta do que a experiência lhe ensinou; ao contrário, o que importa na visão de Miguilim é o fato de, por meio do sobrenatural, revalorizar a vida e a morte.

Mãitina tem, por isso mesmo, uma importância decisiva para a nossa compreensão de Miguilim. Ele sabe que Mãitina é desprezada pelos outros, como negra velha quase imprestável; sabe também que Vovó Izidra condena as rezas de Mãitina. Mas é a ela que Miguilim se dirige nos momentos de maior tristeza ou desespero. Quando Dito piora, Miguilim pede a ela: "faz um feitiço para ele não morrer, Mãitina! Faz todos os feitiços, depressa, que você sabe...".

Essas revelações, todavia, não permitem atingir o sentido mais completo de "Campo geral"; este só é dado por meio da presença e da morte de Dito. Desde o início da novela, o diálogo entre os irmãos prenuncia a tragédia:

> – Miguilim, você tem medo de morrer?
> – Demais... Dito, eu tenho um medo, mas só se fosse sozinho. Queria a gente todos morresse juntos...
> – Eu tenho. Não queria ir para o Céu menino pequeno.

Se Miguilim parece, no entanto, atormentado pelo medo da morte, Dito vive tranquilamente, interessado por tudo e por todos. Não é castigado porque sempre encontra uma fórmula salvadora, pela qual, se não engana os mais velhos, consegue convencê-los. E quando precisa enganá-los, para defender o irmão, mente com a mesma seriedade e a mesma tranquilidade com que, diante de uma injusta observação de Miguilim, acaba de comer o seu pedacinho de rapadura. A serenidade e a compreensão de Dito indicam que é um menino extraordinário, como se sua perfeição fosse excessiva para o mundo das coisas desordenadas de que fala Miguilim.

Por isso, a morte de Dito não é apenas um acontecimento doloroso, quase insuportável para Miguilim: sua significação ultrapassa o imediato e o individual, e revela o universo de símbolos. Embora desejasse ser fazendeiro e encher os pastos de bois, Dito confessa que tudo cansa, como se sua inteligência pudesse esgotar o interesse das coisas e das pessoas, até que o mundo nada mais tivesse para oferecer-lhe. No entanto, o conteúdo simbólico da morte de Dito se revela inteiramente ao cruzar-se com a história representada no presépio armado por Vovó Izidra, pois a morte de Dito coincide com a apresentação do nascimento de Cristo. Finalmente, o que Dito guarda para dizer ao irmão é toda uma filosofia de vida:

> Miguilim, Miguilim, vou ensinar o que agorinha eu sei, demais: é que a gente pode ficar sempre alegre, alegre, mesmo com toda coisa ruim que acontece acontecendo. A gente deve de poder ficar então mais alegre, mais alegre, por dentro!...

A história de "Campo geral" revela ainda um outro princípio: a verdade está com a criança, como se esta dispusesse de recursos que o adulto já perdeu. Essa capacidade de conhecimento se revela integralmente em Dito, mas aparece também em Miguilim, na percepção fisionômica por meio da qual as coisas são decifradas. Portanto, o que "Campo geral" afirma é que a experiência, longe de ser uma forma de conhecimento ou ampliação da possibilidade de compreender o universo e os homens, é um véu que recobre o conhecimento verdadeiro, de que a criança é capaz.

Sob muitos aspectos, "Campo geral" é uma narrativa nuclear na ficção de Guimarães Rosa, pois alguns dos temas aí embrionários se desenvolveram, não apenas em outras novelas de *Corpo de baile*, mas também em *Grande sertão: veredas* e em *Primeiras estórias*. Em "A estória de Lélio e Lina" aparecem, já adultos, um irmão e duas irmãs de Miguilim: Tomé, Drelina e Chica; em "Buriti", também de *Corpo de baile*, reaparece Miguilim, já moço e enamorado. "Buriti" é importante porque é um dos poucos momentos em que, na ficção de Guimarães Rosa, aparece o desenvolvimento da personagem, e a lembrança do menino acompanha o moço:

Psicologia e literatura

contra o sertão, Miguel tinha sua pessoa, sua infância, que ele, de anos pelejava por deslembrar, num esforço que era a mesma saudade, em sua forma mais eficaz. Mas o grande sertão dos Gerais povoava-o, nele estava, em seu amor, carnal marcado. Então, em fim de vencer e ganhar o passado no presente, o que ele se socorrera de aprender era a precisão de transformar o poder do sertão – em seu coração mesmo e entendimento.

Esse Miguel que encontramos em "Buriti" – moço tímido, com o mesmo horror de errar e ser repreendido, que recorda as virtudes e os defeitos da mãe, que lembra a presença do irmãozinho morto – é uma das virtualidades do Miguilim que aparece em "Campo geral". Quando encontra Maria da Glória, logo pensa em Dito; quando não consegue uma solução, pensa no irmãozinho, pois, como na infância, reconhece que Dito tudo resolveria: "o Dito irmãozinho de Miguel, tão menino morto, entendia os cálculos da vida, sem precisar de procura. Por isso morrera? Viver tinha de ser um seguimento muito confuso". O mesmo ódio que Miguilim tinha dos adultos, quando percebia o que faziam com os bichos, continua vivo na sensibilidade do moço Miguel, que não esquece as cenas da infância, nem o sofrimento diante das lutas dos adultos.

O aparecimento de Miguilim já moço, assim como o dos irmãos, é processo pouco utilizado na ficção de Guimarães Rosa, pois, aparentemente, o desenvolvimento psicológico da pessoa, no sentido em que a expressão seria entendida na psicologia contemporânea, tem interesse secundário para a explicação das suas personagens. Se isso é verdade, deve ser possível saber quais os seus critérios de descrição e explicação das pessoas.

Para entender o desenvolvimento das personagens de Guimarães Rosa, não é suficiente utilizar os conceitos da psicologia científica, pois o ficcionista nos dá uma visão muito mais ampla do sentido da vida humana, que não pode ser contida na análise de "Campo geral": os acontecimentos decisivos e os traços mais característicos das pessoas parecem impostos por uma força maior que elas. Isso poderia ser interpretado como consequência da percepção da criança, mas, na verdade, indica o destino sobrenatural de coisas e pessoas, pois o universo físico e o humano são isomórficos, e participam dos mesmos princípios.

Se tentamos apreender o sentido mais profundo da existência, aí descobrimos a luta entre dois princípios aparentemente inconciliáveis: o bem e o mal, distribuídos na natureza e no homem. É esta a explicação de Riobaldo:

> pois, num chão, e com igual formato de ramos e folhas, não dá a mandioca mansa, que se come comum, e a mandioca brava, que mata?... Tudo. Tem até tortas raças de pedras, horrorosas, venenosas – que estragam mortal a água, se estão jazendo em fundo de poço; o diabo dentro delas dorme: são o demo.

No caso do homem, diz Riobaldo: "que o que gasta, vai gastando o diabo de dentro da gente, aos pouquinhos, é o razoável sofrer. E a alegria de amor – compadre meu Quelemém diz".

O homem, portanto, parece dotado de maldade, que se revela por meio do ódio, e deve conquistar o bem, que se revela por meio do amor. O ódio deve ser consumido pelo sofrimento ou pelo amor, e então o homem se torna capaz de encontrar a bondade. A vida humana é entendida, assim, como um processo de redenção, por meio do sofrimento. Como será fácil concluir, essa concepção aproxima as personagens de Guimarães Rosa não só das figuras trágicas, mas também das entidades religiosas. Se acompanhamos a evolução de Édipo, em *Rei Édipo* e *Édipo em Colona*, vemos que Édipo deve resgatar uma culpa, e a cegueira é sua forma de redenção. Não é difícil perceber que, antes de sua morte, Édipo sente que, se cometeu algum crime, mesmo involuntário, o sofrimento já o libertou de qualquer culpa. A mesma coisa pode ser dita a respeito de Jó, embora, nesse caso, a história comece em ponto anterior: quando o Demônio se dirige a Deus, diz que se Jó parecia um servo fiel, isso se explicaria pelo fato de tudo ter recebido de Deus. Quando

Deus aceita o desafio do Demônio, permite que este retire tudo de Jó, menos sua vida. O sofrimento e a humildade de Jó lhe valem então a recompensa divina, e Jó pode reconstruir sua vida. Na história de Cristo, a ideia de redenção pelo sofrimento atinge o seu ápice: aqui, o sofrimento deixa de ser forma de redenção do indivíduo, para redimir a espécie humana do pecado original.

Embora não seja difícil mostrar, na ficção de Guimarães Rosa, o desenvolvimento desse tema – não apenas em *Grande sertão: veredas*, mas também em *Corpo de baile*, *Sagarana* e *Primeiras estórias* –, convém selecionar um exemplo diretamente comparável a Alencar e Machado de Assis, de forma que se salientem as interpretações psicológicas peculiares aos autores aqui analisados. Para isso, o melhor exemplo é talvez "O espelho", conto de *Primeiras estórias* (1962), que pode ser comparado ao "Espelho (Esboço de uma nova teoria da alma humana)" do livro *Papéis avulsos* de Machado de Assis e à descrição do retrato, que aparece em *Senhora*, de José de Alencar.

Retratos e espelhos

Em "O espelho", de Guimarães Rosa (*Primeiras Estórias*, 1962), a personagem conta suas experiências diante do espelho; depois de mostrar que este nem sempre reflete a mesma imagem, lembra o medo que o espelho sempre inspirou aos primitivos, e passa a contar sua experiência.

> Foi num lavatório de edifício público, por acaso. Eu era moço, comigo contente, vaidoso. Descuidado, avistei... Explico-lhe: dois espelhos – um de parede, o outro de porta lateral, aberta em ângulo propício – faziam jogo. E o que enxerguei, por instante, foi uma figura, perfil humano, desagradável ao derradeiro grau, repulsivo senão hediondo. Deu-me náusea, aquele homem, causava-me ódio e susto, eriçamento, espavor. E era – logo descobri... era eu, mesmo!

A partir daí, a personagem passa a buscar-se, isto é, a procurar o seu aspecto formal. Para isso emprega vários recursos: "o rapidíssimo relance, os golpes de esguelha, a longa obliquidade apurada, as contrassurpresas, a finta de pálpebras, a tocaia com a luz de repente acesa, os ângulos variados incessantemente";

olhava-se, também, em certos momentos de emoções específicas. Essas observações sugerem a necessidade de decompor a fisionomia a fim de "transveberar o embuço, a travisagem daquela *máscara*, a fito de devassar o núcleo dessa nebulosa – a minha vera forma". Para isso, tenta eliminar da percepção os elementos de significado inferior e considera, inicialmente, os traços animais. Verifica que seu sósia na escala animal era a onça e tenta eliminar esses traços: "digo-lhe que nessa operação fazia reais progressos. Pouco a pouco, no campo de vista do espelho, minha figura reproduzia-se lacunar, com atenuadas, quase apagadas de todo, aquelas partes excrescentes". A seguir tenta eliminar as outras partes componentes: os elementos hereditários, as pressões psicológicas momentâneas, as sugestões dos outros. Então adoece e deixa, durante meses, de olhar para espelhos.

> Um dia... Desculpe-me, não viso a efeitos de ficcionista, inflectindo de propósito, em agudo, as situações. Simplesmente lhe digo que me olhei num espelho e não me vi. Não vi nada. Só o campo, liso, às vácuas, aberto como o sol, água limpíssima, à dispersão da luz, tapadamente tudo. Eu não tinha formas, rosto? Apalpei-me, em muito. Mas, o invisto. O ficto.

Continua a procurar-se no espelho, mas não consegue ver-se, o que o leva a perguntar: "não haveria em mim uma existência central, pessoal, autônoma? Seria eu um... des-almado?". O eu não seria, portanto, mais que resto animal, herança e influências momentâneas. No entanto,

> mais tarde, anos, ao fim de uma ocasião de sofrimentos grandes, de novo me defrontei – não rosto a rosto. O espelho mostrou-me. Ouça. Por um certo tempo, nada enxerguei. Só então, só depois: o tênue começo de um quanto como uma luz, que se nublava, aos poucos tentando-se em débil cintilação, radiância.

> Só mais tarde, quando

já amava – já aprendendo, isto seja, a conformidade e a alegria ... vi, a mim mesmo, de novo, meu rosto ... E era, não mais que: rostinho de menino, de menos-que-menino, só.

Esta é, talvez, a mais sucinta apresentação da personalidade, que emerge da ficção de Guimarães Rosa: o ódio, aqui apresentado pela onça, que deve ser consumido pelo sofrimento. Quando a personagem elimina esse conjunto de ódio e de aparências, fica desalmado. A alma verdadeira só pode ser encontrada por meio do amor e, por isso, só depois do amor a personagem encontra a sua alma. Além disso, é preciso não esquecer que aqui, como em outros contos ou no romance, a explicação não pode ser encontrada no nível exclusivamente *naturalista*, pois a personagem sugere que o aperfeiçoamento da alma deve ter um sentido, que ultrapassa este "vale de bobagens".

"O espelho (Esboço de uma nova teoria da alma humana)", de Machado de Assis, também apresenta o homem diante do espelho, mas a teoria aí apresentada é muito diversa da sugerida por Guimarães Rosa:

> Cada criatura humana traz duas almas consigo: uma que olha de dentro para fora, outra que olha de fora para dentro... Há casos, por exemplo, em que um simples botão de camisa é a alma exterior de uma pessoa... Está claro que o ofício dessa segunda alma é transmitir a vida, como a primeira... Quem perde uma das metades, perde naturalmente metade da existência; e casos há, não raros, em que a perda da alma exterior implica a da existência inteira.

Jacobina, o herói-narrador, conta um episódio da mocidade: acabava de ser nomeado alferes da guarda nacional e,

> ao tempo em que a consciência do homem se obliterava, a do alferes tornava-se viva e intensa. As dores humanas, as alegrias humanas se eram só isso, mal obtinham de mim uma compaixão apática ou um sorriso de favor. No fim de três semanas, era outro, totalmente outro. Era exclusivamente alferes.

Quando estava nesse ponto de identificação, foi obrigado a ficar inteiramente só na fazenda e, embora tentasse várias atividades, não consegue concentrar-se em nenhuma delas. Desde o momento em que

> ficara só, não olhara uma só vez para o espelho. Não era abstenção deliberada, não tinha motivo; era um impulso inconsciente, um receio de achar-me um e dois, ao mesmo tempo, naquela casa solitária; e se tal explicação é verdadeira, nada prova melhor a contradição humana, porque no fim de oito dias, deu-me na veneta olhar para o espelho com o fim justamente de achar-me dois. Olhei e recuei. O próprio vidro parecia conjurado com o resto do universo; não me estampou a figura nítida e inteira, mas vaga, esfumada, difusa, sombra de sombra ... E levantei o braço com gesto de mau humor, e ao mesmo tempo de decisão, olhando para o vidro; o gesto lá estava, mas disperso, esgaçado, mutilado...

Esse sentimento de perturbação faz que o herói decida sair da fazenda, mas lembra da farda:

> vesti-a, aprontei-me de todo; e, como estava defronte do espelho, levantei os olhos, e... não lhes digo nada: o vidro reproduziu então a figura integral; nenhuma linha de menos, nenhum contorno diverso; era eu mesmo, o alferes, que achava, enfim, a alma exterior. Essa alma ausente com a dona do sítio, dispersa e fugida com os escravos, ei-la recolhida no espelho.

Observe-se que, embora faça referência a duas almas – uma que olha para dentro e outra que olha para fora a descrição apresentada no conto limita-se à alma externa, como se ambas pudessem reduzir-se à exterioridade. Como já foi sugerido anteriormente, essa forma de descrever corresponde à concepção de Machado de Assis, segundo a qual a maior parte da vida mental é um processo de ajustamento às aparências sociais. Embora o contista não o diga, pode-se supor que a alma que "olha para dentro" seja a introspectiva, que procura

Psicologia e literatura

analisar-se. De qualquer forma, "O espelho", de Machado de Assis, sugere que a individualidade coincide com o que se poderia denominar o "eu social", abaixo do qual a personagem nada consegue encontrar. Se lhe faltam os outros – em que se vê –, também não poderá identificar-se, e esse processo de autoidentificação só ocorre quando, diante do espelho, adquire a sua fisionomia socialmente aceita, pois esta é, na realidade, a única que possui.

Se em *Senhora* não aparece a análise da imagem diante do espelho, ocorre o desenho de um retrato. Aurélia deseja que um pintor faça o retrato do marido:

> no dia seguinte ... a moça antes de tomar posição fez-lhe suas observações acerca da expressão fria e seca da fisionomia de Seixas.
> – Pintei o que vi. Se deseja um retrato de fantasia, é outra coisa, respondeu o artista".

Aurélia procura então agradar o marido e aparecer-lhe como a jovem que conhecera no início do namoro. Para isso, procura criar, para Seixas, um ambiente de amenidade e quase ternura. Admiravam as flores ou liam no mesmo livro:

> Seixas incumbia-se da leitura, e Aurélia escutava sentada a seu lado. Às vezes, ou porque se distraísse um momento, ou por sofreguidão de antecipar a narração, reclinava-se para correr os olhos pela página, onde ia brincar um anel de seus cabelos castanhos.

É num desses momentos que Seixas foi posar para o artista, e

> conservou durante a sessão a mesma expressão afável e graciosa, que pouco antes iluminava seu nobre semblante, e que fora a sua fisionomia de outrora, quando a subversão de existência ainda não o tinha revestido de gravidade melancólica.
> Na manhã seguinte, Aurélia examinando o trabalho do pintor, viu palpitante de emoção a sorrir-lhe o homem que ela havia amado.

A partir desse momento, Aurélia passa a viver duas vidas separadas: uma, diante do retrato de uma fisionomia anterior do marido; outra, diante do marido atual. Como foi indicado antes, essa separação é parte do desenvolvimento do romance, e aqui importa, apenas, analisar o processo de representação através do retrato.

Na descrição de Alencar, há dois aspectos básicos: o artista é capaz de apreender a personalidade real do outro e, além disso, a vida interior e a fisionomia são contínuas e revelam os mesmos sentimentos. É por isso que Aurélia precisa modificar seu comportamento com o marido, quando deseja obter um retrato da pessoa despreocupada que outrora conhecera; quando o faz, Seixas volta a sentir e revelar os mesmos sentimentos, que são apreendidos pela artista.

Agora será possível resumir as concepções psicológicas supostas em Alencar, Machado de Assis e Guimarães Rosa, assim como tentar ligá-las às concepções teóricas da psicologia contemporânea.

Em Alencar, parece não existir separação entre a vida interior e o comportamento; por isso, a percepção ingênua, isto é, sem preconceitos ou estereótipos, pode apreender direta e imediatamente a personalidade do outro. Como se viu antes, no caso de *Lucíola*, às vezes o amor pode auxiliar a percepção, e permitir a apreensão correta de características não percebidas por pessoas indiferentes ou hostis.

A concepção de Alencar corresponde, *grosso modo*, à que encontramos nos fenomenólogos e nos gestaltistas. Não será difícil identificar, na descrição do conhecimento que Paulo obtém de Lúcia e que Aurélia tem de Seixas, a concepção apresentada por Max Scheler (1928): "Pode-se dizer que a essência de uma individualidade estranha, essência indescritível e que não pode ser apresentada em noções ('individuum ineffabile'), só no amor e por meio da visão amorosa se revela totalmente e em toda a sua pureza". Portanto, para Alencar, como para Scheler,

Psicologia e literatura

a apreensão da "realidade" de outra pessoa é possível, em muitos casos, através do amor, e não *apesar* do amor. Quanto à percepção direta das emoções dos outros, será suficiente lembrar um conhecido texto de W. Köhler:

> se falo da calma de um homem que está à minha frente, falo de um fato que percebo. Essa "calma" parece do mesmo tipo de estado que às vezes verifico, e às vezes não consigo verificar em mim. Geralmente, não me interesso por qualquer outra calma que possa ser atribuída a esse homem. De forma semelhante, se o homem "se torna nervoso", o *crescendo* que ocorre diante de meus olhos e meus ouvidos não é naturalmente, um fato sensorial neutro; contém o que denomino o nervosismo do homem. (1947, p.241-2)

Essa semelhança entre a descrição de Alencar e a dos fenomenólogos e gestaltistas é que permite dizer que o romancista brasileiro é muito mais *moderno* do que parece à primeira vista. Deve-se lembrar, no entanto, que a descrição de gestaltistas e fenomenólogos coincide, frequentemente, com a descrição ingênua da realidade psicológica, de forma que não teria sentido pensar em Alencar como uma espécie de precursor do gestaltismo. Ao demonstrar que os outros podem identificar aquilo que o ator da ação não chega a reconhecer é que Alencar ultrapassa do domínio do conhecimento ingênuo e revela uma intuição muito rara nos psicólogos e escritores do século XIX.

Se passamos para "O espelho" de Machado de Assis encontramos um nível muito diverso de descrição e uma concepção quase oposta da realidade psicológica. Aparentemente, Machado de Assis aceita uma concepção corrente no século XIX, que consistia em dividir a personalidade em duas faces (por isso fala em "alma que olha para dentro" e "alma que olha para fora"): a personalidade interior só pode ser conhecida pela introspecção, e é frequentemente oposta à personalidade exterior. No conto "O espelho", depois de sugerir que muitas pessoas têm apenas a alma exterior, o herói-narrador apresenta a sua história pessoal, em que não aparece a "alma interior", mas a exterior. Ao contrário do que ocorre em Alencar, a pessoa parece incapaz de manter um núcleo pessoal inquebrável; quando os outros se ausentam, o herói precisa apresentar-se, diante do espelho, com a identidade superficial aceita pelos outros. O fato de Alencar também sugerir a importância dos outros para a formação da autoidentidade não elimina essa diferença; ao passo que, em Alencar, é o eu autêntico que precisa de reconhecimento para vir à tona, Machado sugere que a autoidentidade é apenas máscara que a sociedade fornece. Além disso, parece que abaixo dessa máscara nada mais existe e que, desprovido dela, o personagem será incapaz de identificar-se fisicamente.

Como se indicou antes, essa dissolução da identidade parece resultar, em Machado de Assis, da tendência introspectiva que, ao analisar os componentes da personalidade, encontra apenas tendências impostas de fora para dentro, e que o indivíduo aceita, hipocritamente, no processo de ajustamento à vida social. Abaixo dessa camada superficial, o contista descobre, como já se demonstrou, tendências egoístas e antissociais. Ao contrário do que ocorre com Alencar, não se encontra uma teoria psicológica correspondente à descrição de Machado de Assis. No conto "O espelho" seria possível mostrar que a descrição de Machado de Assis corresponde à teoria do papel social, isto é, à ideia de que o indivíduo interioriza o comportamento que a sociedade espera dele. De outro lado, a intuição de Machado de Assis o leva a perceber que, pelo menos em alguns, extinta essa imagem interiorizada, já nada resta da personalidade. Mais adiante, esse problema será retomado, a fim de sugerir a existência, na psicologia contemporânea, de duas tendências antagônicas, uma que nega, e outra que afirma um eu nuclear e indestrutível, abaixo de todas as imagens socialmente criadas.

De outro lado, a teoria de Machado de Assis contém outro elemento importante, correspondente à ideia de *desmascaramento* das aparências da pessoa. Essa tendência supõe uma oposição fundamental entre os impulsos individuais e as exigências da sociedade, a que a pessoa se submete. Essa tendência foi a que, dentro, evidentemente, de outras premissas teóricas, encontrou expressão na teoria freudiana da personalidade.

Se passamos para "O espelho" de Guimarães Rosa, encontramos uma concepção psicológica que, de alguns aspectos pelo menos, se aproxima da teoria junguiana de personalidade, embora introduza também outros conceitos. Ao contrário do que ocorre no conto de Machado de Assis, a exteriorização perde todo significado, e o herói-narrador procura devassar a sua intimidade em busca de elementos fundamentais. Essa pesquisa conduz à descoberta de traços de ódio, mas, fundamentalmente, de ódio contra si mesmo. Quando elimina o ódio, o herói fica *sem alma*, pois esse sentimento seria o seu núcleo fundamental; só depois de um período de grandes sofrimentos é que o espelho começa a refletir um começo de luz, enquanto o rosto só aparecerá – embora seja "rostinho de menino, de menos-que-menino, só" – depois do amor.

O que aproxima essa descrição não da apresentada por Jung, mas de sua concepção geral é a ideia da permanência de elementos atávicos, que no caso de Guimarães Rosa ultrapassa a suposição de inconsciente coletivo para procurar traços de animais. De outro lado, Guimarães Rosa introduz as noções de bem e mal, ódio e amor que, pelo menos com esse sentido, não são utilizadas na descrição de Jung.

Conclusões

Personalidade na literatura e na psicologia

Os parágrafos anteriores indicam a existência de concepções básicas, certamente anteriores à sua formalização científica. Desse ponto de vista, não seria errado dizer que a psicologia de personalidade, longe de criar uma concepção a partir de trabalho de pesquisa, consiste em depurar concepções preexistentes e tentar a sua integração com outros dados da psicologia. De outro aspecto, a descrição literária da personalidade é ainda mais significativa, na medida em que propõe alguns dos problemas enfrentados por uma psicologia da personalidade, sobretudo a sua relativa autonomia diante do ambiente.

Se pensamos nessa autonomia, o *D. Quixote* de Cervantes poderia ser considerado um caso exemplar de descrição de duas personalidades, D. Quixote e Sancho, que interpretam, de forma oposta, a mesma realidade objetiva. O exemplo sugere ainda um outro princípio; na descrição literária, a personalidade se aproxima frequentemente do nível patológico, pois a deformação da realidade objetiva é uma forma de indicar a originalidade do indivíduo. Não é difícil concluir, também, que as técnicas projetivas se baseiam nesse mesmo princípio, pois supõem a possibilidade de inferir as diferenças de personalidade por meio das divergências na interpretação do mesmo estímulo.

A maior contribuição literária para a psicologia da personalidade reside, no entanto, na forma de descrever o indivíduo, de modo a permitir a sua compreensão e avaliação pelos outros. Para que isso seja possível, o romancista é obrigado a "construir" uma personagem coerente, cujos traços permanecem relativamente estáveis, apesar das mutações ambientais. Ainda aqui D. Quixote representa um bom exemplo, pois as sucessivas derrotas são insuficientes para modificar sua relação com o mundo objetivo. Essa técnica de construção de personagem atinge seu ponto máximo, naturalmente, nos grandes romancistas do século XIX, e destes a psicologia contemporânea herdou não apenas uma concepção de personalidade, mas também a forma de descrevê-la. Ernst Kris,[1] por exemplo, sugere que Freud, depois de algumas oscilações, parece firmar uma técnica quase literária de descrição de caso. Mas esse exemplo não é único: Robert W. White (1952), ao tentar a descrição de personalidades normais, foi também obrigado a utilizar uma técnica literária de apresentação, e Oscar Lewis (1961) não procede de forma diversa, ao descrever personalidades que lhe parecem típicas de uma cultura de pobreza.

Convém lembrar, de outro lado, que essa interação de psicologia e literatura é ainda mais complexa, pois os escritores não permaneceram indiferentes às teorias psicológicas. Se, inicialmente, Freud pode ser considerado um herdeiro da literatura anterior, e se dela retirou alguns de seus princípios mais revolucionários, sua teoria teve também evidente influência em muitos escritores. Assim, David Daiches (1960) pôde sustentar,

---

1 Ernest Kris, "Introdução" a Freud (1954).

Psicologia e literatura

aparentemente com razão, que a psicologia contemporânea foi um dos elementos determinantes da constituição de um novo romance, no qual tende a desaparecer o *caráter*, suposto pelos grandes romancistas do século XIX. A significação de Freud é aqui evidente: ao supor uma vida inconsciente oposta à consciência, Freud tendia a destruir a unidade da pessoa e a reinterpretar todo o seu comportamento. Se passamos para outras tendências da psicologia contemporânea, sobretudo para os teóricos da personalidade, como G. Allport (1961), W. Stern (1947), Maslow (1954) ou Angyal (1958), veremos que estes opõem a noção de unidade à tendência de desintegração, apresentada por Freud e seus discípulos. Também aqui é necessário não ser iludido pela aparência de modernidade, tanto de escritores quanto de psicólogos. A noção de um homem dividido entre tendências antagônicas não foi criada em nosso tempo; é suficiente pensar nas diversas dicotomias estabelecidas por filósofos e teólogos, anjo e animal, razão e sentimento, corpo e alma, para perceber há quanto tempo o homem tem consciência de tendências contraditórias em seu comportamento. De outro lado, são também antigas as suposições de unidade e consistência no desenvolvimento do indivíduo. Apesar disso, talvez não seja errado dizer que só na literatura e na psicologia contemporâneas o problema da perspectiva individual e da divisão da personalidade foi apresentado em toda a sua extensão. Observe-se que em Cervantes, por exemplo, existe oposição entre o indivíduo e a ordem social, mas a personagem parece una, isto é, não apresenta conflitos interiores. Nos escritores contemporâneos, ao contrário, o interesse do enredo parece voltar-se não para o choque do indivíduo com a ordem social, mas para as contradições na vida interior da personagem.

Em qualquer caso, a descrição literária da personalidade sempre parece mais completa que a descrição estritamente psicológica, e não é fácil explicar essa verificação. Pode-se imaginar que o romancista invente todas as circunstâncias da vida de uma personagem e, por isso, consiga estabelecer uma coerência que evidentemente falta às descrições parciais, por meio de técnicas psicológicas. Todavia, essa resposta é insatisfatória, pois existem personagens inventadas, mas incompletas e insatisfatórias; além disso, é sabido que a personagem frequentemente escapa ao controle do autor, isto é, o romancista não consegue impor um esquema consciente ao comportamento da personagem.

Finalmente, se a personagem fosse arbitrária, não deveria surpreender o leitor como personalidade autêntica; ora, as grandes personagens são efetivamente reveladoras. Dizer, como às vezes se diz, que a personagem literária é criação artística e independe de adequação à realidade é apenas dar um outro nome ao problema. Na realidade, mesmo quando contém elementos de aparente deformação, a personagem válida apreende um conteúdo psicologicamente correto, e este precisa ser explicado pelo psicólogo.

Embora os nossos recursos pareçam ainda insuficientes, é possível esquematizar as possibilidades de explicação. A primeira delas consiste em dizer que a personalidade é um conceito. De uma pessoa, vemos comportamentos e gestos, ouvimos confissões ou observamos expressões e, a partir desses dados, que às vezes parecem caóticos e às vezes coerentes, chegamos a descrevê-la. Se conseguirmos maior número de dados, podemos ampliar ou modificar nossa descrição. Em qualquer caso, nunca teremos uma pessoa *definitiva*, pois é possível imaginar outras situações mais reveladoras, e nas quais a pessoa apresentasse outras faces de suas predisposições para o comportamento.

É possível, também, chegar a técnicas mais apuradas de descrição e conseguir apresentar imagem mais completa da mesma pessoa. Ora, parece evidente que a descrição se faz sempre por meio da linguagem, e esta é uma das superioridades do ficcionista, pois o psicólogo tende a reduzir a descrição a apenas alguns conceitos, e com isso perde a possibilidade de dar conta da riqueza do comportamento individual. A outra diferença bem nítida entre a descrição do psicólogo e a do romancista refere-se à explicação das diferenças individuais. De modo geral, pode-se dizer que a literatura tende a apresentar descrições muito completas, embora não cuide de explicá-las; a psicologia, ao contrário, tende a procurar explicações, a partir de descrições esquemáticas.

Em resumo, a psicologia da personalidade precisaria chegar a conceitos mais precisos, de forma que pudesse sistematizar as descrições literárias. Na situação atual, a psicologia tende a reduzir a descrição literária a algumas explicações básicas, evidentemente insatisfatórias, pois não conseguem traduzir a diversidade das personagens. Por exemplo, a *fixação edipiana* é um desses conceitos insatisfatórios; os psicanalistas tendem a aplicá-lo a personalidades muito diferentes e, com isso, destroem precisamente o que desejavam demonstrar, isto é, a característica individual.

Apesar de tudo, talvez seja realmente impossível apresentar, por meio de conceitos psicológicos, a impressão de realidade que nos dão as personagens literárias. O conceito psicológico, de qualquer nível, indica apenas uma predisposição para o comportamento, enquanto o ficcionista apresenta a sua efetivação no ambiente e nas relações interpessoais. Se dizemos que uma pessoa é *falsa*, não sabemos como se traduz essa falsidade no comportamento; só o ficcionista – ou o psicólogo, quando usa uma técnica literária – pode mostrar a concretização de uma tendência ou de um traço pessoal.

Amor e dinheiro; dinheiro e ascensão social

A análise de quatro obras literárias – *Luciola, Senhora, Dom Casmurro* e "Campo geral" – sugere que, na ficção, o mesmo processo social pode ser apresentado de várias formas. Estas são tão diversas, que às vezes podemos perguntar se o processo apresentado é realmente o mesmo, ou se, ao contrário, estamos diante de processos também diferentes, e apenas próximos por certos traços semelhantes. Por isso, não será excessivo tentar um resumo sob outro ângulo, e a partir dos conceitos gerais, de cada uma das interpretações encontradas nos três escritores.

Em Alencar, o dinheiro é uma fonte de corrupção dos sentimentos da pessoa; a moça que vende o corpo é obrigada a destruí-lo, e fica reduzida apenas à sua alma, que não se corrompe e, por isso, pode amar. No caso do homem, talvez porque não tenha chegado a entregar-se pelo dinheiro, a redenção se faz pelo resgate. Em ambos os casos, a pessoa consegue salvar-se porque encontra, no *outro*, a crença em sua pureza fundamental, embora essa crença se manifeste de formas opostas: Paulo, na relação com Lúcia, manifesta a confiança por meio do amor e da admiração; Aurélia, na relação com Seixas, manifesta indiretamente a confiança, por meio do desafio e de um aparente desprezo, pois Aurélia tende a ver, no Seixas atual, a jovem que conhecera algum tempo antes.

O outro aspecto importante da descrição de Alencar consiste na interpretação do corpo como elemento perturbador, e o romancista parece um pouco inseguro quanto ao papel que o corpo desempenha na inter-relação humana. De um lado, o corpo é um espelho da vida interior; isso explica que Paulo adivinhe a alma de Lúcia, que o pintor consiga perceber as mutações que se dão na personalidade de Seixas. De outro, o corpo parece dotado de uma certa autonomia, que o torna independente da vida interior ou profunda da pessoa, mas, ao mesmo tempo, pode atingir essa região espiritual. As cenas da valsa, em *Senhora,* sugerem esse aspecto perturbador do corpo, quando consegue comunicar-se com a vida interior.

Em Machado de Assis, embora também se apresente o processo de ascensão social pelo casamento, o dinheiro parece adquirir um outro sentido na constelação psicológica das personagens. A busca do dinheiro deixa de ser uma necessidade imposta socialmente para transformar-se num impulso individual, que se disfarça de várias formas, até sob a forma de amor. Essa diferença entre Alencar e Machado de Assis fica muito nítida quando comparamos Lúcia e Marcela (de *Memórias póstumas de Brás Cubas*). A primeira se entrega por dinheiro, para salvar a família doente; se alguns a consideram avarenta, isso decorre do fato de juntar dinheiro para educar e criar uma irmã menor. Marcela, ao contrário, se entrega por dinheiro porque a ambição é o seu impulso mais profundo e autêntico; depois de ficar doente e perder os encantos físicos, passa a negociar com joias. Em *Dom Casmurro*, Capitu e Escobar são dominados pela ambição do ouro, e é essa semelhança fundamental que, aparentemente, os aproxima um do outro. No entanto, esse romance é apenas sugerido e não temos nenhum recurso, por meio do livro, para inferir a história entre Capitu e Escobar.

De qualquer forma, parece correto supor que, para Machado de Assis, os processos sociais são apenas veículos para a expressão de tendências mais profundas, pois existe uma oposição inevitável entre os impulsos individuais e as convenções da sociedade. Ou, dizendo ainda de outro modo, em Alencar a sociedade burguesa pode corromper o indivíduo, mas este é quase sempre bom, e pode salvar-se; em Machado, ao contrário, o homem é um ser marcado pela imperfeição e pela pequenez. Como o homem machadiano não tem grandeza, pouco importa o sistema social em que se coloca; se traça, preferentemente, o conflito por meio do dinheiro, isso deve ser explicado como consequência do ambiente em que vive, pois várias vezes Machado descreve outras épocas e nestas descobre os mesmos sinais de insuficiência.

Se passamos para Guimarães Rosa, encontramos uma situação ainda diversa, e muito mais complexa. A relação entre amor e dinheiro, se não desaparece, surge transfigurada. Se em Alencar a prostituta é apresentada como alguém que sacrificou o corpo para salvar a família, e se, em Machado, a prostituta é apenas a mulher avarenta que vende o corpo para obter dinheiro, em Guimarães Rosa a prostituta se aproxima das dimensões da santidade. "Nosso Senhor, enquanto esteve cá em baixo, fez uma Santa. Vigia que essa não foi uma puras-virgens, moça-de--família, nem uma marteira senhora-de-casa, farta-virtude. Ah, ai, aí não: a que soube se fazer, a que Ele reconheceu, foi uma que tinha sido dos bons gostos – Maria Madalena...". É que, na ficção de Guimarães Rosa, as personagens são movidas por duas tendências fundamentais, o bem e o mal, que se revelam por meio do amor e do ódio. Como a mulher-dama está inteiramente dedicada ao amor, apresenta a imagem mais perfeita do bem. Por isso, em *Grande sertão: veredas*, Riobaldo pode dizer: "graças a Deus toda a vida tive estima a toda meretriz, mulheres que são as mais nossas irmãs...". É que, se o ódio se revela pela inquietação e pela luta, o bem se traduz pela quietude e pela entrega.

Por isso, na ficção de Guimarães Rosa, a prostituição volta ao seu conteúdo primitivo, isto é, a prostituição sagrada: não só a mulher se purifica nesse ofício, mas o homem, por meio do contato com a mulher, se purifica também. O corpo, ao contrário do que ocorre nos romances de Alencar, já não é um elemento de perturbação, mas a forma pela qual a pessoa se revela: "o corpo não traslada, mas muito sabe, adivinha se não entende", diz Riobaldo.

Em Alencar, o dinheiro e o casamento são apresentados, diretamente, como processos de ascensão social; o mesmo ocorre nos primeiros romances de Machado de Assis, mas em *Dom Casmurro* o processo de ascensão passa para um segundo plano, enquanto a diferenciação psicológica passa a ser o aspecto fundamental. Essa tendência se acentua em Guimarães Rosa, pois agora os impulsos individuais adquirem autonomia e já não são valorizados socialmente, mas por meio de critérios morais. Por isso, ao descrever os jagunços que conheceu, Riobaldo pode dizer: "Andalécio, no fundo, um bom homem de bem, estouvado raivoso em sua toda justiça. Ricardão, mesmo, queria era ser rico em paz: para isso guerreava. Só o Hermógenes foi que nasceu formado tigre e assassim".

Em resumo, qualquer que seja o ângulo escolhido para a análise, observamos que os mesmos processos, ascensão social por meio do dinheiro e a relação entre amor e dinheiro, são apresentados de forma diferente, pois o ficcionista expõe não um processo social, mas sua relação com a personalidade.

Um segundo aspecto importante é que em Alencar, cuja obra se coloca no início da formação da burguesia brasileira, o processo aparece inteiramente explicitado. Em Machado e em Guimarães Rosa, observamos não um esclarecimento maior do processo, mas ao contrário, sua integração na vida psicológica; dessa forma, o problema da ascensão social passa para um segundo plano, enquanto são salientadas as tendências individuais. A observação é significativa quando se considera que o efeito literário, nesse caso, parece estar em relação inversa com a explicitação do processo social subjacente. De outro lado, não se pode tirar uma conclusão unívoca a respeito, pois seria mais ou menos fácil encontrar exemplos de situação quase oposta. Se pensamos em *São Bernardo*, de Graciliano Ramos, vemos que, nesse caso, o romancista procura explicitar as consequências da total submissão ao dinheiro e à ascensão social. Guardadas as proporções, Graciliano, como Alencar, procura ver as consequências da ambição para o desenvolvimento da personalidade; como em Alencar, no romance de Graciliano a significação do dinheiro é explicitada, ao contrário do que ocorre em Machado de Assis e, sobretudo, em Guimarães Rosa. Isso não significa, evidentemente, que não haja diferenças bem nítidas entre o texto de Alencar e o de Graciliano. Em *Senhora*, como em *Luciola*, o dinheiro só representa o mal quando é utilizado de forma errada; na maioria das vezes, o dinheiro é uma forma de resgate, e a pessoa rica efetivamente usufrui o dinheiro, entendido como forma de domínio das coisas. O erro seria, evidentemente, utilizá-lo para o domínio das pessoas. Em Graciliano, ao contrário, o dinheiro é, em si mesmo, corruptor, pois falseia a autoimagem do possuidor, bem como suas relações com os outros.

Compreensão ingênua e análise psicológica

É evidente que a criação literária e a apreciação da literatura não dependem de conhecimento especializado de psicologia, assim como não precisamos desse conhecimento para entender nossos sentimentos ou as reações dos outros. O ambiente do homem é a vida social e esta exige uma participação para que estamos sempre mais ou menos preparados. Por isso, "nada humano nos é estranho" e sentimos, embora vagamente, a possibilidade de compreender mesmo os comportamentos anormais, onde vemos, em ponto grande, nossos defeitos e nossas virtudes. Se isso é verdade, é verdade também que a literatura independe não apenas de conhecimentos da psicologia, mas também de sociologia ou filosofia, e até da crítica literária.

No entanto, essa aparente independência não é total; em outras palavras, existem níveis de compreensão e, nos melhores casos, a reflexão sobre a literatura pode ampliar nossa possibilidade de entender o texto. Até certo ponto, quanto mais ampla e profunda uma obra literária, maior a possibilidade de que essas interpretações, sejam do crítico literário sejam das disciplinas auxiliares, como a psicologia, a sociologia, a filosofia, a história, se tornem quase indispensáveis para uma apreensão satisfatória de sua significação. É muito discutível, por exemplo, que o *Ulysses* de Joyce possa ser compreendido e apreciado sem o conhecimento de sua relação com a *Odisseia* de Homero; embora esse seja efetivamente um caso extremo de complexidade, é evidente que obras menos complexas também exigem

Psicologia e literatura

perspectivas de leitura. O que denominamos, às vezes, *maturidade do leitor* não é mais que o conhecimento dessas perspectivas pelas quais a obra se revela.

Se a perspectiva, intra ou extraliterária, todavia, é frequentemente um caminho para desvendar a obra literária, pode ser também um obstáculo para a sua compreensão; isso ocorre, geralmente, quando o crítico, em vez de procurar compreender a obra literária, procura julgá-la com critérios externos, obtidos em princípios ou preconceitos políticos, religiosos ou até científicos e literários.

Se uma perspectiva adequada enriquece nossa apreensão de uma obra literária e desvenda uma orientação para a qual poderíamos permanecer cegos, de outro lado é obrigada a esquecer outros aspectos, igualmente reais na obra analisada. Considere-se a análise de *Dom Casmurro*, já apresentada, na qual o romance é explicado por meio do processo de ascensão social pelo casamento e da ambição de Capitu. Parece indiscutível que essa forma de ler pode ser esclarecedora, pois permite compreender e avaliar diversas situações que somente assim adquirem toda a sua plenitude. De outro lado, não seria difícil sugerir outras formas de leitura, que são abandonadas por essa perspectiva psicológica. Mesmo sem abandonar o terreno da psicologia, seria possível ler o romance como uma história de voluptuosidade, e justificá-la, por exemplo, por meio das cenas dos beijos adolescentes e da cena com Sancha, em que Bentinho se sente atraído pela amiga da mulher. Ou, fora dos domínios da psicologia, ler o romance como a história de uma vida traída; ou ainda, como prova de insuperável ambiguidade nas relações humanas.

O critério para julgar as diferentes perspectivas só pode ser a sua amplitude: quanto mais ampla uma perspectiva, isto é, quanto maior a possibilidade de compreensão que oferece, maior a sua riqueza e maior a sua adequação. No entanto, é preciso lembrar que nenhuma perspectiva, por mais compreensiva que seja, pode ser considerada definitiva, e sempre existe a possibilidade de que surjam outras perspectivas mais amplas e mais adequadas.

Na situação atual da psicologia, parece evidente que os esquemas dessa ciência são relativamente pobres para dar conta da riqueza da grande literatura. A isso fazia referência Kurt Lewin, ao dizer que nenhum psicólogo tem recursos para fazer uma descrição tão completa do comportamento quanto a que encontramos, por exemplo, em Dostoiévski. Até certo ponto, essa situação equivale à que encontramos na psicologia ingênua: a psicologia científica também não tem recursos para explicar ou descrever, por exemplo, o processo de interação entre duas pessoas que conversam, ou os elementos de que nos valemos para "conhecer" os outros. Mas a literatura apresenta um desafio ainda mais significativo para a psicologia científica. Se podemos dizer que na psicologia ingênua utilizamos um grande número de dados, isto é, uma realidade mais ampla que a abrangida pelos esquemas científicos, isso não ocorre com a literatura. O romancista esquematiza, simplifica e acentua determinados aspectos da realidade psicológica; apesar disso, somos capazes de compreender as personagens e seus sentimentos. Portanto, não podemos dizer que a literatura apresente uma descrição total e que por isso permita a nossa compreensão.

Situações de equilíbrio e desequilíbrio

Como se procurou mostrar na Parte I deste livro, o pensamento produtivo parece ocorrer apenas em situações de desequilíbrio; estas provocam um esforço de reestruturação ou solução do conflito percebido. Agora, não é difícil verificar que as obras analisadas partiram de situações de desequilíbrio ou conflito: em *Lucíola*, a pureza entrevista na mulher prostituta;

em *Senhora*, o homem que se casa por dinheiro; em *Dom Casmurro*, a amada e o melhor amigo do herói se unem para traí-lo; em "Campo geral", o menino assiste à morte do irmão de que mais gostava, e percebe que o pai e a mãe não se amam. É fácil concluir, também, que em *Senhora* o romance chega a uma situação de equilíbrio final; em *Lucíola*, o equilíbrio seria impossível e o romance termina com a morte da personagem central; *Dom Casmurro* termina com situação de desequilíbrio, pois o herói não parece ter merecido a traição e, além disso, esta não parece inteiramente comprovada; em "Campo geral", o desequilíbrio parece completo, pois a tragédia não tem uma explicação e a história parece aberta para o futuro, assim como para a interpretação do passado.

De modo bem esquemático, não seria errado dizer que a história que não termina bem apresenta, para o leitor, uma situação que deve ser reestruturada. Se se quiser dizer a mesma coisa de outra forma, a história que termina em conflito é sempre ambígua e pode ser continuada ou explicada de várias maneiras: ao contrário, a história que chega a um "happy end" parece mais completa ou mais definida, isto é, a ela pouco se pode acrescentar. Portanto, a história que "termina mal" cria ou apresenta um sistema de tensões, semelhante ao sistema que provoca o pensamento produtivo.

Se isso é verdade, é mais fácil compreender que, frequentemente, a literatura autêntica seja vista com suspeição pelos grupos dominantes ou pelos indivíduos estabilizados em determinada ordem social. Em grande número de casos, a literatura indica ou revela conflitos que podem passar despercebidos ao senso comum. Nos textos aqui discutidos, isso ocorre explicitamente com os romances de Alencar, mas é verdade também no caso de Machado de Assis e Guimarães Rosa: *Dom Casmurro* expõe adultério; "Campo geral" mostra o abismo entre o adulto e a criança. Parece correto dizer, de outro lado, que a subliteratura geralmente se refere a falsos conflitos ou a tensões superficiais; ainda quando apresente um conflito real, tende a solucioná-lo de maneira superficial, que não corresponde à realidade proposta.

Essa observação sugere que na literatura, ao contrário do que ocorre na ciência, não existe solução para o conflito, mas apenas a sua expressão, provavelmente em nível de maior complexidade do que o percebido pelo senso comum. Essa é uma das inevitáveis ambiguidades da literatura, quando se pensa em sua função educativa; se a educação procura fixar determinados padrões e, portanto, valorizá-los, a literatura é, frequentemente, uma denúncia das inevitáveis contradições nesse mesmo sistema de valores. Nesse sentido, a subliteratura e algumas formas da literatura de época anterior parecem socialmente mais adequadas que a literatura atual, pois não discutem os valores fundamentais que o grupo aceita e procura transmitir. É verdade que nem toda literatura discute valores sociais, pois estes não constituem as únicas fontes de tensão para o homem: o problema da morte, o da presença do bem e do mal podem constituir, também, situações de desequilíbrio, e encontrar formas de expressão literária. Em qualquer nível, no entanto, a literatura exprime situações de tensão e deve ser possível examinar sua significação para o leitor.

Parte III
O leitor e o público

A rigor, só se pode falar em obra literária quando o pensamento produtivo se realiza num texto e este encontra um leitor ou um ouvinte compreensivo. Por isso, a divisão em três momentos, ato criador, texto e leitor, é artificial, pois supõe três etapas diferentes num processo que, na realidade, não pode ser dividido. No entanto, se o crítico pode ou deve supor um leitor ideal, o psicólogo precisa, ao contrário, examinar as diferenças entre os leitores, ou os diferentes processos que se dão no leitor, pois somente assim poderá estudar essa forma do comportamento e da experiência. Embora seja difícil saber até que ponto essa análise pode interessar ao crítico, é certo que interessa ao psicólogo e ao educador, pois estes procuram entender a apreciação literária e o sentido da literatura para a formação do indivíduo.

Percepção

Um livro pode ficar esquecido na estante, o papel em que está impresso um poema pode servir para embrulhar um objeto, a gravação de um poema pode permanecer como disco ou ser tocada, automaticamente, numa casa vazia. Se essas situações extremas parecem perturbadoras, é preciso lembrar que alguns filósofos e psicólogos já propuseram questão ainda mais radical: será que as coisas continuam a existir, quando ninguém as olha ou sente? J.-P. Sartre explicitou uma posição intermediária na seguinte passagem:

> o homem é o meio pelo qual as coisas se manifestam; é nossa presença no mundo que multiplica as relações, somos nós que pomos em relação esta árvore com este canto de céu; graças a nós, esta estrela, morta há milênios, este quarto de lua e este rio escuro se desvelam na unidade de uma paisagem; é a rapidez de nosso automóvel, de nosso avião, que organiza as grandes massas terrestres; a cada um de nossos atos, o mundo nos revela um rosto novo ... Esta paisagem, se dela nos afastamos, sepultar-se-á, sem testemunhas, em sua permanência obscura. (apud Foulquié & Deledalle, 1960, p.405)

A *realidade* dos objetos não estéticos, ou esteticamente neutros, não parece discutível para a consciência ingênua; nossa tendência é supor que os objetos, ainda quando desumanizados pela solidão, ficam à espera do homem para que voltem à vida plena. A essa "permanência obscura" faz referência Sartre, e, para ele, o olhar humano é que seria capaz de iluminar os objetos e trazê-los à existência. Mesmo nesse caso, seria fácil demonstrar que, apesar desse realismo ingênuo, muito depressa somos obrigados a reconhecer que nossa percepção e nossa inteligência tendem a descobrir e a transformar os objetos e as relações entre eles. A árvore não é apenas um objeto estático que vejo à minha frente; posso vê-la como escada para atingir um ponto mais alto; posso vê-la como fonte de sombra, num dia de calor, ou como fonte de energia, em noite de frio. Num caso extremo, Kurt Lewin pôde analisar a paisagem de guerra, e mostrar que

> o que está na zona de batalha pertence ao soldado, como legítima propriedade, não porque o tenha conquistado pela força das armas, mas porque, no contexto da batalha, tudo é visto como algo que pode ser usado com objetivos militares. Na guerra, mesmo os atos bárbaros, – como a queima de móveis – não podem ser comparados aos mesmos atos, quando realizados em tempo de paz.[1]

Se passamos para o ambiente humano, essa diversidade é ainda maior, pois aqui a intencionalidade e as relações afetivas podem colorir a percepção e determinar as tendências do comportamento. Num caso extremo, embora isso raramente aconteça, as pessoas podem ser vistas como objetos físicos; é o que ocorre, por exemplo, quando desvio meu guarda-chuva de outra pessoa que está na mesma calçada. Mas quando nos aproximamos de outros corpos, a sua humanidade começa a revelar-se, pois, embora sejam objetos, os corpos humanos são dotados de vida e de expressão. Se continuamos a análise,

---

1 Lewin, 1917, *Kriegslandschaft*, apud Heider (1959, p.113).

Psicologia e literatura

encontramos gradações da realidade psicológica que os seres humanos nos revelam, e exigem de nós, à medida que apresentam expressão, emoções ou interação conosco. Podemos chegar ao outro extremo, no caso do amor, em que as qualidades da pessoa amada se tornam distintas das qualidades de todas as outras pessoas. A percepção da pessoa amada, precisamente por conter essas características de *iluminação* ou *revelação* do outro, pode parecer um fenômeno estranho e independente das condições de percepção mais usual. No entanto, talvez seja possível analisá-la entre outras percepções, como um caso em que as qualidades positivas se revelam em toda a sua extensão. No ódio, ao contrário, quem odeia descobre, no outro, as qualidades negativas. Portanto, embora aceitemos que os objetos existem fora de nós e não dependem de nossa presença ou percepção, sabemos também que essa realidade nem sempre se revela integralmente; para essa revelação, são necessárias determinadas disposições do percebedor.

A percepção das qualidades estéticas da literatura deve ser entendida por meio desse contínuo: num extremo, a obra literária pode parecer neutra; no outro, pode revelar integralmente suas qualidades estéticas e ser *iluminada* por elas. Essa forma de descrever a percepção da obra literária evita muitos falsos problemas ligados à sua apreciação. Na realidade, se lembramos que toda percepção depende do objeto, das condições em que este é percebido e do percebedor, torna-se evidente que a tese do relativismo da apreciação estética considera apenas o percebedor, enquanto as teorias da universalidade do belo consideram apenas as qualidades do objeto. Por isso, as duas teses são falsas: se o gosto fosse realmente individual, a arte seria impossível; no outro extremo, se o gosto fosse universal, não haveria possibilidade de mudança nas apreciações. Se existe arte, isto é, se um grande número de pessoas pode concordar quanto ao valor estético de determinados objetos, parece evidente que as peculiaridades individuais não são suficientes para explicar esse valor; no outro extremo, se os objetos estéticos não têm valor universal, é também evidente que não existem qualidades estéticas totalmente independentes do percebedor. Portanto, se pretendemos compreender a percepção da literatura, devemos considerar as diversas gradações de relação entre a obra literária e o leitor.

Teoricamente, uma literatura pode desaparecer quando ninguém mais entenda a língua em que foi escrita; restarão sinais impressos ou desenhados, sem que as palavras ou frases tenham nenhum valor estético. Um caso semelhante seria o do poema que nunca tenha sido enunciado ou lido; esse poema existe apenas *in potentia*, e passará a existir como obra de arte quando for lido por um leitor compreensivo.

Em outros casos, podemos estar limitados a apenas algumas qualidades estéticas do poema: se ouço poesia em língua que desconheço, posso ter a percepção, embora rudimentar, das qualidades expressivas das palavras e das frases. Embora, como se sugeriu antes, a teoria gestaltista da expressão tenha recursos para explicar esse processo, pois admite qualidades do som, independentes de aprendizagem, a situação não parece muito clara. De um lado, é possível sustentar, como o faz Hubert Read,[2] que uma compreensão da poesia é a apreciação da poesia em língua estrangeira; de outro, a poesia em língua mais próxima da nossa parece mais acessível. Talvez a explicação, como se verá depois, só possa ser dada através do *conceito de sociedade*. De um modo ou de outro, é certo que as qualidades expressivas, como os gestos, a musicalidade da voz, podem facilitar a percepção.

---

2 "Um dos maiores prazeres de uma vida literária, ao qual um leitor pode ser conduzido por uma excessiva familiaridade com a poesia de sua língua, assim como por uma consciência cada vez maior da limitação da amplitude de toda expressão criadora, é a exploração da poesia de outra língua" (Read, s. d., p.89). Nesse mesmo ensaio, Read distingue a leitura de poesia em línguas próximas da língua do leitor e em línguas mais distantes. Em outro livro, Read (1947, p.94) lembra a experiência de ouvir poemas declamados em russo, língua que desconhece, e comenta: "fomos levados a sentir sua música e sua paixão, e mesmo seu sentido, atingido através da mímica e da retórica do poeta".

Os poetas sempre compreenderam e utilizaram essas qualidades que podem ser percebidas diretamente pelo leitor. Às vezes, o poeta descobre e revela o valor fisionômico da palavra; é o que faz Manuel Bandeira em "Poema para Santa Rosa":

> Pousa na minha a tua mão, protonotária.
> O alexandrino, ainda que sem a cesura mediana, aborrece-me.
> Depois, eu mesmo já escrevi: Pousa a mão na minha testa.
> E Raimundo Correia: "Pousa aqui, etc.".
> É Pouso demais. Basta Pouso Alto.
> Tão distante e tão presente. Como uma reminiscência da
> infância.
>
> Pousa na minha a tua mão, protonotária.
> Gosto de "protonotária".
> Me lembra meu pai.
> E pinta bem a quem eu quero.
> Sei que ela vai perguntar. – O que é protonotária?
>
> Responderei:
> – Protonotário é o dignatário da Cúria Romana que
> [expede, nas grandes causas, os atos que
> [os simples notários apostólicos expedem
> [nas pequenas.
>
> E ela: – Será o Benedito?
> – Meu bem, minha ternura é um fato, mas não gosta de se
> mostrar:
>
> É dentuça e dissimulada.
> Santa Rosa me compreende.
>
> Pousa na minha a tua mão, protonotário.
>
> ("Belo Belo")[3]

---

3 Bandeira (1955, p.337). No caso de protonotária, Bandeira (1958,p.12-3) tem consciência do valor expressivo e de sua origem: "O próprio meu pai era um grande improvisador de *nonsense* líricos, o seu jeito de dar expansão

Neste caso, Manuel Bandeira descobre que o valor expressivo de uma palavra, *protonotária*, coincide com o valor expressivo de uma pessoa ("e pinta bem a quem eu quero"); o poema consiste em explicitar, ou quase explicitar esse valor.

Em outros casos, o poeta, em vez de utilizar o valor fisionômico de uma palavra, cria a palavra capaz de sugerir esse valor; é o que ocorre na "Elegia lírica" de Vinícius de Moraes (1956):

> ....
> És branca, muito branca
> E eu sou quase eterno para o teu carinho.
> Não quero dizer nem que te adoro
> Nem que tanto me esqueço de ti
> Quero dizer-te em outras palavras todos os votos de
> [amor jamais sonhados
> Alóvena, ebaente
> Puríssima, feita para morrer...
>
> ("Cinco elegias")

Como é fácil verificar, Vinícius, ao contrário do que faz Manuel Bandeira, não procura explicitar o valor fisionômico das duas palavras criadas, *alóvena, ebaente*, embora indique a sua intenção, isto é, "dizer-te em outras palavras todos os votos de amor jamais sonhados"; a continuação da análise mostraria, provavelmente, que o poeta exprime a necessidade de individualizar o sentimento, como se precisasse fugir do lugar-comum a fim de garantir a sua autenticidade.

Nesse mesmo livro, em "A última elegia", além de criar palavras com valor fisionômico, Vinícius utiliza palavras inglesas e latinas:

---

ao gosto verbal nos momentos de bom humor ... Meu pai volta e meia se sentia invocado por uma palavra assim. Uma delas pude aproveitar num de meus poemas: protonotária".

> ....
> Greenish, newish roofs of Chelsea
> Onde, merencórias, toutinegram rouxinóis
> Formando baladas para nunca mais!
> O imortal landscape
>   no anticlímax da auroral.
>   ô joy for ever!
> Na hora da nossa morte et nunc et semper
> Na minha vida em lágrimas!
>   Yer ar iú
> O fenesuites, calmo atlas do fog
> Impassévido devorador das estelúridas?
>
> Darling, darkling I listen...
>   "...it is, my soul, it is
> Her gracious self!..."
>   murmura adormecida
> É meu nome!...
>   sou eu, sou eu, Nabucodonosor!
> ....

("Cinco elegias")

Outro exemplo de apresentação de qualidades fisionômicas das palavras poderia ser encontrado na tentativa de descrição da sinestesia, isto é, equivalência entre os vários sentidos. O exemplo clássico dessa expressão é o soneto "Voyelles" de Arthur Rimbaud (1947, p.59):

> "A *noir*, E *blanc*, I *rouge*, U *vert*, O *bleu, voyelles,*
> *Je dirai quelque jour vos naissances latentes.*
> A, *noir corset velu des mouches éclatantes*
> *Qui bombillent autour des puanteurs cruelles,*
>
> *Golfe d'ombre;* E, *candeur des vapeurs et des tentes;*
> *Lance des glaciers fiers, rois blancs, frissons d'ombelles;*
> I, *pourpres, sang craché, rire des lèvres belles*
> *Dans la colère ou les ivresses pénitentes;*

U, *cycles, vibrements divins des mers virides,*
Paix des pâtis semés d'animaux, paix des rides
Que l'alchimie imprime aux grands fronts studieux;

O, suprême clairon plein de strideurs étranges,
Silences traversés des Mondes et des Anges:
– O l'Oméga, rayon violet de ses yeux!

O soneto foi traduzido para o português por Brandt Horta:

A negro, *E* branco, *I* rubro, *U* verde, *O* azul... Vogais,
um dia dir-vos-ei as origens latentes.
A colete felpudo e negro, de luzentes
moscas, zumbindo em torno às podridões fatais,

Golfos de Umbra... *E,* – livor de eflúvio e tendas reais,
lanças frias, tremer de sombrinhas, albentes
reis; *I* – púrpura, escarro em sangue, risos quentes
de lábios pulcros, na Ira ou em santas bacanais.

U – ciclos, vibrações de um verde mar longínquo,
paz das almargens de animais, e paz do vinco
que a alquimia na fronte dos estudiosos faz.

O – supremo clarim de estridores profundos
silêncios pelos quais passam anjos e mundos
o Ômega do seu olhar – clarão lilás.[4]

Mais feliz na apresentação da sinestesia foi, talvez, Péthion de Vilar (pseudânimo de Egas Moniz Barreto de Aragão), com "O poema das vogais". Embora muito extenso para uma transcrição integral, alguns versos poderão indicar o seu alcance:

A – branco
  O – preto

---

4 Citado por Lólio Lourenço de Oliveira e J. B. Damasco Penna, em Nota dos Tradutores a Cuvillier (1961, p.176).

> *U* – roxo
>   *I* – vermelho
>   e
>   *E* – verde

> Sim, toda vogal tem um aroma e uma cor,
> Que sabemos sentir, que poderemos ver de
> Cima do Verso, de dentro do nosso Amor.

> *A*
> *A* – deslumbrante alvor; lagos de neblina,
> Mortas entre bambuais em noites de luar;
> Panejos de albornoz; celagens de morfina;
> Hóstias subindo, lento, entre os círios do altar.
> ...

> *O*
> *O* – negrumes do mar; torvas noites de chuva;
> Escuridão dos teus cabelos perfumados;
> Gargantas de canhões; compridos véus de viúva,
> Longos dias cruéis dos que não são amados.
> ...

> *U*
> *U* – lúgubres clarões agônicos de enxofre;
> Cor do mistério; cor das paixões sem consolo;
> Soluço há muito preso, estourando de chofre;
> Último beijo, olhar vesgo e triste de goulo.
> ...

> *I*
> *I* – púrpuras reais alcachofradas de ouro;
> Rubores virginais; lacre de bofetadas;
> Fanfarras de clarim; alamares de toro
> Onde o carrasco abate as frontes rebeladas.
> ...

E

E – febre do uíste, cor das campinas em flor,
Transparências de absinto; alma da mata virgem;
Cor da esperança; paz das vigílias do amor;
Mortalhas, que do mar as glaucas ondas cirgem.

("Poesias escolhidas")[5]

Embora sugestivas, essas poesias não parecem conseguir a transposição mais ou menos fiel dos sentidos. Mesmo no caso de Péthion de Vilar, que parece ter conseguido efeitos mais próximos para essa transposição, é fácil perceber que, se o efeito do *I* está bem sugerido, o mesmo não se pode dizer de *O* e *U*. Observe-se que Péthion de Vilar indica a cor branca para *A*, enquanto Rimbaud e Brandt Horta indicam o negro para a mesma vogal. Isso poderia levar à conclusão de que essas sugestões são arbitrárias, e não correspondem a um valor perceptual específico dos sons, que possa ser objetivamente identificado.

Antes de discutir essa questão, será necessário lembrar que os sons isolados das vogais não têm um valor idêntico em diferentes línguas; em segundo lugar, geralmente os sons das vogais são combinados em sílabas e palavras. Assim, é possível que o som isolado não tenha valor fisionômico, embora as palavras o tenham. Exemplificando: o *a* de *claro*, em português, não tem o mesmo valor do *a* de *dark* (escuro, em inglês). De outro lado, distinguimos perfeitamente o valor de *claro* e *escuro*; talvez não se possa dizer a mesma coisa a respeito das palavras inglesas correspondentes (*light* e *dark*).

Se, para os sons isolados, não existem verificações experimentais, os resultados obtidos por Brown et al. (1955, p.388-93) indicam que, mesmo no caso de línguas inteiramente desconhecidas, o acerto, quanto ao sentido de palavras que exprimem qualidades bem simples, é maior do que o esperado

---

5 Citado de Andrade Muricy, apud Vilar (1952, v.2, p.55-7).

por acaso. Esses autores conseguiram verificar que pessoas de língua inglesa, tendo um par de palavras inglesas – correspondentes, em português, a doce-azedo, mole-duro, mau-bom, claro-escuro, vivo-bronco –, eram capazes de identificar em pares do chinês, do checo e do hindi, a palavra correspondente à inglesa. Há duas observações a fazer a respeito desses resultados: em primeiro lugar, se o acerto é maior que o esperado por simples acaso, isso indica que o *sentido* e o *som* da palavra têm qualidades fisionômicas comuns, pois as pessoas não teriam outro ponto de referência para fazer a identificação; em segundo, não é completo esse acordo, o que mostra que nem todas as palavras têm ou conservem suas raízes fisionômicas. Além disso, seria possível concluir, e essa é a tese gestaltista, que as qualidades fisionômicas não são aprendidas e não parecem variar em diferentes culturas.

Outros dados significativos a respeito do problema foram obtidos por Solomon Asch (1958), num estudo experimental sobre a metáfora. O autor parte da verificação de que, em inglês, as palavras usadas para designar qualidades psicológicas são também utilizadas para descrever propriedades e processos da natureza:

> essa maneira de falar parece, para quase todos nós, como literal. *Dura* descreve tão diretamente uma pessoa como uma pedra. Na realidade, geralmente não estamos cientes da dupla função das palavras; desenvolvem seu sentido concreto em cada contexto, aparentemente sem nenhuma dependência do sentido que têm em outros contextos. Além disso, quando nos tornamos cientes da dualidade, esta parece, aos membros da mesma comunidade linguística, singularmente adequada. Tem muito sentido falar de um caráter *imaculado*, ou de *negra* traição. Esta é a linguagem que empregamos espontaneamente, a fim de descrever a vida de sentimentos e ideias.

Asch tenta verificar, então, se em outras línguas, historicamente independentes da inglesa, ocorre esse mesmo processo e se, além disso, as diferentes línguas apresentam a mesma ligação entre qualidades físicas e qualidades psicológicas, isto é, tenta verificar se *doce*, por exemplo, indica a mesma característica psicológica. Entre as palavras escolhidas estavam *frio, esquerdo, pálido, brilhante, doce, amargo, azedo* etc. Para fazer a comparação, escolhe os seguintes idiomas: hebraico do Velho Testamento, grego homérico, chinês, tai, malaio, hausa (falado na África) e birmanês. Embora nem todas essas línguas empreguem, com conotação psicológica, todas as palavras analisadas, raramente as empregam com conotação diversa da que seria de esperar, a partir da característica física e de seu valor fisionômico em inglês.

Quanto à sinestesia, o caso mais frequente parece ser o da *audição colorida*, isto é, *ouvir a cor* por meio de notas musicais. Parece que não existem provas experimentais para a audição colorida indicada pelas poesias de Rimbaud ou de Péthion de Vilar, mas apenas para notas musicais: por exemplo, num estudo de Langfeld o *dó* provoca a sensação de vermelho, o ré bemol, a cor púrpura etc.[6]

Dessa forma, parece bem documentada, experimentalmente, a hipótese de que as palavras têm características fisionômicas ou expressivas, independentes de aprendizagem ou associação.

Essa verificação tem importância para a explicação da permanência de literatura, pois indica que a expressão literária independe de aprendizagem específica ou de condições culturais e históricas. Dessa maneira seria possível explicar por que a obra literária, criada em determinadas condições históricas ou culturais, não é aceita apenas pelos participantes de tais condições. Em outras palavras, em qualquer cultura ocorre a apreensão de qualidades expressivas; como estas são universais, podem ser aceitas em quaisquer condições históricas. Assim, a expressão de tristeza ou desespero que encontramos na

---

6 Langfeld (1914), resumido em Krech & Crutchfield (1963, v.I, p.35).

tragédia grega não se transforma, para nós, em expressão de alegria ou indiferença; as expressões de comicidade continuam a ser percebidas como tal, ainda que tenham desaparecido as condições peculiares que as provocaram.

No entanto, se a verificação do valor fisionômico da linguagem permite explicar a percepção de determinados sentimentos ou qualidades, não constitui uma explicação geral para a permanência de toda a literatura, e nem sequer para a permanência da poesia. Em primeiro lugar, talvez não seja correto dizer que toda poesia apresenta qualidades expressivas; em muitos casos, pelo menos, não são tais qualidades as mais importantes para a aceitação do poema. É o que ocorre, por exemplo, em "Boca", de Drummond de Andrade (1955):

> Boca: nunca te beijarei.
> Boca de outro, que ris de mim,
> no milímetro que nos separa
> cabem todos os abismos.
>
> Boca: se meu desejo
> é impotente para fechar-te,
> bem sabes disso, zombas
> de minha raiva inútil.
>
> Boca amarga pois impossível,
> doce boca (não provarei),
> ris sem beijo para mim,
> beijas outro com seriedade.
>
> ("Brejo das almas")

Nesse poema, seria muito difícil perceber qualidades expressivas, pois o conflito se apresenta por meio de uma linguagem despojada e direta.

Em segundo lugar, como se mostrou antes (ver Parte II), a percepção fisionômica é primitiva, por isso mesmo inadequada para exprimir toda a gama de relações e sentimentos revelados pela literatura. Se quisermos utilizar os textos já analisados, será possível dizer que "Campo geral" apresenta a percepção fisionômica, enquanto *Dom Casmurro* procura exprimir um universo mais racional ou racionalizado. Além disso, como sugere Heider em sua análise de Proust, as duas formas de percepção podem ser apresentadas paralelamente.

Essas limitações, como se vê, não apresentam um desmentido à teoria; a maior dificuldade que esta enfrenta refere-se ao fato de o mesmo percebedor oscilar na sua percepção e, portanto, na sua valorização de determinado texto. Aparentemente, essa verificação poderia negar a hipótese fundamental da teoria, isto é, poderíamos ser levados a dizer que não existe uma expressão uniforme na percepção complexa, pois o mesmo percebedor oscila entre várias configurações "atribuídas" ao texto. Como este é um problema básico, será necessário examiná-lo mais minuciosamente.

Embora ainda não exista uma explicação adequada para esse processo, parece correto dizer que toda obra literária autêntica apresenta estímulos ambíguos, isto é, que podem ser interpretados ou percebidos de várias formas. Até certo ponto, quanto mais significativa uma obra literária, maior a sua ambiguidade. Isso significa que nunca chegaremos a conseguir uma interpretação definitiva de uma obra literária, pois sempre será possível percebê-la ou organizá-la de outra forma. Apesar disso, a obra exige interpretação e cada uma das percepções parece, em determinado momento, perfeitamente adequada ao texto. Como se viu na Parte II, Freud parece ter tido a intuição desse problema, ao verificar que toda obra-prima permite um número praticamente ilimitado de interpretações; no entanto, Freud afastou-se da questão, ao supor uma interpretação definitiva, que seria a única verdadeira, e que consistiria em revelar a intenção, consciente ou inconsciente, do autor. A prova contra a teoria freudiana reside no fato de a obra ser aceita antes dessa interpretação supostamente definitiva; além disso, como se

Psicologia e literatura

procurou indicar, a interpretação freudiana, ainda que válida, não elimina novas interpretações. Uma forma de explicação desse processo consistiria em supor que, exatamente por ser muito complexa, a obra literária autêntica não permite uma apreensão total, e sempre estaremos limitados a uma organização parcial que procura relacionar, de forma coerente, os seus vários aspectos. De certo modo, sentimos que nossa percepção e nosso pensamento não chegam a apreender toda a riqueza de uma obra, e que esta permanece como um desafio; por isso, podemos voltar à mesma obra literária, e nela descobrir novas revelações que nos escaparam, nas leituras anteriores.

De outro lado, esse não é o único fator que explica a oscilação do leitor. Em primeiro lugar, este precisa estar mais ou menos *predisposto* para determinada obra literária; em segundo, sucessivas leituras podem provocar a saciedade. O exame de alguns casos extremos permitirá a compreensão dos dois processos. Por *predisposição* devemos entender não apenas as condições orgânicas que fazem que a pessoa tenha tendência para perceber determinada configuração do estímulo, mas também as expectativas intelectuais que facilitam determinada organização do estímulo. Um exemplo do primeiro caso pode ser encontrado nos experimentos em que pessoas com fome têm maior tendência para perceber, em estímulos ambíguos, figuras de alimento, enquanto pessoas já satisfeitas percebem outras figuras.[7] Um exemplo de predisposição intelectual pode ser encontrado no experimento de Siipola:[8] entre palavras sem sentido, expostas rapidamente num taquistoscópio, as pessoas ten-

---

7 Entre muitos experimentos que apresentam os mesmos resultados básicos, lembre-se o seguinte: McClelland & Atkinson (1948, p.25, 205-22). Um problema correlato, o da influência dos valores na percepção, foi pesquisado por Postman & Schneider (1951, p.271-284).

8 Siipola (1935, p.210). Resumido e comentado em Krech & Crutchfield (1963, v.I, p.119). Os autores resumem outros experimentos sobre predisposição perceptual.

diam a ver palavras da categoria (*animal* ou *pássaro* e *viagem* ou *transporte*) que esperavam.

Embora seja muito arriscado transpor, para situações complexas, resultados obtidos em situações muito simples, o conceito de predisposição parece muito rico para a análise da percepção do leitor ou do espectador. Seria suficiente lembrar, como exemplo de predisposição não satisfeita, a reação de grande número de leitores ao verso livre; como tinham formado a expectativa de um determinado ritmo para a poesia, tendiam a recusar inovações métricas. A predisposição emocional ou afetiva atua de forma um pouco diversa, isto é, tende a permitir uma determinada organização da obra literária, então percebida como expressão de tais necessidades emocionais ou afetivas. A observação desse processo parece mais fácil quando comparamos várias fases de desenvolvimento do leitor. Na adolescência não apenas existe a seleção de ficção ou poesia sentimental; mesmo as obras que têm um conteúdo mais amplo são lidas de acordo com esse interesse. Em fase de maior maturidade, as mesmas obras podem ser lidas com outras expectativas e satisfazer outras necessidades. De qualquer modo, o importante a notar aqui é o fato de a predisposição provocar um processo de seleção e organização do texto, com prejuízo de outras organizações possíveis. E se quisermos pensar como a predisposição pode atuar em níveis mais complexos da vida intelectual, será suficiente pensar na leitura da mesma obra, realizada por um marxista e um psicanalista: enquanto o primeiro percebe reflexos dos conflitos econômicos, o segundo percebe consequências do complexo de Édipo.

As predisposições do leitor tendem, portanto, a reduzir a amplitude ou o alcance da obra literária, isto é, tendem não apenas a igualar obras diferentes, mas a fazer que se recusem as que manifestamente não correspondem às predisposições. Nesse sentido, atuam como estabilizadoras do gosto.

O processo oposto ao da predisposição é o da saciedade. Embora esta seja mais nítida no caso da motivação, atua também na vida afetiva e na percepção. É fácil observar que mesmo os sentimentos mais intensos apresentam, depois de algum tempo, uma forma de *cansaço*, de maneira que gradual ou repentinamente se transformam em sentimentos diferentes. Na percepção, esse processo ocorre de maneira muito nítida nas figuras ambíguas, pois somos incapazes de fixar uma das formas alternativas. Na conhecida figura de Rubin, em que podemos ver dois perfis ou um cálice, a nossa percepção oscila entre as duas possibilidades, e ora vemos os perfis como figura e o *cálice* como fundo, ora o cálice como figura e os *perfis* como fundo.

Não podemos imaginar, evidentemente, que o processo de saciedade seja tão direto na percepção da literatura; apesar disso, a sua ocorrência parece indiscutível. Considere-se, como exemplo, "A estrela" de Manuel Bandeira (1955):

Vi uma estrela tão alta!
Vi uma estrela tão fria!
Vi uma estrela luzindo
Na minha vida vazia.

Era uma estrela tão alta!
Era uma estrela tão fria!
Era uma estrela sozinha
Luzindo no fim do dia.

Por que da sua distância
Para a minha companhia
Não baixava aquela estrela?
Por que tão alta luzia?

E ouvi-a na sombra funda
Responder que assim fazia
Para dar uma esperança
Mais triste ao fim do meu dia

("Lira dos cinquent'anos")

Se, para a percepção ingênua e imediata, o poema revela uma tristeza serena e resignada, essa percepção pode variar, no mesmo leitor, em diferentes fases de sua vida, ou de acordo com diferentes estados afetivos. Embora essas variações não ultrapassem os limites marcados pelo poema, é possível provocar a saciedade, por meio de sua repetição contínua; se o fizermos, veremos que os versos e depois as palavras começam a perder o conteúdo que revelam inicialmente, e passam por curiosas e grotescas transformações. Por exemplo, o último verso da terceira estrofe, "Por que tão alta luzia?", pode ser lido como: "Por que tão alta, Luzia?". Além desse efeito imediato – e na realidade artificial, pois, a não ser em condições experimentais, ninguém leria um poema até provocar essa reação extrema –, a saciedade pode ter consequências menos diretas. Depois de muitas leituras, o poema já não é percebido da mesma forma, e tende a perder o elemento de encanto que o caracterizava; por isso, pode ser até ironizado pelo leitor. Lembre-se o soneto "Fogo fátuo" de Bilac (1942, p.349):

> Cabelos brancos! dai-me, enfim, a calma
> A esta tortura de homem e de artista:
> Desdém pelo que encerra a minha palma
> E ambição pelo mais que não existe;
>
> Esta febre, que o espírito me encalma
> E logo me enregela; esta conquista
> De ideias, ao nascer, morrendo na alma.
> De mundos, ao raiar, murchando à vista:
>
> Esta melancolia sem remédio,
> Saudade sem razão, louca esperança
> Ardendo em choros e findando em tédio;
>
> Esta ansiedade absurda, esta corrida
> Para fugir o que meu sonho alcança
> Para querer o que não há na vida!

> ("Poesias")

Alguns anos depois, Drummond de Andrade (1955) o ironiza em "Dentaduras duplas":

> Dentaduras duplas
> Inda não sou bem velho
> para merecer-vos...
> Há que me contentar-me
> com uma ponte móvel
> e esparsas coroas
> ....
> Dentaduras duplas!
> Dai-me enfim a calma
> que Bilac não teve
> para envelhecer.
> Triturarei convosco
> doces alimentos,
> serei casto, sóbrio,
> não vos aplicarei
> na deleitação convulsa
> de uma carne triste
> em que tantas vezes
> me eu perdi.

("Sentimento do mundo")

Outro problema seria saber se a poesia maior também pode sofrer esse desgaste da saciedade. Aparentemente, quanto mais rica uma obra literária, maior será o tempo necessário para que apareça a saciedade no leitor, embora sempre seja possível provocá-la. Lembre-se do que ocorre com o soneto "Alma minha gentil que te partiste" (Camões) ou "Meus oito anos" (Casimiro de Abreu): a repetição quase obrigatória desses versos acaba por extinguir o seu valor estético. No outro extremo, é possível lembrar os romances de subliteratura, assim como o cinema comercial: cada uma dessas obras pode ser lida ou vista apenas uma vez por um leitor, pois uma leitura é suficiente para provocar a saciedade.

Finalmente, é necessário fazer uma outra observação quanto à saciedade: embora esta dependa do texto, é indiscutível que também depende do leitor. Se não tem recursos para perceber a complexidade do texto, o leitor só pode dar uma organização muito simples aos elementos percebidos, e chega rapidamente ao nível da saciedade. Como exemplo dessa situação, pode-se pensar em quem lê *Dom Casmurro* apenas para acompanhar a história dos acontecimentos externos; é evidente que, nesse caso, o romance permite apenas uma leitura, pois sucessivas leituras só podem revelar o mesmo conteúdo.

Essas observações não desmentem a hipótese de que as obras literárias tenham características intrínsecas: indicam, apenas, que sua apreciação também depende do percebedor, tal como ocorre nos outros casos de percepção.

Fantasia: revelação e fuga

Quando se analisa a percepção da obra literária, embora se recordem os processos dinâmicos, como as predisposições e a saciedade, corre-se o risco de supor um leitor quase estático, que em determinados momentos se *abre* para o poema ou a ficção. Na realidade sabemos que a situação é muito mais complexa. Não podemos pensar num leitor à espera de um poema satisfatório para sua experiência e seu comportamento; ao contrário, a leitura pode ampliar o universo perceptual e afetivo do leitor. Assim, de um lado, a poesia pode ser satisfatória por exprimir sentimentos preexistentes no leitor; de outro, é também criadora não apenas de expressão, mas de sentimentos. Como observa Max Scheler (1928, p.368-9), os poetas "introduzem novas divisões e novas diferenciações na forma de conceber o cotidiano, e nos revelam fatos e acontecimentos que, embora se criem e ocorram em nós, eram até então ignorados".

Se lembramos esses processos, compreendemos que os dados perceptuais são insuficientes para explicar a interação de leitor e obra literária, e talvez seja possível fazer, inicialmente, uma distinção entre poesia e ficção, a partir da posição do leitor. O poema, como a pintura, a escultura, a música, é quase sempre apreendido num só movimento, de duração maior ou menor; na ficção, ao contrário, o leitor é obrigado a várias fases de apreensão do texto. Essa distinção não é sempre válida, pois um poema extenso pode ser percebido também em várias fases, e o conto pode ser apreendido em apenas um *momento* de percepção. A distinção mais importante, do ponto de vista do leitor, talvez seja o fato de a poesia obrigá-lo a voltar-se para si mesmo, ou, em outros casos, a uma atitude de pura contemplação, enquanto a obra de ficção exige que o leitor saia de si mesmo. Um exemplo pode indicar essa diferença. Considere-se "Confissão" de Drummond de Andrade (1955):

> Não amei bastante meu semelhante,
> não catei o verme nem curei a sarna.
> Só proferi algumas palavras,
> melodiosas, tarde, ao voltar da festa.
>
> Dei sem dar e beijei sem beijo.
> (Cego é talvez quem esconde os olhos
> em baixo do catre.) E na meia-luz,
> tesouros fanam-se, os mais excelentes.
>
> Do que restou, como compor um homem
> e tudo que ele implica de suave,
> de concordâncias vegetais, murmúrios
> de riso, entrega, amor e piedade?
>
> Não amei sequer a mim mesmo,
> contudo próximo. Não amei ninguém.
> Salvo aquele pássaro – vinha azul e doido –
> que se esfacelou na asa do avião.
>
> ("Claro enigma")

Seria evidentemente absurdo imaginar esse poema como descrição de personalidade; no entanto, sua intensidade decorre, pelo menos em parte, de uma suposta autodescrição que se contradiz não só pelo fato de a pessoa fria e incapaz de amor ser também, e por isso mesmo, incapaz de reconhecer essa limitação, mas sobretudo pelos dois últimos versos. Apesar disso, o poema contém algumas narrativas virtuais, que poderiam desenvolver os traços sugeridos pelo eu do poema. Se imaginamos esses contos virtuais, vemos que, nesse caso, seríamos obrigados à participação na vida da personagem, ao passo que, na leitura do poema, participamos como o *eu* que compõe a poesia. De forma esquemática, e que permitiria muitas exceções, seria possível dizer que na poesia o leitor descobre a si mesmo, enquanto na ficção descobre os outros. Assim se compreende a afirmação de T. S. Eliot, quando diz que não consegue aceitar as poesias de Shelley porque os sentimentos deste lhe parecem repulsivos. Ora, é evidente que, muitas vezes, a ficção expõe precisamente esses sentimentos repulsivos para o leitor; apesar disso, essa ficção pode ser aceita, talvez por ser percebida como parte do "outro", o que seria muito difícil na poesia. Observe-se, de outro lado, que essa distinção não é muito definida, pois alguns leitores podem ser afastados pela apresentação, no romance ou no conto, de sentimentos ou comportamentos repulsivos. Feita essa ressalva, pode-se dizer que é possível uma ficção de fuga, mas quase impossível imaginar uma poesia autêntica e que, ao mesmo tempo, permita uma fuga semelhante à proporcionada por determinadas formas de ficção.

Se isso é verdade, pode-se dizer, lembrando sempre as limitações antes indicadas, que a fantasia exigida na poesia e na ficção leva a direções opostas: a primeira representa uma ampliação do autoconhecimento; na ficção, ao contrário, seríamos levados a conhecer pessoas diferentes. Ainda aqui as predisposições do leitor podem ser decisivas, pois a leitura da ficção pode ser procurada como forma de fugir aos problemas imediatos, mas pode envolver atividades intelectuais muito mais complexas e conduzir, em última análise à autoavaliação e ao autoconhecimento.

Apesar de o gosto pela ficção ser muito generalizado, não são ainda conhecidos os processos psicológicos que o explicam. Em parte, ao menos, isso se deve ao fato, sugerido por Lesser (1957, cap.1), de a ficção ser considerada uma atividade pouco importante ou levemente condenável. Além disso, outra explicação para o pequeno prestígio da ficção resulta do fato de ser uma atividade agradável e de pouca ou nenhuma responsabilidade; atualmente, a ficção, sobretudo no cinema, é entendida literalmente como *divertimento* ou *distração*, isto é, como forma de variar a estimulação da vida cotidiana. Embora não seja necessário chegar ao extremo de Erich Fromm (1961), para quem o homem contemporâneo procura atordoar-se com a ficção de fuga, e seria incapaz de olhar para si mesmo, é certo que uma parte considerável da vida diária se passa no universo de ficção. Os livros de leitura para crianças, ainda quando pretendam transmitir conhecimentos positivos, utilizam a forma de narrativa, por meio de personagens; fora da escola, a criança se liga às histórias em quadrinhos; o adulto vê pequenas histórias na televisão, no cinema ou na radionovela. E, em nível mais complexo, uma grande parte da literatura é constituída por ficção. O problema do psicólogo consiste em explicar por que a ficção é agradável e, depois, explicar o que ocorre no leitor, durante esse tipo de leitura.

A explicação dessa forma de comportamento seria muito fácil se toda a ficção apresentasse um universo mais agradável que o conhecido na vida cotidiana. Nesse caso, seria possível dizer que, colocado em ambiente monótono ou desagradável, o indivíduo procura, durante certos períodos de sua vida, imaginar um ambiente mais agradável ou interessante. No entanto, é frequente que o universo de ficção apresente situações apavorantes, a morte de pessoas queridas, as doenças, forças sobrenaturais que perseguem as personagens, e essa aparente contradição precisa ser solucionada. Todos sabem que Aristóteles percebeu esse problema, ao observar que episódios desagradáveis na vida cotidiana podem ser agradáveis no teatro. E, como se viu antes, para explicar essa aparente contradição Freud sugeriu que a forma artística poderia disfarçar o conteúdo, e torná-lo agradável. Em alguns casos específicos, a teoria freudiana permite, efetivamente, explicar um ou outro aspecto dos efeitos obtidos na ficção. A representação da morte, por exemplo, apresenta uma seleção no acontecimento, e esta seleção elimina alguns dos aspectos mais desagradáveis do acontecimento. Embora Freud diga que a obtenção dessa forma é o grande segredo do artista, é possível descrever alguns dos elementos que distinguem a realidade e sua representação artística. Por exemplo, o fato de o tempo de espetáculo ou de leitura não corresponder ao tempo do acontecimento representado é um elemento que modifica nossa reação ao acontecimento. No entanto, a análise dos recursos artísticos, embora possa esclarecer a estrutura da obra literária, não parece explicar a contradição que existe em procurar a leitura de acontecimentos desagradáveis ou assustadores. Por isso, talvez seja melhor analisar, inicialmente, os casos em que a obra literária não chega a apresentar, para o leitor ou o espectador, as características artísticas, e em que se confunde totalmente com a realidade.

Quando observamos o desenvolvimento das atitudes da criança diante da leitura de histórias ou do cinema, vemos que, inicialmente, não distingue o universo *real* e *representação* ou *ficção*. Isso faz que a criança pequena recuse a ficção, sempre que esta apresenta aspectos desagradáveis ou assustadores. Embora alguns psicólogos digam que a criança vive num universo de fantasia, isso é verdade apenas se se considera o ponto de vista do adulto; a criança é, ao contrário, de um realismo total, pois transforma a fantasia em realidade. Mesmo quando imagina uma história, pode assustar-se com as características das figuras imaginadas, pois, uma vez pensadas, as personagens tornam-se reais.[1] Essa forma primitiva de estabelecer relações entre o pensamento e a realidade não está muito distante da vida adulta e civilizada. Quando dizemos "bom dia", supomos que o nosso desejo tenha possibilidade de interferir na realidade ou criá-la; em nível de maior solenidade, a bênção e a maldição são formas explícitas de afirmar essa relação entre o pensamento e a realidade externa. E mesmo no caso da ciência e da política, é difícil separar o conceito, criado para entender ou explicar a realidade e o universo real. Os conceitos são então *coisificados* e *vistos* na realidade. De qualquer modo, a criança aos poucos consegue estabelecer fronteiras mais ou menos nítidas entre a ficção e a realidade; apesar disso, ainda por volta de oito ou nove anos aceita histórias que apresentam diretamente o cotidiano, sem nenhuma elaboração artística, o que dificilmente ocorre com o adulto. Como se vê nesse processo de desenvolvimento, a ficção torna-se uma fonte de prazer quando é vista a uma certa distância da realidade; de outro lado, como se tem dito muitas vezes, o universo de ficção obedece a algumas regras e mantém um contato variável com o universo real. Mesmo a personagem fantástica, dotada de poderes sobrenaturais ou extraordinários, tem certas limitações insuperáveis, capazes de colocá-la em dificuldades ou de permitir o aparecimento de obstáculos. Portanto, o universo criado pela ficção, embora caracterizado, pelo leitor, como independente do seu universo de senso comum, geralmente não é arbitrário; pelo menos mantém uma coerência interna, o que permite a sua apreensão como um todo organizado.

Se essas observações são corretas, a leitura de ficção faz que o leitor participe das experiências de outras pessoas, geralmente imaginárias, e tenha possibilidade de um relativo controle intelectual da situação apresentada. Nesse sentido, a fic-

---

1 Exemplos desse processo em Koffka (1925).

ção apresenta uma coerência e uma organização que não conseguimos atingir em nosso conhecimento imediato da realidade. Se isso é verdade, seria possível dizer que um dos elementos básicos de nossa reação ao universo do romance ou do conto é o prazer obtido por meio do domínio intelectual da situação ou da história. Em outras palavras, a ficção é uma forma de organização imposta ao comportamento e à história das personagens. Na vida diária, estamos limitados à apreensão de comportamentos mais ou menos caóticos, e tentamos organizá-los por meio de algumas variáveis muito esquemáticas; dessa forma, explicamos os comportamentos de uma pessoa dizendo que é ambiciosa, boa, malvada, e assim por diante. Ao fazê-lo, destruímos a individualidade, pois a abstração tende a identificar todas as pessoas que apresentem um traço semelhante. Na ficção, ao contrário, encontramos pessoas concretas, que se revelam por meio de seu comportamento. Sob esse aspecto, a ficção é satisfatória por permitir a compreensão do comportamento, e quanto maior o nível da ficção, mais completa a explicação que nos apresenta, ou mais profunda a sua análise. Por isso é possível dizer que a ficção revela o comportamento humano, e representa uma forma de autoconhecimento, assim como de conhecimentos dos outros, por meio de uma organização peculiar, característica de cada escritor. Do ponto de vista do leitor, portanto, a ficção apresenta um universo coerente, marcado por coordenadas bem definidas, capazes de limitar o âmbito da ação e da experiência das personagens.

Essa satisfação depende, naturalmente, do nível intelectual do leitor, e isso explica, pelo menos em parte, a formação de correntes de gosto. A ficção pode introduzir uma complexidade muito grande, isto é, exigir muitas perspectivas, de forma que o leitor será incapaz de considerá-las. É isso que ocorre, evidentemente, com grande parte da melhor literatura contemporânea. De outro lado, a introdução de muitas perspectivas representa uma tentativa de enriquecimento da ficção, isto é, uma forma de aproximá-la, cada vez mais, da complexidade da vida real. Esta é, como se sabe, a origem de muitas contradições aparentes em toda literatura inovadora: como o leitor aceita algumas convenções para a apresentação da realidade, recusa outras, pois estas, aparentemente, *destroem* o universo real.

Entende-se, evidentemente, que esse universo real, destruído pela convenção inovadora, é apenas uma forma de apresentação dos aspectos considerados esteticamente válidos. Esse choque foi dramático no aparecimento do romantismo, mas parece repetir-se, com maior ou menor intensidade, sempre que o autor de ficção aceite um domínio até então esteticamente abandonado, ou crie uma nova perspectiva para apresentá-lo. Como exemplo do primeiro caso seria possível pensar nos romances de D. H. Lawrence, que apresentam alguns domínios da vida sexual; como exemplo do segundo, considere-se a literatura de Joyce ou Kafka.

Embora se possa dizer, portanto, que a literatura de ficção é uma forma de compreender ou estruturar a realidade, nem todo leitor chega a realizar o segundo movimento, isto é, voltar da ficção para a realidade. Nesse caso, a literatura de ficção deve ser entendida como fuga, vale dizer, como universo independente da realidade cotidiana, e no qual se encontra um refúgio para as tensões da vida diária. Ainda aqui, o processo não é tão simples quanto parece inicialmente. Por mais inócua que seja ou procure parecer, a ficção inclui alguns dos conflitos existentes na sociedade da época. Deve-se, então, explicar por que um certo nível de ficção pode ser satisfatório para o grande público, enquanto outro nível só é aceito por um público relativamente reduzido.

Embora não existam dados concretos, são plausíveis as hipóteses seguintes. Em primeiro lugar, existe diferença de nível intelectual entre os vários níveis de ficção. Parece indiscutível que os vários autores de vanguarda são mais difíceis, de um ponto de vista intelectual, do que os autores da ficção encontrada no *best-seller*. Ora, o prazer obtido na leitura pode desapa-

Psicologia e literatura

recer quando a ficção exige um excessivo esforço intelectual do leitor, assim como quando esse esforço é excessivamente reduzido. Assim, para cada leitor, parece existir um ponto ótimo de tensão intelectual; abaixo ou acima desse ponto, o leitor não consegue manter a atenção. Isso explica que a leitura satisfatória para um grupo não o seja para outro. Todavia, existem romances e contos que podem ser lidos em vários níveis, isto é, permitem tanto a apreensão mais simples – por exemplo, de um enredo de sucessivos acontecimentos – quanto a apreensão mais complexa, pela aceitação de uma nova interpretação dos homens e das coisas. É evidente, por outro lado, que os vários níveis de ficção não se distinguem apenas pela maior complexidade intelectual; por isso, é necessário pensar em outra hipótese complementar, que considere a apresentação dos valores vigentes. Embora toda ficção precise partir de situações de conflito, o romance de bom gosto ou de vanguarda propõe um conflito mais radical que a ficção popular. Por isso mesmo, a boa literatura sempre revela situações, não só de maior complexidade, mas também de maior tensão emocional, pois geralmente discute os valores aceitos pelo grande número, ou os sentimentos aparentemente fundamentais do homem.

Essas duas hipóteses permitem compreender que a literatura popular, ao contrário do que ocorre com a literatura maior, possibilita a fuga do cotidiano, pois os seus conflitos são intelectualmente fáceis e não propõem a discussão da interpretação corrente de sentimentos e valores. A ficção de nível superior, em vez de permitir a fuga, só pode ser aceita como reinterpretação da vida humana. Convém observar, finalmente, que essas diferenças são quantitativas, e aqui foram considerados os pontos extremos de um contínuo. Nos casos concretos, será possível verificar que toda ficção envolve, em proporções diversas, os dois movimentos, o de revelação e o de fuga. De outro lado, todo leitor aprende, também em proporções diferentes, esses dois aspectos da ficção.

A influência da leitura

Considerando-se as teorias de Platão e Aristóteles, parece que não avançamos muito na análise da influência da leitura. Platão, num conhecido texto da *República*,[1] condena a literatura, supondo que a ficção possa ter influência perniciosa no leitor. Aristóteles (1944), ao contrário, supõe que a *catarse* seja uma forma de expressão ou libertação de tendências preexistentes no indivíduo. Se observamos a história das polêmicas e dos processos movidos contra obras literárias ou fitas de cinema, vemos que a hipótese de Platão sempre foi a mais aceita, talvez porque esteja mais próxima do senso comum. No entanto, basta descer um pouco mais em nossa análise para observar

---

1 "A primeira coisa a fazer será manter uma censura dos autores de ficção, e deixar que os censores aceitem as boas histórias e recusem as más; desejaremos que as mães e pajens contem apenas as histórias permitidas, e modelem – com as boas histórias – a almas das crianças, com mais cuidado do que o que empregam para modelar o seu corpo. Mas a maioria das histórias atuais deve ser rejeitada" (*República*, v.II, p.377 c., d. Traduzo da edição inglesa de Jowett, 1952, p.320-21).

que Platão condenava a literatura tradicional, pois pretendia impor um novo sistema de educação, incompatível com os valores aceitos nos trágicos;[2] nas críticas à literatura contemporânea, ao contrário, condena-se a apresentação de valores que se opõem aos padrões tradicionais. Além disso, é fácil observar que a maior objeção dos censores da literatura se refere à apresentação da vida sexual, o que seria inteiramente estranho à teoria de Platão. Note-se, de passagem, que a censura quase nunca faz objeções à descrição de violência; isso sugere que, na cultura contemporânea, apenas o impulso sexual parece perturbador. Embora não tenhamos recursos para explicar a origem ou as consequências dessa situação, podemos dizer que a censura se refere muito mais ao pudor que aos princípios morais. Aparentemente, a condenação moral da obra literária supõe que esta seja um elemento de excitação sexual, mas isso ainda não é suficiente para justificar racionalmente a condenação, pois, ao mesmo tempo, outros elementos excitantes são geralmente aceitos, sem sofrer objeções da censura moral.

O problema do psicólogo é, naturalmente, saber até que ponto se confirma essa hipótese de uma influência direta ou indireta da literatura. Se o escritor e o crítico podem afastar o problema, o psicólogo e o educador devem enfrentá-lo, pois a inclusão da literatura em quase todos os currículos de ensino é justificada pelos efeitos que possa ter no desenvolvimento do educando. De outro lado, a crítica à comunicação de massa, como o cinema comercial, a história em quadrinhos, supõe também uma influência direta da literatura no comportamento da criança e do adulto.

É fácil compreender as imensas dificuldades existentes para a comprovação dessa influência. Em primeiro lugar, seria pre-

---

2 "Os gregos admitiam que a poesia era um instrumento básico de educação, de forma que a luta entre a filosofia e poesia deveria tornar-se aguda, logo que a filosofia pretendesse tornar-se uma teoria da educação, e nesta desempenhar o papel principal" (Jaeger, 1953, p.359, 2v.).

ciso distinguir entre o efeito imediato, que ocorre durante a leitura ou em período imediatamente posterior, e a influência indireta ou mediata, que poderia ser identificada em período relativamente distante. Nada impede que esses efeitos sejam opostos. Assim, seria possível imaginar que uma história de violência tenha como efeito imediato um aumento na agressividade do indivíduo, e como efeito mediato uma redução do mesmo impulso. Em segundo lugar, parece necessário distinguir entre a possível influência da obra literária e os efeitos da propaganda.

Como se procurou sugerir por meio deste ensaio, a obra literária sempre apresenta estímulos ambíguos, isto é, que podem ser interpretados de muitas formas; na propaganda, ao contrário, as alternativas de escolha são intencionalmente reduzidas, e o leitor encontra estereótipos ou definições e valorizações muitos nítidas. Parece evidente que a propaganda pode ter influência muito maior que a literatura, pois enquanto esta representa uma forma de sugerir os aspectos mais complexos e menos aparentes do comportamento, o estereótipo geralmente acentua um aspecto bem visível do comportamento ou da vida social, com exclusão de todos os pontos contraditórios. Essa diferença explica, também, o constante desentendimento entre o intelectual e o propagandista: se o primeiro procura os aspectos mais conflituais da vida individual e social, o segundo elimina tais aspectos por meio da valorização exclusiva de um ponto de vista ou da aparência. Todavia, a situação não é assim tão simples, pois é frequente que o escritor pretenda exercer uma influência significativa na sociedade em que vive, ou tenha a ilusão, talvez necessária ao processo criador de alguns escritores, de ser lido pelo grande público. Essa ilusão, por vezes transformada em ironia, por vezes revelada em tragédia, é mais uma ambiguidade acrescentada à ambígua relação que existe entre a realidade social e sua expressão intelectual.

No caso de Tolstoi, por exemplo, é fácil verificar que sua teoria sobre a arte contradiz a aceitação de seus romances; já no caso de Ezra Pound, a tragédia reside no fato de o poeta imaginar não só que sua teoria política e econômica tenha algum sentido no mundo contemporâneo, mas também que sua palavra possa ter influência nos acontecimentos. Em resumo, talvez não fosse errado generalizar, e dizer que a maior influência do intelectual se exerce sobre outros intelectuais, capazes de entender sua linguagem e seus problemas; para o grande público, as teorias intelectuais só adquirem sentido quando se transformam em fórmulas simples ou estereótipos, isto é, quando perdem as suas características mais importantes ou significativas. De outro lado, o processo deve ser mais complexo do que essa conclusão sugere, pois se, quanto à influência no grande público, a literatura fosse realmente inócua, seria difícil explicar por que o grupo dominante sempre procura destruir a literatura que direta ou indiretamente contraria seus ideais ou interesses.

Finalmente, para entender a influência da literatura seria necessário considerar as diferenças individuais, e não apenas as características de determinada obra literária; isso é tão mais necessário quanto mais *literária* seja a obra considerada, pois maior será a sua riqueza e maiores as possibilidades de interpretações contraditórias. Como se verá agora, essa dificuldade não foi até então superada nos estudos experimentais sobre a influência da leitura.

Talvez o estudo mais completo sobre a significação da leitura seja o de Baylin (1959). A autora partiu da suposição da influência das histórias, mas procurou analisar as diferenças entre leitores; dessa maneira pôde verificar que a leitura de histórias em quadrinhos não tem o mesmo sentido para todas as crianças. Enquanto as crianças que têm dificuldades de ajustamento literalmente se refugiam nas histórias e se tornam "viciadas" em sua leitura, as crianças ajustadas não chegam a esses extremos. Portanto, quando se verifica uma relação entre leitura de histórias e desajustamento social, não se está diante de uma relação causa-efeito, mas diante de uma correlação positiva entre dois aspectos do comportamento, talvez explicáveis por outros fatores. Do ponto de vista aqui discutido, seria possível dizer que o estudo de Baylin não chega a analisar a influência da leitura no comportamento, limitando-se a sugerir que a escolha de leitura é aspecto mais significativo.

Aparentemente, essa questão só pode ser solucionada por meio de investigações experimentais, onde se verifique a influência concreta da leitura no comportamento. As dificuldades do controle experimental da leitura fizeram que os psicólogos procurassem proceder à análise mediante a exibição de fitas de cinema ou de televisão.[3] De modo geral, os experimentos procuraram verificar o aumento ou a redução da agressividade, e utilizaram o seguinte planejamento: em primeiro lugar, por meio de um teste padronizado, verifica-se a agressividade das crianças; a seguir, exibe-se uma fita na qual apareça muita agressividade; finalmente, verifica-se outra vez a agressividade das crianças. Até agora, os resultados obtidos foram contraditórios: em alguns experimentos verifica-se um aumento da agres-sividade, enquanto em outros se observa sua redução. Se em todos os casos se verificasse a redução da agressividade, seria possível dizer, com razoável segurança, que a participação, como espectador, reduz o impulso preexistente; se a agressividade sempre aumentasse, seria possível dizer que essa participação *liberta* uma tendência latente. Ainda assim, teríamos muitas perguntas não respondidas, pois faltaria conhecer os processos responsáveis por essa alteração no comportamento.

Como os resultados são contraditórios, nossa perplexidade é maior. Em primeiro lugar, como os resultados são apresentados como tendências estatísticas, é possível supor que os grupos de diferentes experimentos não sejam homogêneos quanto

---

3 Entre esses experimentos, os mais nítidos são: Fesbach (1955, p.3-11); MacCoby et. al. (1956, p.373-4); Emery (1959, p.195-232).

a características significativas, embora o sejam quanto à agressividade medida antes da prova. Essa interferência de variáveis não controladas pode explicar que, num grupo, a fita de cinema provoca intensificação da agressividade, enquanto em outro provoca a sua redução. Em segundo lugar, seria preciso encontrar um índice seguro, não apenas quanto ao conteúdo da fita, mas também quanto à sua apresentação. Ora, a análise de conteúdo pode fornecer dados relativamente precisos quanto aos comportamentos apresentados, mas é muito mais difícil planejar a mensuração de todo o contexto em que tais comportamentos aparecem; em muitos casos, como se sabe, esse contexto pode ser fundamental e dar o *clima* em que se desenvolve a história. Finalmente, como se recordou antes, não existem razões aceitáveis para a hipótese de que a influência imediata indique a possível influência posterior.

Parece, portanto, que estamos ainda muito longe de ter uma teoria capaz de afirmar ou negar a possível influência da literatura no comportamento do leitor. A afirmação mais prudente, de acordo com os dados de Baylin, seria supor que a pessoa não se desajusta por meio da leitura, mas que procura a ficção desajustadora quando experimenta dificuldades de ajustamento. Os comportamentos aprendidos na ficção constituem expressões de problemas anteriores; se o leitor não encontrasse tais formas de expressão, seria levado a comportamentos igualmente desajustados. Isso permitiria explicar, também, que nem todos os leitores das histórias condenadas pela censura cheguem a apresentar comportamentos desajustados.

Leitura e ajustamento

As observações anteriores, referentes a um problema tradicional na análise da literatura, ainda não explicam a motivação para a leitura, isto é, não explicam por que a pessoa é levada a ler, nem quais os processos que ocorrem durante a leitura. Embora não se possa esperar uma resposta totalmente satisfatória, convém tentar a análise do processo.

Para empreender essa análise, a primeira dificuldade do psicólogo refere-se ao modelo de motivação, empregado para explicar o comportamento. De modo bem amplo, pode-se dizer que a psicologia contemporânea supõe o comportamento como forma de reduzir as necessidades do organismo. Como se viu na Parte I, esse é o esquema funcionalista, posteriormente adotado pelo comportamentismo. De acordo com tal esquema, quando o organismo sente uma necessidade, o seu comportamento apresenta movimentos destinados a restabelecer o equilíbrio. Como se tentou mostrar na análise do pensamento produtivo, esse esquema pode ser satisfatório para explicar os comportamentos menos complexos e, do ponto de vista da motivação, para explicar os comportamentos em que existe um limite bem nítido para a saciedade. Se o organismo tem sede, os movimentos de busca de líquido terminam quando se reduz ou elimina a necessidade. Mesmo aqui, existem duas questões não respondidas pelo esquema: o comportamento durante a satisfação da necessidade e depois desse momento. A análise de necessidades orgânicas parece não apresentar problemas muito sérios; todavia, se passamos para motivos mais complexos, a situação é completamente diversa. Observe-se, como exemplo, o comportamento de uma pessoa que realiza um desejo mantido durante um tempo relativamente longo, o de outra que enfrenta dificuldades muito grandes para realizar o que deseja, e, finalmente, o de uma terceira que realiza, de maneira inesperada, o que desejava. Pode-se dizer que, embora as três realizem um desejo, seu comportamento na "área do objetivo" (a expressão é de Mary Henle) não será semelhante, pois a sua situação não é a mesma. De um ponto de vista, a alegria da terceira será maior que a das duas outras, provavelmente porque o aspecto de coisa inesperada geralmente provoca a maior explosão de alegria.

De outro ângulo, é fácil compreender que a expectativa, alimentada durante longo tempo, pode interferir na maneira de ver o objetivo e, consequentemente, na forma de reagir à sua obtenção. No outro caso, a dificuldade das barreiras que cercam o objetivo tem interferência no comportamento que ocorre no objetivo. Essas indicações sumárias sugerem a diversidade do comportamento na região do objetivo, e permitem compreender a limitação de uma análise que se refere apenas ao fato de o organismo voltar ao estado de equilíbrio. Como ainda não somos capazes de fazer, sistematicamente, essas distinções básicas, a análise seguinte deve ser entendida como esquema grosseiro e imperfeito, capaz de explicar apenas a situação mais geral. Além disso, as observações seguintes destinam-se quase exclusivamente à análise da leitura de ficção, e talvez não sejam válidas para a poesia.

Psicologia e literatura

Tensão e equilíbrio na leitura de ficção

Se pensamos num organismo que sempre procura o equilíbrio, não podemos entender a leitura de ficção, pois esta, inevitavelmente, coloca o indivíduo em estado de tensão. Mais significativo ainda é o fato de essa tensão não apresentar nenhum caminho para o ajustamento do indivíduo, isto é, não permitir a satisfação de nenhuma necessidade aparente. Até certo ponto, a situação se aproxima da que encontramos em algumas formas de pensamento produtivo, nas quais o indivíduo procura o desequilíbrio, em vez de buscar o equilíbrio. A diferença entre os dois casos reside, aparentemente, no fato de o pensamento produtivo ter nível de maior realidade e conduzir a uma nova situação, mais clara ou perfeita. Na ficção, ao contrário, as tensões parecem exclusivamente internas ao romance e ao conto; a sua relação com a realidade do senso comum pode ser muito tênue ou muito acentuada, sem que isso altere a motivação do leitor.

Por isso, a única explicação satisfatória, de acordo com os conhecimentos atuais, consiste em dizer, como Heider, que as pessoas apresentam duas tendências contrárias: de um lado, procurar o equilíbrio; de outro, procurar o desequilíbrio e a tensão (ver Parte II). Talvez a análise permita chegar a uma descrição um pouco mais completa, e explicar essa aparente incongruência, por meio de conceitos que estabeleçam relações entre a busca de equilíbrio e a de desequilíbrio. Para isso convém começar pela análise, ainda que imprecisa, do organismo na área do objetivo. Em primeiro lugar, existem diferenças na percepção do objetivo, causadas pelo fato de o indivíduo conceber a situação "de fora" ou "de dentro". Em outras palavras, quando atinge o objetivo, o indivíduo enfrenta uma reestruturação cognitiva da situação, ainda que suas reações emocionais não se modifiquem. O aluno que deseja entrar numa escola superior ou o escritor que deseja ser aceito numa academia passam por esse processo, a partir do momento em que são admitidos. É que, a partir de então, podem perceber relações e valores que até aquele momento tinham outro aspecto. Essa reestruturação já é uma fonte de tensões, isto é, o indivíduo começa a enfrentar novos desequilíbrios e a estabelecer novos objetivos. Portanto, a cada situação de aparente equilíbrio corresponde o aparecimento de novas tensões e uma nova busca de equilíbrio. Os filósofos e moralistas sempre perceberam essa situação aparentemente paradoxal, de que resulta uma permanente insatisfação do homem, pois este nunca parece definitivamente satisfeito, ainda quando obtém o que deseja.

Em segundo lugar, além da reestruturação cognitiva, pode ocorrer também uma reestruturação emocional. A conquista do objetivo pode provocar o sentimento de culpa, mais ou menos consciente, ou provocar o medo. Essas duas reações, facilmente identificáveis em vários casos, também interferem na percepção do objetivo e criam novas fontes de desequilíbrio.[1]

Nesses dois casos, como se vê, não é possível dizer que o indivíduo ativamente procure o desequilíbrio, pois este surge da reestruturação do objetivo. Resta ver em que casos o indivíduo, colocado em situação de equilíbrio, efetivamente procura o desequilíbrio e a tensão. Aparentemente, se a situação é de equilíbrio real, ou de ajustamento perfeito ao ambiente, tende a ocorrer a saciedade. Como se viu antes, na análise da percepção, a repetição do mesmo padrão de estímulo é capaz de provocar, por si mesma, uma reestruturação, por meio da qual se salientam novos aspectos do estímulo. Nos casos simples de motivação, a saciedade provoca reação semelhante: quando o indivíduo continua a comer o mesmo alimento, depois de um certo ponto começa a experimentar repugnância. Em outros casos, a estimulação monótona não é necessariamente desa-

---

1 Esta discussão decorre, também, de análise de Heider (1958, cap.5, "Desejo e prazer").

Psicologia e literatura

gradável, e seria melhor considerá-la como provocadora de tédio, e não de saciedade; assim, a estimulação monótona, por exemplo, na hipnose, pode ser levemente agradável. Mas isso nem sempre ocorre. Como se sabe, a ausência de estimulação diversificada, se mantida durante período relativamente longo, pode tornar-se insuportável. É compreensível, portanto, que o indivíduo procure situações de desequilíbrio, nas quais possa atuar, de uma forma ou de outra, e onde procure estabelecer um novo equilíbrio. Desse ponto de vista, o comportamento pode ser descrito por meio de sucessivos momentos de equilíbrio e desequilíbrio, com uma participação constante do organismo no ambiente.

Se essas observações gerais são válidas, parece mais fácil compreender o que ocorre na leitura de ficção, e que apenas aparentemente é contraditório. Quando o leitor se entrega a um conto ou a um romance, procura uma situação de desequilíbrio, frequentemente porque sente necessidade de estímulos mais intensos que os oferecidos pela sua vida cotidiana. Uma vez integrado na leitura, o seu esforço se dirige para a busca de uma situação de equilíbrio, que só pode ser obtida no fim do romance ou do conto. Assim se compreende também a existência, para vários leitores, de diferentes níveis de tensão e complexidade. A história de tensão muito pequena, ou de complexidade muito reduzida, pode provocar o tédio ou a saciedade. No outro extremo, a tensão muito intensa pode provocar a angústia. Como esses níveis são variáveis de leitor para leitor, e, no mesmo leitor, variam em diferentes fases do desenvolvimento, é possível dizer que em cada caso existe um nível ótimo de tensão; além disso, esse nível não depende apenas da situação emocional, mas também dos recursos intelectuais do leitor.

No caso da criança, podemos ver, nitidamente, a utilidade desses conceitos. A história que, em determinado ponto do desenvolvimento, provoca angústia, pode posteriormente estar em nível satisfatório de tensão e, finalmente, provocar o tédio. Em outros casos, a história nunca chega a provocar tédio, embora inicialmente provoque angústia; um exemplo deste último caso seria *Alice no País das Maravilhas*, de Lewis Carroll. Se a criança pequena sente angústia diante desse livro, isso se explica, provavelmente, pelo fato de não distinguir a *fantasia* e a *realidade*; por isso, a situação que é cômica para o adulto ou a criança maior, torna-se angustiante para a criança pequena.

O público

Como sugerido na análise do processo criador, o público se divide em camadas mais ou menos rígidas, e a literatura admirada em um nível pode ser desprezada ou condenada em outro. Esta é uma dentre as muitas ambiguidades da literatura, pois esta depende do público, mas, ao mesmo tempo, parece temer o grande público, isto é, a divulgação em camadas muito amplas. Sempre que um livro consegue divulgação muito grande, tende a perder suas qualidades mais literárias.

Em parte, esse processo pode ser explicado, como se viu, pelo fenômeno da saciedade: quando todos falam de um livro ou de uma história, a sua intensidade se reduz, e já não provocará as mesmas reações. Mas esse processo não é o único responsável pela diminuição do valor de um livro. Se observamos o que ocorre nas ciências humanas, talvez encontremos uma situação semelhante, pela qual podemos compreender outros processos, também responsáveis por essa redução de valor. Na psicologia atual, os autores mais lidos pelo grande público – grande quando comparado ao público das publicações de psicologia –

são Karen Horney, Erich Fromm e H. J. Eysenck. Na sociologia e antropologia, seria fácil lembrar o nome de Margaret Mead. Em todos esses casos, os psicólogos e antropólogos tendem a considerar os autores *populares* como pouco representativos de sua ciência. Pode-se pensar que esse relativo desprestígio decorre da simplificação excessiva, aparentemente necessária para o grande público, e em parte esse aspecto deve exercer influência. Ao mesmo tempo, deve-se pensar que a tradição de um conhecimento exclusivo de certos grupos também exerce influência nessa forma de encarar a popularização da ciência. Afinal, embora os autores mencionados realmente simplifiquem as questões que se propõem resolver, muitos autores de maior prestígio acadêmico fazem a mesma coisa, embora por meio de linguagem menos acessível, ou acessível apenas aos iniciados.

Na literatura parece ocorrer um processo semelhante, e os grupos de vanguarda tendem a afastar os autores mais divulgados. De outro lado, se lembramos o que foi dito antes, a propósito de níveis de tensão e equilíbrio, parece fácil compreender que as camadas de público se distinguem, também, por diferenças de nível intelectual.

Conclusões

Embora estejamos ainda muito longe de uma descrição adequada dos processos que ocorrem no leitor, durante ou após a leitura, já é possível sugerir alguns caminhos para a investigação certamente mais produtivos que as antigas suposições de uma influência direta da leitura sobre o leitor.

O primeiro desses caminhos refere-se à percepção, entendida como processo em que devemos considerar o padrão de estímulo, as condições da percepção e as características do percebedor. No caso da literatura, isso permite compreender que a mesma obra possa ser percebida em vários níveis, ou com intensidades diferentes. Além desse esquema geral, o estudo da percepção sugere vários processos específicos, como a percepção fisionômica, a saciedade, a ambiguidade perceptual, pelos quais podemos entender algumas das reações do leitor.

Outro campo de investigação se liga a aspectos emocionais e intelectuais. Nesse caso, os conceitos de equilíbrio e tensão parecem os mais ricos, pois permitem compreender por que o indivíduo procura a ficção e até que ponto esta pode ser satisfatória.

Em resumo, talvez seja correto pensar num contínuo: num extremo, o máximo de tensão, capaz de provocar angústia; no outro, o mínimo de tensão, capaz de provocar tédio. O ponto intermediário seria o nível ótimo de tensão para o leitor. A dificuldade desse esquema reside no fato de diferentes leitores terem diferentes níveis de tensão aceitável.

Finalmente, esses conceitos podem ser aplicados à análise de diferentes camadas de público.

Está claro que a demonstração dessa aplicabilidade dos conceitos psicológicos exige uma pesquisa mais ampla, e talvez o planejamento de trabalhos experimentais; aqui, a pesquisa sobre a leitura de crianças parece um campo promissor, pois é mais fácil controlar as várias fases de desenvolvimento e, ao mesmo tempo, encontrar histórias de níveis também diversos.

Resumo e conclusões gerais

Este ensaio partiu da suposição de que a psicologia contemporânea, embora geralmente aplicada a situações mais elementares, já desenvolveu conceitos capazes de permitir uma nova perspectiva para a análise de determinados processos que ocorrem na literatura. Esses conceitos foram aplicados ao estudo do pensamento criador, do texto e do leitor. Apesar da imprecisão e da excessiva generalidade dessa análise, é possível verificar o seu saldo positivo, bem como suas limitações.

O primeiro aspecto positivo da análise consiste em trazer os processos de criação literária para o domínio da psicologia. Se parte da suposição de que todo o comportamento resulta da interação organismo-ambiente, o psicólogo precisa demonstrar que o pensamento produtivo não escapa a essa determinação. Em outras palavras, é preciso demonstrar que a criação literária pode ser estudada com os recursos da psicologia e não é um processo *espontâneo* e *arbitrário* do pensamento; sem essa demonstração, a psicologia será obrigada a reconhecer um domínio do comportamento a que não se aplicam seus conceitos e teorias. O exame das teorias propostas para essa explicação sugere várias tendências, analisadas na Parte I do livro. Esse exame indica alguns problemas ainda não solucionados, e que parecem decisivos para o avanço de nosso conhecimento.

O primeiro deles refere-se à ligação entre processos inconscientes e processos perceptuais; embora possamos aceitar a descrição psicanalítica dos processos inconscientes – que, na realidade, coincide com a descrição de muitos poetas e cientistas –, bem como a descrição gestaltista dos processos perceptuais, não temos recursos para mostrar, de maneira adequada, de que forma tais processos se unem em casos concretos. Apesar de ser possível pensar que, em alguns poetas, predominam os processos inconscientes, enquanto em outros predominam os processos de percepção ajustada à realidade, não se pode imaginar uma separação completa entre os dois casos. Afinal, a expressão de aspectos diretamente percebidos depende de sua reestruturação, e esta parece depender de processos inconscientes; no outro extremo, os processos inconscientes, para que tenham significação artística, precisam encontrar expressão formal adequada. Parece necessário, portanto, encontrar formas para estudar esses pontos de contato.

Esse primeiro problema, segundo se indicou, pode ser analisado por meio de alguns conceitos que explicam a maior ou menor rigidez do percebedor, assim como sua possibilidade de aceitar a ambiguidade dos dados perceptuais. O segundo problema ainda não solucionado é, curiosamente, o da interferência da aprendizagem no processo criador. Essa verificação parece surpreendente, quando se sabe que grande parte da psicologia contemporânea se liga exclusivamente ao estudo da aprendizagem. No entanto, se recordamos que tais estudos enfrentam apenas casos de repetição de uma solução satisfatória, compreendemos que não tenham recursos para analisar as situações em que as soluções aprendidas são integradas em novas alternativas. Por isso, chegamos a descrições antagônicas, mas igual-

Psicologia e literatura

mente insatisfatórias. De um lado, o comportamentista tenta explicar a criação como solução inteiramente nova, o que não é correto, pois, na literatura, as soluções novas integram conhecimentos anteriormente adquiridos; de outro, os gestaltistas pensam na situação momentânea, explicada por meio da percepção, e, assim, não levam em conta a aprendizagem anterior. Aparentemente, não temos ainda nenhum caminho para investigar esse problema, e podemos apenas reconhecer a sua existência nas várias teorias atuais.

Um terceiro problema refere-se ao conteúdo do pensamento produtivo. Alguns teóricos, como Jung, julgam que não podemos fazer uma ciência do pensamento produtivo, aparentemente porque essa ciência partiria de uma contradição inevitável: se, por definição, o pensamento produtivo é a apresentação de solução nova, não podemos predizê-lo. Todavia, a afirmação só é verdadeira quando se refere ao conteúdo do pensamento produtivo, mas falsa quando ligada às condições a que obedece ou deve obedecer. Se não podemos dizer quais serão as novas criações literárias, podemos saber a que condições obedecerão; por exemplo, não podem ser, apenas, repetição de soluções anteriores, precisam ser aceitas por outras pessoas, além do criador, e assim por diante.

Como descrição mais ampla do processo, pode-se pensar nos conceitos de equilíbrio, tensão e desequilíbrio, pois estes apresentam uma forma de indicar os vários níveis de interação entre organismo e ambiente. Se quisermos pensar num esquema geral, podemos pensar que a situação de desequilíbrio, provocada por sentimentos incompatíveis ou por conflito com o ambiente, é condição indispensável para o aparecimento do processo de criação. A tensão resultante desse conflito pode ser excessiva para o indivíduo, de forma que sua reação será desajustada; no outro extremo, a tensão pode ser muito reduzida e não provocar o aparecimento do processo. Existe um ponto ótimo, variável de indivíduo para indivíduo, em que a pessoa tem recursos intelectuais para enfrentar a situação, e suficiente resistência emocional para manter, durante o tempo necessário, a desorganização dos dados perceptuais, indispensável para a criação intelectual.

Essa descrição permite compreender que o pensamento produtivo não é uma questão de tudo ou nada; ao contrário, é um processo que aparece com maior ou menor intensidade no comportamento. O que denominamos indivíduo criador é aquele em que o processo atinge o ponto máximo de desenvolvimento.

Como é fácil concluir, a descrição do pensamento produtivo deve ser válida para todo o comportamento humano; todavia, isso não significa que seja impossível ou desnecessário estabelecer diferenciações entre as várias formas de pensamento criador. Se consideramos a ciência e a literatura, parece evidente uma diferença fundamental: enquanto a solução produtiva na ciência tende ao estabelecimento de equilíbrio, a situação na literatura não é tão clara. Uma solução de problema científico permite maior coerência entre dados contraditórios, ou permite explicar um fenômeno até então ignorado. Evidentemente, esse equilíbrio não é definitivo, e a proposição inovadora cria uma nova situação de desequilíbrio; assim, esta passa a ser o problema científico que deve ser solucionado. Por isso mesmo, pode haver continuidade nas sucessivas teorias, e sempre podemos dizer que uma é mais completa do que outra.

No caso da literatura, ao contrário, é impossível pensar nessa continuidade linear, em parte porque a obra literária não supõe o desaparecimento do sistema de tensões, mas a sua expressão. Portanto, enquanto a ciência pretende solucionar um conflito, a literatura procura exprimi-lo. Ainda que o artista pretenda apresentar a solução, esta não é o aspecto mais valioso da obra literária. Podemos não concordar com a solução política ou econômica de um ficcionista, sem que por isso deixemos de admirar a sua obra; ao contrário, podemos aceitar a posição política de um escritor e, ao mesmo tempo, no plano artístico rejeitar sua obra.

A análise de texto (Parte II) procura documentar três formas de apresentação do mesmo conflito; no caso, o conflito entre amor e dinheiro. Como se procurou mostrar nessa parte do livro, as obras analisadas, *Lucíola, Senhora, Dom Casmurro* e "Campo geral", sugerem três níveis de apresentação do conflito. Apenas em *Senhora* podemos dizer que existe uma tentativa de solução, isto é, apenas esse romance "termina bem", com a conciliação entre os valores em choque. Pelo menos em parte, isso decorre do nível psicológico de apresentação do conflito: como Guimarães Rosa e Machado de Assis tentam a análise em outro nível, encontram conflitos insolúveis na situação humana.

De outro lado, é fácil compreender que a análise psicológica do texto é, nos melhores casos, apenas uma perspectiva para a análise da literatura, que não elimina e nem supera outras perspectivas possíveis. Apesar disso, certas obras exigem a interpretação psicológica, pois é nesse nível que podem ou devem ser interpretadas; mais ainda, a nossa época parece marcada pelas tentativas de explicação psicológica, e mesmo a literatura de outras épocas – como a tragédia grega – nos parece mais inteligível quando interpretada pelas categorias psicológicas. Todavia, não é difícil verificar que a grande obra literária permanece, para sempre, como um desafio à nossa sensibilidade e à nossa compreensão; por isso, qualquer interpretação é apenas uma forma de revelar algumas de suas virtualidades, e sempre permanece aquém do conteúdo total da obra. Ao contrário, na obra menor e na subliteratura podemos sentir que a interpretação é mais valiosa ou mais rica do que a obra analisada. É possível supor uma interpretação do romance policial que seja mais rica e mais completa do que esse romance, mas não podemos supor uma interpretação do *Rei Édipo* que possa ultrapassar o conteúdo dessa tragédia.

A análise psicológica do texto apresenta ainda um outro desafio ao psicólogo, sobretudo ao teórico da personalidade: embora a personagem seja criada pelo ficcionista, nela percebemos uma realidade indiscutível, frequentemente mais completa que a percebida na descrição do psicólogo. Nesse caso, não é a psicologia que esclarece a literatura, mas a literatura que pode auxiliar a psicologia, em sua busca de critérios para descrever a individualidade.

Se a análise de texto é o domínio por excelência do crítico literário, e onde o psicólogo pode apenas sugerir alguns conceitos para a descrição e a explicação, sem saber qual a sua significação para esses processos, a análise do leitor parece domínio do psicólogo. Ainda aqui, é preciso esclarecer os limites da contribuição da psicologia. Em última análise, esta precisa explicar o processo adaptativo ou desajustador da leitura, e tentar verificar o que ocorre no leitor quando se encontra diante da ficção ou da poesia.

Na Parte III deste livro foram descritos alguns desses processos, tanto de percepção quanto de motivação. Como princípio geral, é possível supor, ainda nesse caso, os conceitos de tensão, equilíbrio e desequilíbrio. Assim como o pensamento produtivo depende de uma situação de desequilíbrio, percebida pelo indivíduo, é ainda uma situação semelhante que nos leva à leitura. A dificuldade da análise reside, nesse caso, no fato de a pessoa, em estado de equilíbrio, procurar as tensões oferecidas pela literatura. Uma vez integrado na leitura, o leitor procura descobrir uma situação de equilíbrio final, isto é, ingressa num processo que exige completação.

Embora o processo possa ser observado na poesia, sendo suficiente pensar na função da "chave de ouro" do soneto, é na ficção que aparece com toda a intensidade. Aqui, no entanto, convém lembrar a observação de F. Heider, que sugere dois níveis de gesto: para um, a história que "termina bem" parece insatisfatória e superficial; para outro, toda história deve "terminar bem", isto é, deve apresentar uma situação final de equilíbrio. Se não temos recursos para explicar totalmente essa diferença, podemos sugerir algumas hipóteses, não só para explicá-la, mas também para ligar os processos que se dão no pensamento produtivo à análise de texto e à análise do leitor.

Como se viu antes, o pensamento produtivo depende da percepção do desequilíbrio, enquanto o texto literário é uma forma de exprimir, mas não solucionar esse desequilíbrio. Assim se compreende que a leitura seja também uma forma de pensamento criador e exija também a capacidade para suportar tensões e reagir produtivamente a elas. A história que elimina os conflitos, isto é, que "termina bem", não parece oferecer um desafio suficiente a determinado grupo de leitores; no outro extremo, a história em que permanecem os desequilíbrios pode parecer intelectual ou emocionalmente angustiante para o outro grupo de leitores.

Uma etapa posterior da investigação seria planejar critérios para distinguir vários níveis de tensão, tanto na história quanto no leitor. Aqui, é provável que o estudo da criança e do desenvolvimento da leitura permita a formulação de hipóteses e conceitos mais precisos para a análise. Outro campo de pesquisa seria o de comparação entre a literatura e a comunicação de massa, partindo-se de critérios que permitissem fazer a distinção quanto à complexidade dos vários níveis.

Como conclusão final, observe-se que os conceitos empregados permitem estudar os processos de criação e leitura como aspectos inteligíveis do comportamento humano, embora neste campo estejamos ainda muito longe da elegância formal da teoria e da precisão dos termos.

Bibliografia

ABREU, C. de. *Obras de Casimiro de Abreu*. Org., apuração do texto, escorço biográfico e notas Sousa da Silveira. São Paulo: Companhia Editora Nacional, 1939.

ADORNO, T. W., FRENKEL-BRUNSWIK, E., LEVINSON, D. J., SANFORD, R. N. *The Authoritarian Personality*. New York: Harper, 1950.

ALENCAR, J. de. *Obra completa*. Rio de Janeiro: Aguilar, 1959. 4v.

ALLPORT, F. H. *Theories of Perception and the Concept of Structure*. New York: Wiley, 1955.

ALLPORT, G. W. *Pattern and Growth in Personality*. New York: Holt, 1961.

ANASTASI, A. *Psychological Testing*. 2.ed. New York: Macmillan, 1960.

ANASTASI, A., FOLEY JR., J. P. *Differential Psychology*. Ed. rev. New York: Macmillan, 1949.

ANDRADE, C. D. de. *Fazendeiro do ar e poesia até agora*. Rio de Janeiro: J. Olympio, 1955.

ANDRADE, M. de. "Amor e medo". In: _____. *Aspectos da literatura brasileira*. São Paulo: Martins, s. d.

ANGYAL, A. *Foundations for a Science of Personality*. Cambridge: Harvard University Press, 1958.

ANJOS, C. dos. *O amanuense Belmiro*. Rio de Janeiro: J. Olympio, 1938.

ARISTÓTELES. *Art Rhétorique et Art Poétique*. Paris: Garnier, 1944.

ARNHEIM, R. Psychological Notes on the Poetical Process. In:

ARNHEIM, R., AUDEN, W. H., SHAPIRO, K., STAUFFER, D. *Poets at Work*. New York: Harcourt, 1948.

ARNHEIM, R. The Gestalt Theory of Expression. *Psychological Review*, v.56, n.3, May 1949.

_____. *Art and Visual Perception*: A Psychology of the Creative Eye. Berkeley, Los Angeles: University of California Press, 1954.

ASCH, S. E. The Metaphor: A Psychological Inquiry. In: TAGIURI, R., PETRULLO, L. (Org.) *Person Perception and Interpersonal Behavior*. Stanford: Stanford University Press, 1958.

_____. *Psicologia social*. Trad. Dante Moreira Leite e Miriam Moreira Leite. São Paulo: Companhia Editora Nacional, 1960.

BANDEIRA, M. *Poesias*. Rio de Janeiro: J. Olympio, 1955.

_____. *Poesia e prosa*. Rio de Janeiro: Aguillar, 1958. 2v.

BARRETO FILHO. *Introdução a Machado de Assis*. Rio de Janeiro: Agir, 1947.

BAYLIN, L. Mass Media and Children: A Study of Expose Habits and Cognitive Effects. *Psychological Monographs*, v.73, n.1, s. d.

BÉGUIN, A. *El alma romántica y el sueño*: ensayo sobre el romanticismo alemán y la poesia francesa. México: Fondo de Cultura Económica, 1954.

BILAC, O. *Poesias*. Rio de Janeiro: Francisco Alves, 1942.

BODKIN, M. *Archetypal Patterns in Poetry*: Psychological Studies of Imagination. London: Oxford University Press, 1963.

BORING, E. G. *A History of Experimental Psychology*. 2.ed. New York: Appleton, 1950.

BROPHY, B. *Black Ship to Hell*. New York: Harcourt, 1962.

BROWN, R. W., BLACK, A. H., HOROWITZ, A. E. Phonetic symbolism in natural languages. *Journal of Abnormal and Social Psychology*, v.50, p.338-93, 1955.

BYCHOWSKI, G. From Catharsis to Work of Art. In: WILBUR, G. B. MUENSTERBERGER, W. (Org.) *Psychoanalysis and Culture*. New York: International University Press, 1951.

CANDIDO, A. *Formação da literatura brasileira*: momentos decisivos. São Paulo: Martins, 1959. 2v.

CARTWRIGHT, D. Lewinian Theory as a Contemporary Systematic Framework. In: KOCH, S. (Org.) *Psychology*: A Study of a Science. New York: McGraw-Hill, 1959. v.II

CLAPARÈDE, E. *A educação funcional*. Trad. J. B. Damasco Penna. São Paulo: Companhia Editora Nacional, 1940.

COMTE, A. *Cours de philosophie positive (Première et deuxième leçons)*: Discours sur l'esprit positif. Paris: Garnier, 1949.

COUTINHO, A. *A filosofia de Machado de Assis*. Rio de Janeiro: Vecchi, 1940.

CUVILLIER, A. *Pequeno vocabulário da língua filosófica*. Trad. Lólio Lourenço de Oliveira e J. B. Damasco Penna. São Paulo: Companhia Editora Nacional, 1961.

DAICHES, D. *Critical Approaches to Literature*. London: Longmans, 1956.

_____. *The Novel and the Modern World*. Chicago: Chicago University Press, 1960.

DESCARTES, R. *Oeuvres philosophiques et morales*. Paris: Bibliothèque des Lettres, 1948.

DUNCKER, K. On Problem Solving. *Psychological Monographs*, v.58, n.5, 1945.

DURRELL, L. *Justine*. New York: Dutton, 1957.

ELIOT, T. S. *Selected Prose*. London, Baltimore: Penguin Books, 1955.

EMERY, F. E. Psychological effects of the western film: a study in television viewing. I. *The theoretical study*: working hypothesis on the psychology of television. II. *The experimental study*. *Human Relations*, v.XII, n.3, 1959.

ESTES, W. K. In: ESTES, W. K. et al. *Modern Learning Theory*. New York: Appleton-Century-Crofts, 1954.

EYSENCK, H. J. The Organization of Personality. In: KRECH, D., KLEIN, G. S. (Org.) *Theoretical Models and Personality Theory*. Durham: Duke University Press, 1952.

FESBACH, S. The Drive-reducing Function of Fantasy Behavior. *Journal of Abnormal and Social Psychology*, v.50, p.3-11, 1955.

FOULQUIÉ, P., DELEDALLE, G. *A psicologia contemporânea*. Trad. Haydée Camargo Campos. São Paulo: Companhia Editora Nacional, 1960.

FREUD, E. L. (Org.) *Letters of Sigmund Freud*. London: Hogarth, 1961.

FREUD, S. Interpretation of dreams. In: BRILL, Dr. A. A. (Trad., seleção e introd.) *The Basic Writings of Sigmund Freud*. New York: The Modern Library, 1938a.

_____.Three contributions to the theory of sex. In: BRILL, Dr. A. A. (Trad., sel. e introd.) *The Basic Writings of Sigmund Freud*. New York: The Modern Library, 1938b.

_____. Dostoiewski y el parricidio. In: _____. *Obras completas*. Madrid: Nueva, 1948a. 2v.

FREUD, S. Nuevas aportaciones al psicoanalisis. In: _____. *Obras completas*. Madrid: Nueva, 1948b.

_____. El delirio y los sueños en la "Gradiva" de W. Jensen. In: _____. *Obras completas*. Madrid: Nueva, 1948c.

_____. *The Origins of Psycho-Analysis*: Letters to Wilhelm Fliess, Drafts and Notes: 1887-1902. Org. M. Bonaparte, A. Freud, E. Kris. New York: Basic Brooks, 1954.

_____. The Moses of Michelangelo. In: NELSON, B. (Sel., intro. e anot.) *On Creativity and the Unconscious*. New York: Harper, 1958.

FRENKEL-BRUNSWIK, E. Personality Theory and Perception. In: BLAKE, R. R., RAMSEY, G. V. (Org.) *Perception*: An Approach to Personality. New York: Ronald, 1951.

FROMM, E. The Human Implications of Instintivistic "Radicalism". In: _____. *Voices of Dissent*. New York: Grove, 1958.

_____. *Psicanálise da sociedade contemporânea*. Trad. L. A. Bahia e Giasone Rebuá. Rio de Janeiro: Zahar, 1961.

GETZELS, J. W., JACKSON, P. W. *Creativity and Intelligence*: Explorations with Gifted Students. New York: Wiley, 1962.

GILSON, E. *La philosophie au Moyen Age*. Paris: Payot, 1947.

GRENE, D., LATTIMORE, R. *The Complete Greek Tragedies*. Chicago: University of Chicago Press, 1959. v.II: Sophocles.

GRIERSON, H. *The Background of English Literature*: Classical and Romantic. London: Chatto and Windus, 1950.

GUIMARAENS, A. de. *Pastoral aos crentes do amor e da morte*. In: _____. *Obra completa*. Rio de Janeiro: Aguilar, 1960.

HAUSER, A. *The Philosophy of Art History*. London: Routledge, 1959.

HEIDER, F. *The Psychology of Interpersonal Relations*. New York: Wiley, 1958.

_____. The Description of the Psychological Environment in the Work of Marcel Proust. In: On Perception and Event Structure, and the Psychological Environment. *Psychological Issues*, v.1, n.3, 1959. (Monografia 3).

HEMPEL, C. G. Geometry and Empirical Science. In: FEIGL, H., SELLARS, W. (Org.) *Readings in Philosophical Analysis*. New York: Appleton-Century-Crofts, 1949.

HENLE, M. Some problems of Ecletism. *Psychological Review*, v.64, n.5, set. 1957.

HUXLEY, A. *Brave New World Revisited*. New York: Harper, 1958.

HYMAN, S. E. Maud Bodkin and Psychological Criticism. In: PHILLIPS, W. (Org.) *Art and Psychoanalysis*. New York: Criterion, 1957.

ICHHEISER, G. Misunderstandings in Human Relations: A Study in False Social Perception. *The American Journal of Sociology*, v.LV, n.2, parte 2. s. d.

JAEGER, W. *Paideia*: The Ideals of Greek Culture. New York: Oxford University Press, 1943. 2v.

JASPERS, K. *Introduction à la philosophie*. Paris: Plon, 1951.

JEANSON, F. *Sartre par lui-même*. Paris: Seuil, 1961.

JONES, E. *Hamlet and Oedipus*. Garden City: Anchor, 1949.

_____. *The Life and Work of Sigmund Freud*. New York: Basic Book, 1953, 1955, 1957. 3v.

JUNG, C. G *Tipos psicológicos*. Trad. Ramón de la Serna. Buenos Aires: Sudamericana, 1947.

_____. *Two Essays on Analytical Psychology*. Cleveland, New York: Meridian, 1953.

_____. *Psyche and Symbol*: A Selection of the Writings of C. G. Jung. Por Violet S. de Loszlo. Garden City: Anchor, 1958.

_____. *Modern Man in Search of a Soul*. London: Routledge, 1961.

HOWE, I., GREENBERG, E. (Org.) *A Treasury of Yiddish Stories*. New York: Meridian, 1958.

KOFFKA, K. *The Growth of the Mind*. London: Kegan Paul, 1925.

_____. *Principles of Gestalf Psychology*. London: Routledge, 1935.

KÖHLER, W. *The Mentality of Apes*. London: Routledge, 1927.

_____. *Gestalt Psychology*. New York: Liveright, 1947.

_____. Gestalt Psychology Today. *American Psychologist*, v.14, n.12, Dec. 1959.

_____. *Dynamics in Psychology*. New York: Grove, 1960.

KRECH, D., CRUTCHFIELD, R. *Elementos de psicologia*. Trad. Dante Moreira Leite e Miriam L. Moreira Leite. São Paulo: Pioneira, 1963. 2v.

KRIS, E. *Psicoanalisis y arte*. Buenos Aires: Paidós, s. d.

LANGFELD, H. S. Note on a case of chromaesthesia. *Psychological Bulletin*, v.11, 1914.

LEONTIEV, A. N. Principles of Child Mental Development and the Problem of Intellectual Backwardness. In: SIMON, B., SIMON, J. (Org.) *Educational Psychology in the U.S.S.R*. Stanford: Stanford University Press, 1963.

LEITE, M. C. *A crítica funcional*. Araraquara: FFCLA, 1962.

LESSER, S. O. *Fiction and the Unconscious*. Boston: Beacon, 1957.

LEWIN, K. *Principles of Topological Psychology*. New York: McGraw-Hill, 1936.

LEWIS, O. *The Children of Sánchez*: Autobiography of a Mexican Family. New York: Random House, 1961.

LIPPS, T. Empathy, inner imitation, and sense-fellings. In: RADER, M. M. *A Modern Book of Esthetics*: An Anthology. New York: Holt, 1935.

LOWENTHAL, L. *Literature and the Image of Man*: Sociological Studies of the European Drama and Novel, 1600-1900. Boston: Beacon Press, 1957.

LUCAS, F. L. *Literature and Psychology*. Ann Arbor: University of Michigan Press, 1957.

LUCHINS, A. S. Mechanization in problem solving. *Psychological Monographs*, v.54, n.6, 1942.

LUKÁCS, G. *La Destruction de la raison*. Texto francês de René Gérard, André Gisselbrecht, Joël Lefebvre e Edouard Pfrinner. Paris: L'Arche, 1959. v.II

_____. *La signification présente du réalisme critique*. Paris: Gallimard, 1960.

MACHADO DE ASSIS, J. M. *Obra completa*. Rio de Janeiro: Aguilar, 1959. 3v.

MACCOBY, E. et al. The effects of emotional arousal an the retention of film content: A failure to replicate. *Journal of Abnormal and So-cial Psychology*, v.53, p.373-4, 1956.

MACCORQUODALE, K., MEEHL, P. E., TOLMAN, C. E. In: ESTES, W. K. et al. *Modern Learning Theory*. New York: Appleton, 1954.

MANNHEIM, K. *Ideologia e utopia*. Trad. Emílio Willems. Porto Alegre: Globo, s. d.

MARCUSE, H. *Eros and Civilization*. London: Kegan Paul, 1956.

McCLELLAND, D. C. *Personality*. New York: Sloane, 1951.

McCLELLAND, D. C., ATKINSON, J. W. The projective expression of needs. I. The effect of different intensities of hunger drive on perception. *Journal of Psychology*, v.25, 1948.

MARX, K. *Contribuição à crítica da economia política*. Trad. e introd. Florestan Fernandes. São Paulo: Flama, 1946.

MARX, K., ENGELS, F. *Sur la littérature et l'art*. Textes choisis precédés d'une introduction de Maurice Thorez et d'une étude de Jean Fréville. Paris: Éditions Sociales, 1954.

MASLOW, A. H. *Motivation and Personality*. New York: Harper, 1954.

MAY, R. The Significance of Symbols. In: _____. (Org.) *Symbolism in Religion and Literature*. New York: George Braziller, 1960.

MELO, D. F. M. de. *Carta de guia de casados*. Porto: Lello e Irmãos, s. d.

MELO NETO, J. C. de. *Poemas reunidos*. Rio de Janeiro: Orfeu, s. d.

MIGUEL PEREIRA, L. *Machado de Assis* (Estudo crítico e biográfico). 2.ed. São Paulo: Companhia Editora Nacional, 1939.

MILLS, C. W. *Images of Man*. New York: Braziller, 1960.

MONDOLFO, R. *Moralistas griegos*: la consciencia moral, de Homero a Epicuro. Buenos Aires: Iman, 1941.

_____. *El pensamiento antiguo*. Buenos Aires; Losada, 1945.

MONTEIRO, M. *Poesias*. Texto organizado e apresentado por José Aderaldo Castello. São Paulo: Comissão de Literatura, 1962.

MOTA, A. Romance da vida da cidade. In: ALENCAR, J. de. *Obra completa*. Rio de Janeiro: Aguilar, 1959. v.1.

MORAES, V. de. *Antologia poética*. Rio de Janeiro: Editora A Noite, 1956.

MOREIRA LEITE, D. A influência da literatura na formação da criança. *Atualidades Pedagógicas*, ano XII, n.55, p.3-8, 1961.

_____. Conceitos morais em seis livros didáticos primários brasileiros. *Psicologia*, n.3. São Paulo: Boletim, n.CXIX, FFCL/USP, p.117-205, 1950a.

_____. Preconceito racial e patriotismo em seis livros didáticos primários brasileiros. *Psicologia*, n.3. São Paulo: Boletim, n.CXIX, FFCL/USP, p.207-31, 1950b.

_____. Análise de conteúdo dos livros de leitura da escola primária. *Pesquisa e Planejamento*, ano 4, v.4, p.2-26, jun. 1960.

MUNROE, R. *Schools of Psychoanalytic Thought*: An Exposition, Critique and Atempt at Integration. New York: Holt, 1955.

OSGOOD, C. E. *Method and Theory in Experimental Psychology*. New York: Oxford University Press, 1953.

PEREGRINO JÚNIOR. *Doença e constituição de Machado de Assis*. Rio de Janeiro, J. Olympio, 1938.

PESSOA, F. *Obra poética*. Rio de Janeiro: Aguilar, 1960.

PIAGET, J. *La psychologie de l'intelligence*. Paris: Colin, 1962.

PIERSON, D. *Cruz das almas*: A Brazilian Village. Washington: Smithsonian Institute, 1951.

PLATÃO. Ion in the Dialogues of Plato. Trad. Benjamin Jowett. *Encyclopaedia Britannica*, Chicago, 1952a.

_____. Republica in The Dialogues of Plato. Trad. Benjamin Jowett. *Enciclopaedia Britannica*, Chicago, 1952b.

POSTMAN, L., SCHNEIDER, B. H. Personal values, visual recognition and recall. *Psychological Review*, v.58, 1951.

POTZL, O., ALLERS, R., TELER, J. Preconscious stimulation in dreams, associations and images. *Psychological Issues*, n.3, 1960. (Monografia 7).

RAMOS, G. *Infância*. Rio de Janeiro: J. Olympio, 1945.

_____. *S. Bernardo*. 5.ed. Rio de Janeiro: J. Olympio, 1953.

RAPAPORT, D. (Org.) *Organization and Pathology of Thought*: Selected Sources. New York: Columbia, 1951.

READ, H. *The Nature of Literature*. New York: Grove Press, s. d.

_____. *The Innocent Eye*. New York: Holt, 1947.

RIMBAUD, A. *Oeuvres complètes*. São Paulo: Instituto Progresso Editorial, 1947.

ROBACK, A. A. Psychology of Literature. In: _____. (Org.) *Present-Day Psychology*. New York: Philosophical Library, 1955. p.867-96.

ROSA, J. G. *Corpo de baile* (Sete novelas). Rio de Janeiro: J. Olympio, 1956a. 2v.

_____. *Grande Sertão*: veredas. Rio de Janeiro: J. Olympio, 1956b.

_____. *Primeiras estórias*. Rio de Janeiro: J. Olympio, 1962.

RYLE, G. *The Concept of Mind*. New York: Barnes & Noble, 1949.

SARTRE, J.-P. *Critique de la raison dialectique*. Paris: Gallimard, 1960.

SCHELER, M. *Nature et formes de la sympathie*. Paris: Payot, 1928.

SHILS, E. A. The traditions of intellectuals. In: HASZAR, G. B. de (Org.) *The Intellectuals*: A Controversial Portrait. Glencoe: Free Press, 1960.

SIIPOLA, E. M. A Study of some effects of preparatory set. *Psychological Monographs*, v.46, 1935.

SKINNER, B. F. *Science and Human Behavior*. New York: Macmillan, 1953.

_____. A case history in scientific method. In: KOCH, S. (Org.) *Psychology*: A Study of a Science. New York: McGraw-Hill, 1959. v.II.

SOMBART, W. *Lujo y capitalismo*. 2.ed. Madrid: Revista de Occidente, 1951.

SPENDER, S. *The Making of a Poem*. London: Hamish Hamilton, 1955.

STERN, W. *Psicología general*. Buenos Aires: Paidós, 1947.

THIGPEN, C. H., CLECKLEY, H. M. *The Three Faces of Eve*. New York: McGraw-Hill, 1957.

TOLMAN, E. S. Principles of Purposive Behavior. In: KOCH, S. (Org.) *Psychology*: A Study of a Science. New York: McGraw-Hill, 1959. v.II.

TRILLING, L. *The Liberal Imagination*. London: Mercury Books, 1961.

VILAR, P. de. Poesias. In: MURICY, A. *Panorama do movimento simbolista brasileiro*. Rio de Janeiro: Imprensa Nacional, 1962. 3v.

WAGLEY, C. *Amazon Town*: A Study of Man in the Tropics. Macmillan, New York: 1953.

WATSON, J. B. *Behaviorism*. Chicago: University of Chicago Press, 1930.

WEBER, M. *Essays in Sociology*. New York: Oxford University Press, 1946.

WELLEK, R.; WARREN, A. *Theory of Literature*. New York: Harcourt, 1942.

WERNER, H. *Comparative Psychology of Mental Development*. New York: Science Editions, 1961.

WERTHEIMER, M. *Productive Thinking*. Ed. ampl. New York: Harper, 1959.

_____. Experimental Studies in the Seeing of Motion. In: SHIPLEY, T. (Org.) *Classics in Psychology*. New York: Philosophical Library, 1961.

WHITE, R. W. *Lives in Progress*: A Study of the Natural Growth of Personality. New York: Holt, 1952.

WIRTH, L. *The Ghetto*. Chicago: University of Chicago Press, 1928.

Índice onomástico

Abreu, Casimiro de, 228, 329
Adorno, T. W., 132, 234, 237, 241, 256, 261-2, 272
Alencar, José de, 87, 221-8, 230-2, 281, 288-90, 298-301, 305
Allers, Rudolf, 131n.14
Allport, Floyd H., 113n.9
Allport, Gordon W., 56, 295
Almeida, Guilherme de, 81
Alves, Castro, 222
Amado, Jorge, 81
Anastasi, Anne, 137, 139n.19
Andrade, Carlos Drummond de, 80-2, 144, 147, 323, 329-32
Andrade, Mário de, 219
Angyal, Audras, 295
Anjos, Cyro dos, 193, 197
Anouilh, Jean 84
Aragão, Egas Moniz Barreto de (*ver* Péthion de Vilar)

Aristóteles, 30, 45, 73, 75, 335, 341
Arnheim, Rudolf, 26, 142n.2, 150-1, 202
Asch, Solomon E., 22n.4, 104, 321
Assis, Machado de, 28, 32, 83, 90, 135, 17, 222-4, 237-41, 245-8, 251-3, 256, 259-62, 281-9, 298-301, 305, 361
Atkinson, J. W., 325n.7
Azevedo, Aluísio de, 224
Auden, W. A., 87n.8

Bacon, Francis 17
Bandeira, Manuel, 80-1, 130n.14, 215, 327
Barbosa, Rui, 80, 83
Barreto Filho, José 28
Baudelaire, Charles 91

Baylin, Lotte, 344-6
Béguin, Albert, 42n.18
Bilac, Olavo, 80, 328
Bodkin, Maud, 195
Bonfim, Paulo, 81
Boring, Edwin G., 108
Brill, A. A., 24n.9, 177n.1
Brophy, Brigid, 17
Brown, R. W., 320
Bychowski, G., 139n.19

Camões, Luís de, 329
Campos, Augusto de, 80
Campos, Haroldo de, 80
Candido, Antonio, 82, 223n.1
Carroll, Lewis, 352
Cartwright, Dorwin, 35
Carvalho, Vicente de, 80
Castello, José Aderaldo, 19
Cavafy, C. P., 31
Cervantes, Miguel de, 31-2, 293-5
Chateaubriand, 222
Charcot, Jean-Marie, 37
Cícero, 69
Claparède, E., 98-103, 112, 118-9
Cleckley, H. M., 226
Coelho Neto, H. M., 80
Comte, Auguste, 22
Cooper, James Fenimore, 222
Corquodale, Kenneth MaC, 108n.5
Coutinho, Afrânio, 28, 82
Crutchfield, Robert, 117n.12, 134, 322n.6, 325n.8
Cuvillier, Armand, 318n.4

Daiches, David, 27n.12, 294
Dante, 31, 250
Deledalle, Gérard, 311

Descartes, René, 21, 76
Dewey, John, 99n.1
Dias, Gonçalves, 221
Dostoiévski, Fiódor, 16, 31, 78, 206, 304
Duncker, K., 116, 119
Durkheim, E., 22
Durrell, Lawrence, 17, 87n.8

Einstein, A., 72n.1, 135
Eliot, T. S., 87n.8, 171, 333
Emery, F. E., 345n.3
Engels, Friedrich, 22n.5
Estes, William K., 108n.5, 113n.8
Eysenck, H. J., 57, 354

Faulkner, William, 31, 89n.9
Fesbach, S., 345n.3
Fitzgerald, Robert, 183n.3
Fliess, Wilhem, 37
Foley Jr., J. P., 139n.19
Foulquié, Paul, 311
Frenkel-Brunswik, Else, 132
Fréville, Jean, 22n.5
Freud, Ernest L., 25, 196
Freud, Sigmund, 22-5, 34, 36-56, 74, 120-9, 135, 150, 159, 175-89, 199, 207, 215, 218, 294-5, 324, 335
Fromm, Erich, 74n.3, 334, 354

Gall, Franz-Joseph, 22n.3
Getzels, Jacob W., 138
Gilson, Etienne, 75n.5
Goethe, J.W. v, 88, 153
Greemberg, Eliezer, 90n.11
Grene, David, 183n.3

Grierson, Herbert, 141n.1
Guimaraens Alphonsus, 162
Guthrie, Edwin R., 108

Hauser, Arnold, 30
Heidegger, Martin, 73, 89n. 10
Heider, Fritz, 201, 205, 208, 212, 214, 219, 312n.1, 324, 349, 362
Henle, Mary, 35, 348
Homero, 302
Horney, Karen, 354
Horta, Brandt, 318, 320
Howe, Irving, 90n.11
Hull, Clark, 34, 108
Husserl, Edmund, 76
Huxley, Aldous, 17, 87n.8
Hyman, Stanley Edgard, 25n.11

Ichheiser, Gustav, 208
Isgorogota, Judas, 81

Jackson, Philip W., 138
Jaeger, Werner, 342n.2
Jaspers, Karl, 73n.2
Jeanson, Frances, 91
Jensen, W., 25
Jesus, Carolina Maria de, 81
Jones, Ernest, 36, 44, 171, 187
Jorge, J. G. de Araújo, 81
Joyce, James, 302, 338
Jung, Carl G., 36, 44-54, 152-9, 172, 191, 193-7, 207-9, 213-8, 291, 359

Kafka, Franz, 338
Kazantzakis, Nikos, 31, 84

Keats, John, 105
Koffka, Kurt, 51, 55n.23, 113n.8, 204, 336n.1
Köhler, Wolfgang, 26-8, 51-2, 55n.23, 76, 114-6, 201, 289
Krech, David, 117n.12, 134, 322n.6, 325n.8
Kris, Ernest, 151, 177n.2, 294

Langfeld, H. S., 322n.6
Lattimore, Richmond, 183n.3
Lawrence, D. H., 338
Leite, Dante Moreira, 13n.1
Leite, Manoel Cerqueira, 100n.1
Lehman, H. C., 134-5
Leontiev, A. N., 136n.16
Lesser, Simon O., 334
Lewin, Kurt, 16, 34, 51-3, 56, 59, 113n.8, 201, 205, 304, 312
Lewis, Oscar, 294
Lins, Álvaro, 82
Lipps, Theodore, 23n.6
Lowenthal, Leo, 170
Lucas, F. L., 16
Luchins, A. S., 117
Lukács, Georges, 75n.4, 88n.9

MacCoby, E., 345n.3
Mannheim, K., 75n.4, 88n.9
Marcuse, Herbert, 74n.3
Marx, Karl, 22n.5, 32, 75
Marlow, A. H., 295
May, Rollo. 16
McClelland, David C., 57, 325n.7
McDougall, W., 34
Mead, Margaret, 354
Meehl, Paul E., 108n.5

Melo Neto, João Cabral de, 80, 143-4, 148
Melo, D. Francisco Maciel de, 225
Michelangelo, 175
Miller, Henry, 66
Mills, C. Wright, 75n.4
Mondolfo, Rodolfo, 76n.6, 181
Montaigne, Michel de, 225
Monteiro, Maciel, 163
Moraes, Vinícius de, 80-81, 142, 316
Moreira Leite, Dante, 13n.1
Mota, Artur, 230
Munroe, Ruth, 48n.21
Muricy, Andrade, 320n.5

Nachmansohn, M., 131
Neruda, Pablo, 135
Newton, Isaac, 151

Oliveira, Lólio Lourenço de, 318n.4
Osgood, Charles E., 111, 115n.11

Penna, J. B. Damasco, 318n.4
Pereira, Lúcia Miguel, 28
Peregrino Júnior, 28
Pessoa, Fernando, 194, 209-11
Piaget, Jean, 103n.3, 115
Pignatari, Décio, 80
Pierson, Donald, 271
Platão, 30, 45, 59, 73, 75, 341-2
Postman, Leo, 325n.7
Pound, Ezra, 344
Pozl, Otto, 131n.15
Proust, Marcel, 91, 212, 219, 324

Queirós, Eça de, 237

Ramos, Graciliano, 271, 301
Rapaport, David, 131n.15
Read, Herbert, 46, 314n.2
Ricardo, Cassiano, 81
Rimbaud, Arthur, 317, 320-2
Roback, A. A., 16
Roffenstein, Gaston, 131
Rosa, João Guimarães, 15, 32, 80, 188, 193, 262, 271, 276, 278-81, 285, 288, 291, 299-301, 305, 361
Rubin, E., 327
Ryle, Gilbert, 73, 208

Sartre, Jean-Paul, 75n.4, 89n.10, 311
Scheler, Max, 208, 288, 331
Schiller, Friederich, 121-2
Schneider, Bertram H., 325n.7
Schroeter, Karl, 131
Shakespeare, 17, 24, 31, 180, 186, 189, 275
Shelley, P. B., 333
Shills, Edward A., 89n.10
Siipola, E. M., 325n.8
Silberer, Herbert, 131
Silveira, Souza da, 229n.6
Skinner, B. F., 17, 36, 60, 108-10, 112, 118
Sófocles, 24, 31, 178-80, 182, 184, 216, 275
Sombart, Werner, 225n.3
Spender, Stephen, 92n.12
Spengler, Stanford, R. N., 89n.9
Stern, William, 56, 295

Taunay, A. E., 222
Teler, Jacob, 131n.14
Terman, L. M. 138n.18
Thigpen, C. H., 226
Tolman, Edward C., 34, 59, 108-9
Tolstoi, Leon, 343
Trilling, Lionel, 15

Veríssimo, Érico, 81
Verrier, C. Le, 22n.3
Vilar, Péthion de, 318-22

Wagley, Charles, 271
Warren, A., 23n.8
Watson, John B., 34, 60, 103-8, 110-1, 200
Weber, Max, 75n.4, 77n.7, 89n.9
Wellek, R., 23n.8
Werner, Heinz, 203, 211
Wertheimer, Max, 51, 149-50
White, Robert W., 294
Wirth, Louis, 90n.11

SOBRE O LIVRO

Formato: 14 x 21 cm
Mancha: 23 x 39 paicas
Tipologia: Iowan Old Style 10/14
Papel: Offset 75 g/m² (miolo)
Cartão Supremo 250 g/m² (capa)
5ª edição: 2003

EQUIPE DE REALIZAÇÃO

Coordenação Geral
Sidnei Simonelli

Produção Gráfica
Anderson Nobara

Edição de Texto
Nelson Luís Barbosa (Assistente Editorial)
Fábio Gonçalves (Preparação de Original)
Nelson Luís Barbosa e
Ada Santos Seles (Revisão)
Gilson Ferraz (Índice Onomástico)
Oitava Rima Prod. Editorial (Atualização Ortográfica)

Editoração Eletrônica
Santana

Impressão e acabamento